La Vie Parisienne

PAR

PARISIS
— ÉMILE BLAVET —

Troisième édition

PARIS
PAUL OLLENDORFF, ÉDITEUR
28 *bis*, RUE DE RICHELIEU, 28 *bis*
—
1886
Tous droits réservés

LA
VIE PARISIENNE

IL A ÉTÉ TIRÉ A PART

*10 exemplaires sur papier de Hollande, numérotés
à la presse (1 à 10).*

PRÉFACE

Le journal accapare aujourd'hui tous les écrivains, et, comme Saturne, il dévore ses enfants. La librairie a vu les plus vaillants producteurs réduits en esclavage, et, touché de sa détresse, le journal s'est fait « livre ». Les volumes d'articles entrent pour moitié dans la production littéraire de l'époque. Rien ne se perd.

En réunissant sous un titre général les pages éparses de la Vie Parisienne, *Emile Blavet n'a fait que suivre le courant établi. Il ne pouvait manquer à la collection. Le pseudonyme, les trois étoiles, toutes les rubriques de la modestie avaient couvert jusqu'à présent ces histoires au jour le jour, ces comptes rendus, ces anecdotes. Mais la chronique a conquis son droit de bibliothèque et les historiens sont désormais tenus de compter avec elle. C'est pourquoi le voile est déchiré et l'état civil rétabli. L'auteur se révèle, le père signe.*

Et qui pourrait savoir Paris mieux qu'Emile

Blavet? Un pied à l'Opéra, l'autre au Figaro, *il est comme un nouveau colosse de Rhodes transplanté sur le boulevard!*

La Vie Parisienne *est une galerie d'ébauches. Les pages qu'on va lire ont été écrites au courant de la plume, en sortant d'un théâtre ou d'un bal. C'est de l'improvisation brochée, mais qui peut fournir à l'histoire de tous les temps l'appoint anecdotique, le dialogue pris sur le vif qui la complètent en recouvrant sa sècheresse, en habillant sa nudité.*

Le chroniqueur est un moraliste indulgent, un observateur express qui surveille l'actualité, ne laisse rien passer sans en prendre note. Il éclaire les coins fugitifs du tableau social, il fait de la photographie instantanée à la lumière électrique. La modestie de ses prétentions, la diversité de ses travestissements lui assurent des trouvailles que ne dédaigneront point les chercheurs et les érudits de l'avenir.

On s'étonnera peut-être de trouver dans ces annales rapides des noms faits pour l'oubli, et surpris les premiers, sans doute, d'être sortis une fois des rangs. Artistes amateurs, gens du monde insignifiants, beautés momentanées, qui sont comme les petites fleurs des champs de la galanterie, dont l'existence importe peu aux contemporains et nullement à la postérité. Personnalités négligeables à coup sûr, mais qui tiennent cependant des rôles de comparses et complètent la figuration. Puis, aujourd'hui, le public est roi; à ce roi il faut ses Dangeau rendant compte des faits et gestes de tout le monde.

L'année tout entière est là en 400 pages. A tête

reposée, l'auteur l'eut peut-être soulignée d'une ironie plus âpre. Mais la rapidité de l'improvisation, ce caractère d'écrit sur un bout de table ajoutent à la vérité de l'ensemble. A l'esprit prémédité, travaillé, mûri, plaqué, je préfère l'entrain qui court dans ces feuillets de minuit et demi que l'imprimeur a enlevés encore humides.

A la ligne académique, correcte et sévère, on préfère souvent la beauté du diable et le nez retroussé. Voici l'esprit du diable et Paris à la Roxelane.

Aurélien SCHOLL.

LA VIE PARISIENNE

CHEZ LE PRINCE VICTOR

1er janvier 1885.

Ce soir, pour cause de jour de l'An, le salon du prince Victor est fermé.

La jeune Altesse reçoit toutes les semaines. La première réception eut lieu le mercredi 10 décembre, date chère aux Napoléons. Depuis lors, Elle a fait choix du jeudi, et c'est ce jour-là que, jusqu'à la fin de l'hiver, Elle « restera chez Elle ».

Opportun ou non, le prince Victor joue un rôle dans la vie politique de notre pays. A ce titre, rien de ce qui le touche ne saurait être indifférent. L'homme public est connu par certaines manifestations récentes. Pénétrons chez l'homme privé.

64, rue de Monceau. Une maison neuve de superbe apparence. Au rez-de-chaussée, la porte à gauche. C'est là. On sonne. Un valet de pied, en grande livrée dès le matin, vous précède dans une immense antichambre, garnie et drapée de belles étoffes turques, rouges avec des broderies d'or. Trois marches séparent cette pièce de la salle à manger, tendue en cuir ; les meubles sont en bois sculpté, de bon goût, mais très simples ; pour tout ornement, quelques massacres provenant de l'équipage de Sivry, au vicomte Aguado. Après une très courte attente, on est reçu par le secrétaire du prince, M. Blanc, dont la bonne grâce et l'affabilité sont proverbiales.

Le cabinet de M. Blanc est d'une ornementation un peu moins sobre. Sur la cheminée, le buste en marbre de Napoléon I*er*, par Chaudet. En face, la belle toile de Lepic qui représente le transbordement du cercueil de Napoléon IV, de l'*Oronte* sur l'*Enchantress*. Auprès, une vitrine remplie de bijoux et de souvenirs de famille, dont chacun a son histoire inscrite sur un parchemin ; sur la vitrine, le buste du Prince Impérial mort, par d'Epinay ; l'impression en est saisissante : l'œil à demi-clos, la bouche légèrement entr'ouverte, la tête penchée sur l'épaule évoquent l'image du Christ crucifié. Un peu partout, sur les murs, les portraits de la famille impériale, des souverains et princes étrangers, avec dédicaces, entre autres, celui de la reine Sophie de Hollande. Au centre, un grand palmier, dans un vase de cuivre indien, abrite un guéridon couvert de journaux dépliés : les deux plus chiffonnés, et par conséquent les plus lus, sont l'*Intransigeant* et le *Figaro*. Tandis que vous inventoriez la pièce, M. Blanc va vous annoncer au prince, et, presque aussitôt, il revient et vous introduit en vous nommant.

Ici, même décor austère. Entre les deux fenêtres, le bureau chargé de paperasses, de lettres, de portraits, regarde deux immenses panoplies rouges faites d'armes historiques ou précieuses. Au-dessus, parmi des casques et des cuirasses qui rappellent les carabiniers et les cuirassiers de l'Empire, pend un drapeau, loque héroïque, sauvée, en un jour de désastre, par un fidèle doublé d'un vaillant. Un peu partout, des armes accrochées, et, dans le nombre, divers modèles de beaux sabres de l'ancienne garde et l'épée que Napoléon III portait à Solférino. Les autres murs sont garnis de bibliothèques ouvertes et sans glaces, où se coudoient, dans un désordre qui prouve une fréquentation incessante, l'*Annuaire militaire*, les travaux du grand état-major allemand, des ouvrages techniques italiens, toute l'œuvre écrite des deux Napoléons, des mémoires, des livres d'études, de géographie, de philosophie, de mathématiques, etc. Devant une fenêtre, une table à faire des épures, avec tout l'outillage *ad hoc*. Dans la rareté des meubles, ce qui sollicite l'attention, c'est un immense paravent en drap rouge, où sont cousus tous les plastrons de la deuxième garde impériale, comme l'eût fait un tapissier japonais. Sur la cheminée, l'épreuve en terre cuite du Napoléon III de Carrier-Belleuse, une photographie du prince Louis, avec une dédicace affectueusement fraternelle, et, comme pendant, une tête de la princesse Lœtitia, dédiée également à son frère. En somme, intérieur sérieux, comme ne le sont pas, d'ordinaire, les intérieurs de jeunes gens.

Le prince se lève et vient à vous. Il est haut de taille et carré d'épaules ; la démarche est lente et les gestes bien équilibrés ; la parole, douce et basse, mais d'une articulation très nette ; le regard voilé, sévère, un peu triste. Au premier abord, ce regard vous déconcerte par sa fixité ; mais il s'adoucit vite au courant de la conversation, et il prend alors un grand charme, qui rappelle aux « anciens » l'œil de Napoléon III... quand il voulait être aimable.

Une fois assis, le prince cause avec vous suivant la situation que vous occupez dans le monde, calculant ses expressions, ne risquant jamais un mot à la légère. Tant que dure la visite, ses yeux fouillent les vôtres, comme s'il voulait lire au fond de votre pensée. Il admet la contradiction et discute avec une logique serrée et intelligente. Il ne parle de ses ennemis que dans les termes les plus courtois, et de son père qu'avec le plus profond respect. Celui-là serait mal venu qui se permettrait une parole mal séante contre le prince Napoléon. Quant à sa mère, il l'appelle « maman », et il dit ce mot avec une expression de tendresse indéfinissable. L'entretien fini, le prince vous tend la main et vous accompagne jusqu'à la porte de son cabinet.

Les fidèles de tous les jours, qu'on trouve devisant autour du bureau du prince ou chez M. Blanc, sont MM. Levert père et fils, Xavier Feuillant, Jolibois, le marquis de la Valette, et quelques jeunes gens, compagnons d'enfance, qui viennent à tour de rôle, quand leurs fonctions le leur permettent.

Le jeudi, la maison est un peu plus ornée de plantes et de fleurs. Quoique la réception n'ait rien de cérémonieux, à voir tout ce personnel d'anciens ministres, préfets, ambassadeurs, sénateurs, généraux, chamarrés de grands cordons, constellés de croix et de plaques, on se croirait dans le salon le plus officiel de Paris. Le prince reçoit debout; on fait le cercle, et il souhaite à tous la bienvenue, cherchant pour chacun un mot aimable qu'il trouve toujours. Le premier jour, on fut une centaine ; on est légion aujourd'hui. On retrouve, le jeudi, dans l'antichambre, les valets de pied à la livrée verte impériale, en bas de soie, mais sans poudre. A l'intérieur, les valets de chambre portent l'habit tabac, avec le gilet blanc, la culotte et les bas noirs, — en un mot, la tenue des Tuileries la plus correcte. On sent qu'un homme de goût préside à tout cela. Dans la salle à manger, le thé est servi en permanence. C'est le seul rafraîchissement que le prince offre à ses invités.

Soirées sérieuses, plus que sérieuses même, disent les jeunes gens qui voudraient rire un brin. Mais c'est la note de la maison. Suivant la tradition des Tuileries, on y cause, toujours debout, et à voix basse, comme dans une chambre de malade. Lui, les mains derrière le dos, va de groupe en groupe, ou se tient au milieu de son cabinet, l'œil sur tous et l'oreille à tout. On se sent en présence d'un résolu. Un jour, tandis qu'il faisait son volontariat, un capitaine, l'entendant traiter de « Monseigneur » par un camarade, lui dit brusquement :

— Vous ne serez jamais pour moi que le canonnier Bonaparte !

— Mon capitaine, lui répondit-il avec douceur, j'en accepte l'augure !

La reine Hortense appelait Napoléon III « mon doux entêté » ! Le prince Victor, lui, est un « doux taciturne ». Ceci est cousin de cela.

MAMAN GAILHARD!

7 janvier 1885.

M. Gailhard, un des directeurs de l'Académie de musique, a perdu sa mère. Il était hier le plus heureux des hommes ; il en est aujourd'hui le plus malheureux !

Tout lui souriait, à cet enfant gâté de la Fortune. Après une carrière d'artiste, au cours de laquelle la sympathie et la faveur publiques ne l'avaient pas un seul instant abandonné, il s'était marié selon son cœur. Et, presque au lendemain de cette joie rare, par le temps qui court, il avait vu, jeune encore, à peine au seuil de la maturité, s'accomplir le plus cher et le plus ambitieux de ses rêves. Et voilà que la plus cruelle et la plus inattendue des épreuves vient le frapper en plein bonheur, en pleine floraison de ses espérances réalisées !

Maman Gailhard est morte !

Il faut savoir ce que ces deux êtres étaient l'un à l'autre pour comprendre toute l'étendue de cette douleur. Lorsqu'il vint m'annoncer sa nomination comme directeur de l'Opéra, la première parole de Gailhard fut celle-ci :

— C'est maman qui sera contente !

Ce robuste garçon, à la voix mâle et sonore, disait ce mot « maman » avec je ne sais quelle grâce et quelle douceur attendries ; il retrouvait, en les articulant, les caressantes intonations de la première enfance.

C'est que, pour lui, ce mot que nos jeunes esprits forts ont rayé de leur vocabulaire, que les mères elles-mêmes leur désapprennent comme entaché de mignardise, résumait toute une vie de dévouement et d'abnégation. Il y avait tout un poème d'amour dans ces cinq lettres « maman », le cœur maternel devinant dans le petit rat d'église le futur Méphistophélès, et tendant toutes ses énergies vers cette incarnation lointaine ; l'épouse accomplie, veuve à l'aurore des félicitatés conjugales, se résignant au veuvage et s'offrant en sacrifice pour ne pas introduire dans sa vie une affection dont l'affection de son fils pût être jalouse ; l'argent mignon du Conservatoire prélevé, plus tard, sur le travail de ses jours et la sueur de ses nuits ; une tendresse, toujours en éveil, étendant à deux cents lieues de distance, de Toulouse à Paris, la chaude et saine atmosphère du foyer ; enfin, la maternité, dans son expression héroïque, triomphant de tous les obstacles qui se dressent devant la femme privée de ses appuis naturels, la solitude, la maladie, la misère, et menant à fin cette tâche surhumaine : faire de rien un honnête homme, et d'un pauvre enfant de chœur psalmodiant au lutrin un des artistes dont s'honore notre pays !

Il y avait tout cela dans ces cinq lettres « maman » ; on s'explique, dès lors, que, dans la bouche de Gailhard, elles eussent des inflexions aussi touchantes.

Maman Gailhard eut la première grande joie de sa vie le soir où son Pedro fit ses débuts à l'Opéra-

Comique, dans le *Songe d'une nuit d'été*. Ayant été jusqu'alors à la peine, il était juste qu'elle fût à l'honneur. Elle était venue tout exprès de Toulouse, et, parée de ses plus beaux atours, elle trônait, avec quelques amis, dans une loge de face, devant que les chandelles ne fussent allumées. Dame ! elle ne voulait pas en perdre une note ! Jusqu'aux trois coups, dans le brouhaha de la salle, et les préludes cacophoniques des musiciens, elle s'agitait sur sa chaise, en proie à la plus violente exaltation nerveuse. Les angoisses que Falstaff éprouvait derrière la toile se répercutaient dans son cœur. Soudain, il se fait un grand silence, l'orchestre attaque l'ouverture, et le rideau se lève. Ne connaissant pas un traître mot de la pièce, maman Gailhard, les yeux écarquillés, la gorge haletante, dans chaque personnage masculin qui paraît en scène, croit reconnaître son fils. Et elle chauffe son entrée, faut voir ! Et lorsque, à l'organe, elle comprend son erreur, elle se rejette en arrière avec des cris de déception et toutes sortes de mines déconfites. Enfin Falstaff paraît ; il chante. Cette fois, c'est bien lui, c'est Pedro ! Et voilà la pauvre maman qui fond en larmes, et qui, penchée hors de la loge, fait chorus avec la claque, l'accuse de mollesse, frappe le velours de la petite canne dont elle ne se sépare jamais, soulève des flots de poussière autour des spectateurs de la première galerie, sourit aux enthousiastes, montre le poing aux tièdes, et mâchonne entre ses dents : « Qu'est-ce qu'ils ont donc à ne pas applaudir, ceux-là ! Ont-ils peur de se donner une entorse ? » Et elle prend les mains de ses amis qu'elle serre à les briser, les embrasse, les câline, et les regarde avec ses grands yeux mouillés qui semblent dire : « C'est pourtant moi, méchant bout de femme, qui vous ai confectionné ce Gailhard-là ! » Dans les entr'actes, sa joie déborde au dehors : elle va par les couloirs, interpellant les ouvreuses, notant au passage les impressions de chacun, se grisant à l'allégresse universelle. Toute la soirée, ce fut un délire, dont la salle, bientôt mise dans la confidence, subit magnétiquement le contre-coup. Il semble que, n'étant pas morte ce jour-là, maman Gailhard ne dût jamais mourir !

Depuis ce jour fameux, leurs deux existences n'en firent plus qu'une. Pedro, tous les ans, passait ses deux mois de vacances soit à Toulouse, soit à Luchon. A Toulouse, comme à Luchon, on menait la vie joyeuse, et maman Gailhard était de toutes les parties ; il n'y avait pas de bonne fête sans elle. L'hiver, c'était à son tour d'émigrer : elle venait à Paris tenir la maison de son fils, partageant ses heures entre le théâtre et le coin du feu, et présidant ces agapes dominicales où, entre compatriotes, on dégustait la soupe au choux, le confit d'oie et le cassoulet national qu'elle accommodait à ravir. Puis, de temps à autre, le soir, par un temps clair et tiède, ils s'en allaient, bras dessus, bras dessous, comme deux amoureux, badauder par la ville et dialoguer aux devantures dans le doux jargon du pays. Et lorsque, au cours de ces pérégrinations, ils rencontraient quelque visage nouveau pour elle, Gailhard présentait la chère femme, et d'un ton où perçait je ne sais quelle fierté filiale : « C'est maman ! » disait-il ; et elle, l'étreignant avec force, ajoutait dans un sourire de reconnaissance : « Oui, monsieur... c'est mon Pedro ! »

1.

Le soir des noces, après le repas, tandis que les violons s'accordaient pour le bal, je m'assis dans un coin de la salle auprès d'elle :

— Vous voilà bien heureuse, lui-dis-je, maman Gailhard !

— Bien heureuse, en effet, mon cher enfant ! Plus que je ne puis le dire !

— Que sera-ce le jour où votre Pedro sera directeur de l'Opéra ?

— Il ne peut y avoir pour moi de jour plus heureux que celui-ci... Sauf un cependant...

— Et lequel ?

— Le jour où je serai grand'mère !

Grand'mère ! Elle eût excellé dans cet art exquis. Elle n'aurait pas eu besoin de l'apprendre dans les livres des poètes ; elle n'aurait eu simplement qu'à feuilleter son cœur !

Cette joie suprême lui devait être refusée. Elle est morte avant même de l'avoir entrevue. Pauvre maman Gailhard ! Pauvre Pedro !

UN BAL SHOCKING!

7 janvier 1885.

Décidément, le naturalisme envahit nos mœurs.

Je ne suis pas suspect de pruderie, mais ce bout de carton, illustré d'une ronde d'Alphonses en délire, que j'ai là sous les yeux, m'inquiète et me chiffonne.

C'est une invitation — ou plutôt une invite — au bal qui se donne ce soir, rue Charras, à la salle Kriegelstein. Il y est dit qu'une mise négligée est de rigueur, que les costumes doivent tous être empruntés au vestiaire de l'Assommoir, et que quiconque, au mépris de la consigne, arborera le « sifflet » sera coiffé par les contrôleurs d'une casquette de soie à plusieurs étages.

Cette description avant la lettre du bal des... Fines Gouapes — il faut bien l'appeler par son nom ! — donnerait à croire que les organisateurs appartiennent au monde sous-marin des Lantier, des Coupeau, des Bibi-la-Grillade et des Bec-Salé. Point. S'il en était ainsi, je n'y toucherais même pas du bout de la plume, ce monde-là ne se rattachant que de loin, de fort loin, à la rubrique de la Vie parisienne.

Les Fines Gouapes sont les plus célèbres entre les demi-mondaines, celles que la blague impitoyable du boulevard, cuisante parfois comme un fer rouge, a baptisées de ce nom qui peint : les horizontales. Avec celles-là, ce serait perdre son encre que de juvénaliser. La caque sent toujours le hareng, et, sous les ailes du papillon, il y a toujours la chenille. On ne saurait leur faire un crime d'avoir la nostalgie des bas-fonds d'où la plupart sont issues et de vouloir, de temps à autre, en guise de diversion, faire un retour vers leurs origines. A ce point de vue, ce bal naturaliste ne nous choquerait ni plus ni moins que les mille et une autres déjections du virus parisien, et nous la laisserions, comme les autres, aller au ruisseau, si elle n'entraînait dans son courant la fine fleur de l'aristocratie française.

On éprouve je ne sais quelle pénible impression à voir les noms les plus nobles, les plus illustres, accolés publiquement à ces noms tarifés et cotés — je pourrais dire trousse-cotés. D'autant plus que ces promiscuités fâcheuses produisent, dans l'esprit public, des aberrations singulières. Ainsi, les moralistes qui couvrent de fleurs le bal des Fines Gouapes n'ont pas assez de sarcasmes pour les jeux gymniques du Cirque Molier. Et cependant, si l'on peut sourire de certaines clowneries — indispensables à des représentations imitées de l'Hippodrome — la gymnastique, même ainsi comprise, ainsi pratiquée, ne peut-elle pas devenir féconde et préparer fortement la génération nouvelle aux grandes luttes de l'avenir? Rompus à l'équitation, à l'escrime, à tous les exercices du corps, nos fils seront un jour de bons soldats, et si les cirques encouragent leur émulation, pourquoi jetterions-nous l'anathème sur les cirques? Mais ces bals où, pour se mettre au niveau des Nanas redevenues Gervaises pour une nuit, on cache son blason sous la blouse d'Alphonse, ce sont là des déchéances volontaires qui n'ont même pas pour elles l'excuse du plaisir.

On dit, il est vrai, que, cette fois, le bal des Fines Gouapes sera *rehaussé* par la présence de nos plus aimables comédiennes. Rehaussé ! N'est-ce pas plutôt nos plus aimables comédiennes qui vont se rabaisser en fraternisant avec les cabotines du boudoir ?

Prudhomme, si l'on veut, mais ma prudhomie m'est chère. C'était, du reste, un bon Français que Prudhomme, et il savait, au moment propice, crier à ses contemporains, vieux ou jeunes : Casse-cou !

ÉVA GONZALÈS

14 janvier 1885.

J'ai vu ce matin, et tout le monde ira voir, dans les salons de la *Vie moderne,* l'œuvre charmante et trop tôt interrompue d'Éva Gonzalès, la fille du sympathique délégué des Gens de lettres, l'élève favorite de

> Ce blond, ce brillant Manet,
> De qui la grâce émanait,

comme a dit Théodore de Banville. Elle vous sourit, dès le seuil, dans ce vaste cadre où le Maître l'a représentée, rayonnante de grâce et de jeunesse, et semble faire au public les honneurs de cette Exposition qui ne compte pas moins de 89 numéros, pastels ou peintures, tous marqués au coin de la plus originale et de la plus exquise personnalité.

Ce portrait, œuvre maîtresse d'un grand artiste, fait songer à celui que Banville a crayonné d'une main si suavement délicate. On y retrouve « ces formes accomplies, ces magnifiques cheveux châtains, que la lumière caresse avec joie ; la blancheur éblouissante du teint et le velours noir des prunelles ; ces grands yeux, très ouverts, chercheurs, curieux, pénétrants, où brille un regard empreint d'une innocence et d'une loyauté adorables ; cette bouche hardiment et gracieusement dessinée, d'une vive couleur de rose ; ce menton ample, ferme et arrêté qui s'arrondit par une belle ligne ; cette oreille d'une pureté classique, bien attachée et que ne dépare aucun joyau ; et cette main d'une si belle forme, qui est une main ferme, agissante et créatrice, et non pas la petite patte molle des femmes oisives, que Gavarni a quelquefois trouvé le moyen d'idéaliser, mais qui ne saurait servir de thème ni a la poésie ni à la statuaire ».

Dans le portrait du peintre et dans le *Camée* du poète, Eva Gonzalès est telle que je la retrouve dans mes souvenirs. Sa beauté peut se définir ainsi : un mélange de douceur, de candeur, de finesse spirituelle, avec je ne sais quelle majesté sereine, qui, dans les salons où elle était l'objet des plus flatteuses recherches, amenait sur toutes les lèvres des réminiscences classiques, *et vera incessu patuit dea*. A ces qualités extérieures, elle joignait toutes les délicatesses du cœur à toutes les grâces de l'esprit, et une aptitude native pour tous les arts, car, éprise de musique autant que de peinture, elle avait une voix adorable, dont elle n'osait, par pudeur intime, faire montre en public. En un mot, comme le disait Villemessant — lorsque, pendant l'armistice, il rencontra la mère et les deux filles à Dieppe, et qu'il leur raconta les épisodes du siège et, les larmes aux yeux, sa joie d'avoir revu ses petits-enfants — c'était une « perle féminine ». Perle dont l'éclat, doucement voilé pour les profanes, n'avait tout son rayonnement que dans la chaude atmosphère du foyer. Avenante à tous, elle avait le culte, l'adoration des siens, de son père, de sa mère, de sa jeune sœur Jeanne, qui fut presque son unique modèle, parce que c'était un lien de plus entre elles deux, et aussi parce que les modèles coûtent si cher et posent si mal. Elle poussait si loin cet exclusivisme, qu'elle refusa de brillants partis, qui peut-être eussent été selon son cœur, mais qui l'auraient séparée de sa famille et du monde des arts. Voilà pour la femme.

Quant à l'artiste, elle apportait une conscience d'apôtre dans sa recherche du vrai, de la lumière, des tons et des couleurs. Elle aimait la nature, sans parti-pris d'école ni d'ambition, de façon désintéressée et simple. D'abord élève de Chaplin, ses aspirations l'attirèrent bientôt irrésistiblement vers ce plein air, cette clarté, cette « vie vivante » qu'elle devinait et « voyait ». Elle rencontra Manet à cette heure psychologique. La rencontre eut lieu dans les salons de Stevens, alors très brillants et très suivis, où toutes les écoles artistiques et littéraires se coudoyaient fraternellement. Eva Gonzalès demanda des conseils au Maître ; mais elle eut l'imprudence d'afficher son drapeau, en s'avouant « élève de Manet » sur le livret du Salon, et la hardiesse de se faire peindre par cet « hérésiarque damné ». Ce fut alors contre elle un déchaînement de colères et d'indignations. Son parrain, Philippe Jourde, fut maudit pour avoir favorisé ces abominables tendances, et son malheureux père faillit être lapidé dans un grand dîner, chez Dardenne de la Grangerie, auquel assistaient Arsène Houssaye, Albéric Second, Pierre Véron, Robert Mitchell et d'autres convives de marque. Un de ces messieurs alla même jusqu'à lui dire :

— Vous êtes un père plus dénaturé qu'Agamemnon sacrifiant Iphigénie !

La foi d'Iphigénie ne fut ébranlée ni par la satire ni par les sarcasmes. Elle persista dans l'ombre, heureuse de quelques suffrages sincères, tels que celui d'Emile Zola. L'auteur des *Rougon-Macquart* fut le premier à rompre des lances pour elle, et, lorsqu'en 1872 elle exposa son *Indolence*, il écrivit dans la *Cloche :* « C'est tout simplement exquis de fraîcheur, de blancheur ; c'est une vierge tombée d'un vitrail et peinte par un artiste de notre âge ». Après Zola, d'autres vinrent à la rescousse et montèrent à l'assaut de la vieille forteresse, Jules Claretie, Ph. Burty, C. Le Senne, Armand Silvestre, Banville, Marius Vachon, H. Havard, etc., etc. Mais il fallut la mort de Manet pour que ces oseurs entraînassent après eux la foule récalcitrante. Hélas ! Eva Gonzalès ne devait pas savourer longtemps la joie de cette conversion. Elle suivit de près son maître ; une mort foudroyante vint l'enlever à la suite d'une couche heureuse. Il suffit « d'une goutte de sang figé qui suspend le circulation » — c'est ainsi qu'Edmond About définissait l'embolie, ce mal mystérieux et soudain, dans son discours funèbre — pour que de tant de grâce, de beauté, de jeunesse et de talent, il ne restât plus qu'un douloureux souvenir.

Ce souvenir m'étreignait ce matin, tandis que je visitais l'exposition de la *Vie moderne*. Mais, en coudoyant cette foule recueillie, qui, venue là comme à un bout de l'an artistique, témoignait par des murmures discrets sa sympathique admiration, je sentais ce qu'il y a de vérité cruelle et d'amère consolation dans ces vers du poète :

C'est un bienfait des dieux de mourir à vingt ans,
Et de ne pas sentir, de nos jeunes années,
Se flétrir à nos fronts les couronnes fanées !

Et je me disais : Heureux ceux qui se survivent ainsi dans leur œuvre ! Heureux ceux aussi qui les pleurent, car cette « résurrection » fugitive est pour eux comme une halte bénie dans la douleur !

MADAME DE KAULLA

23 janvier 1885.

Le tribunal civil vient de prononcer le divorce entre le colonel Yung et sa femme, plus connue dans tous les mondes — sauf le vrai monde — sous le nom de baronne de Kaulla.

Voilà, certes, un jugement auquel les adversaires les plus résolus de la loi Naquet applaudiront eux-mêmes. Car il affranchit un honnête homme, un vaillant soldat, et, en lui rendant l'exclusive propriété de son nom, il le met à l'abri des souillures dont la séparation pure et simple était impuissante à le garantir.

Libération un peu tardive, et qui, venue quelques années plus tôt, à l'heure opportune, eût étouffé dans l'œuf ce scandaleux procès de 1880, dont s'est enrichi le dossier des causes célèbres.

Le colonel Yung, on s'en souvient, sortit de l'audience, la tête haute, absolument « lavé », si tant est que des racontars odieux, et encore plus ineptes, comme le disait à ce moment mon collaborateur Bataille, eussent pu salir un soldat français. Mais cette justification éclatante ne l'assurait pas contre certains retours offensifs, contre les scandales où pouvait encore compromettre son nom cette femme que M⁰ Lachaud avait brutalement appelée : « la maîtresse du ministère ! » Cette femme était sa femme, après comme avant. Désormais, grâce au divorce, elle ne l'est plus. La loi nouvelle a mis fin à cette solidarité dangereuse. Et, pour que nul n'en ignore, il faut le dire bien haut.

Cette union, aujourd'hui dissoute, commença comme un roman, presque comme une idylle.

C'est à Nice qu'ils se connurent, en 1861, — il y a de cela vingt-cinq ans. Il était, lui, simple capitaine d'état-major, de plus d'avenir que de fortune. Elle, belle-sœur d'un banquier célèbre, dont le suicide a fait grand bruit, appartenait à cette catégorie de cocodettes, qui, l'hiver durant, menaient la sarabande mondaine. Comment ces deux êtres, d'essence si disparate, l'un, l'honneur même — presque le puritanisme — l'autre, la corruption précoce, arrivèrent-ils à sympathiser? Quel choc d'affinités secrètes fit-il jaillir l'étincelle ? Je ne sais. Toujours est-il qu'ils s'aimèrent et que, six mois plus tard, le divorce comptait deux futurs adeptes de plus.

Je m'en souviens encore. Elle était charmante sous ses voiles de mariée qui faisaient à sa jolie tête brune comme une auréole de vierge. Petite, bien en chair, la lèvre légèrement duvetée, elle s'épanouissait dans une atmosphère de grâce féline, avec je ne sais quoi d'inquiétant dans le regard, je ne sais quelle flamme de désir curieux et de volonté impatiente. On sentait la femme sous l'ingénue. Un homme usé par le vice aurait eu de la méfiance. Lui, le soldat naïf, l'amant aveugle,

Il marchait, confiant, dans son rêve étoilé !

Ce rêve eut la durée... d'un rêve. Il ne s'en éveilla que le jour où il se trouva seul près du foyer désert. Un beau matin, elle s'était envolée vers Paris, où ses aventures firent grand bruit dans les dernières années de l'Empire. On la voyait partout, menant le tumultueux carnaval, en compagnie de Mme T..., une La Vallière bourgeoise qui cultive aujourd'hui la vigne sur les rivages de la Méditerranée; de Mme S..., une Corinne à la crinière flavescente; et de Mme de G..., une George Sand de boudoir. C'est dans les salons de ces dames — car ces dames avaient des salons, et des mieux hantés — qu'elle essayait la fascination de sa chair, attirante comme l'aimant, et la puissance de son esprit endiablé sur les diplomates en herbe, et qu'elle tissait les premiers fils de cette toile invisible où nous devions être emprisonnés.

Vint la guerre. La baronne se souvint alors qu'elle avait du sang tudesque dans les veines; elle estima qu'elle se devait à son pays, et, d'août 1870 à septembre 1871, elle joua, pour le compte de l'Allemagne, les Jeanne d'Arc... de cabinet. Elle gagna gros à cet apostolat, et le boulevard la revit, déployant un faste oriental qui fit bien des jalouses parmi les *mouches* exotiques dont l'essaim s'était de nouveau, grâce à notre sottise, abattu sur nos ruches où elles butinaient en catimini. Et elle se remit tranquillement à tisser sa toile, lançant de temps à autre, à travers les mailles, les documents qui traînaient sur les tables de travail ou sur les tables de nuit, et que d'adroits compères recevaient pieusement dans leurs casques pointus. Le procès de 1880 a fait toute la lumière désirable sur ce travail d'art d'une araignée..., peu sympathique.

A cette époque, un arrêté d'expulsion avait été pris contre la baronne de Kaulla. Il serait intéressant de savoir s'il subsiste encore.

CHARLES LECOUR

27 janvier 1885.

Celui que Dumas père a baptisé carrément « un homme de génie », Charles Lecour, l'inventeur de ce sport original : la boxe française, se dispose à prendre sa retraite.

Hier encore, à soixante-seize ans, il professait à l'Ecole d'escrime de la rue Saint-Marc, avec une vigueur de biceps et de jarret peu commune à cet âge.

Au temps de ses débuts, Paris ne pouvait opposer aucun adversaire sérieux aux boxeurs anglais. Les Parisiens d'alors ne connaissaient guère que la « savate », sport peu noble, mais indispensable aux viveurs de 1830, qui — lord Seymour et le vicomte de Labattut à leur tête — fréquentaient les bals populaires et la descente de la Courtille. Il y avait là des luttes épiques entre les beaux de la barrière et les beaux du boulevard ; et malheur à qui n'eût pas su lancer le coup de pied dans les règles.

Aussi les jeunes gens du monde cultivaient-ils la savate ou le chausson. Un « savetier » célèbre en ce temps-là, Michel Pisseux, allait donner des leçons chez le duc d'Orléans et chez lord Seymour.

Tout en professant la savate, Charles Lecour

avait la conscience que c'était un art incomplet. A l'inverse de la boxe anglaise, elle n'utilisait que la jambe et le pied comme armes offensives et défensives, laissant au bras et au poing un rôle purement défensif. L'idéal devait être la fusion des deux systèmes. Jaloux de le réaliser, Lecour partit pour l'Angleterre, où, sans trahir son incognito, il prit des leçons de Swift et d'Adams, les deux premiers boxeurs de Londres. Puis, quand l'élève se sentit maître, il revint en France appliquer ses théories.

C'est de cette combinaison de la boxe anglaise et de la savate que naquit la boxe française, où l'homme profite à la fois de toutes ses armes naturelles, bras et jambes, jarrets et biceps, où les coups de pied et les coups de poing se marient avec une méthode parfaite, qui fait de ce sport une science, comme l'escrime.

Charles Lecour fit bientôt florès à Paris. Aucune salle d'armes ne compta plus de noms aristocratiques que sa salle du passage des Panoramas, où venaient régulièrement « travailler », en vareuse de flanelle rouge, MM. le duc de Mouchy, prince Etienne de Beauveau, comte de Boisgelin, marquis de Noailles, marquis de Dreux-Brézé, baron Gourgaud, comte Clary, Nestor Roqueplan, comte de La Rochefoucauld, comte Vigier, comte Walewski, baron de Bazancourt, Théophile Gautier, Mac-Carthy, comte d'Alton-Shee, etc., etc.

Il allait aussi professer en ville, notamment chez lord Seymour, rue Taibout, et chez Alphonse Karr, dans son pavillon de la rue de la Tour-d'Auvergne. Théophile Gautier assistait aux leçons en tenue truculente, un bonnet à gland d'or posé sur de longs cheveux.

Taillé en Hercule, le poète avait un poing proportionné ; et Banville, dans ses *Odes funambulesques*, a célébré la vigueur de ce poing,

> Qui, sur la tête du More,
> Fait cinq cent vingt pour son écot.

Malgré le succès de Lecour et la vogue de la boxe française, lord Seymour et ses amis voulurent organiser un assaut de boxe anglaise entre les célèbres champions Adams et Swift, qui s'étaient réfugiés à Paris, à la suite d'assauts malheureux dans lesquels ils avaient tout simplement tué leurs adversaires.

La petite fête eut lieu, devant une foule énorme, à Charenton. Tout se passa si bien à la mode d'outre-Manche, qu'au bout de dix minutes le sang des champions coulait à flots, et qu'au bout d'une heure, ils étaient méconnaissables. On ne leur voyait plus que les yeux, et quels yeux !

Après une heure et quart de lutte, à l'issue de laquelle Swift fut proclamé vainqueur, on transporta les deux lutteurs, dont les membres étaient en capilotade, dans une auberge voisine ; on leur fit prendre un bain, et, comme en Angleterre, le médecin, à coups de bistouri, dégagea leurs paupières tuméfiées, et les arrosa de jus de citron.

Les Parisiens emportèrent de ce spectacle, avec un indicible écœurement, la conviction que la boxe anglaise ne pourrait pas s'acclimater en France. La vogue de Lecour s'en accrut. Et, bientôt, l'art dont il était l'initiateur ayant fait école, il eut de nombreux émules, entre autres, Leboucher, Loze, Rambaud, dit la Résistance, et Vigneron, ce colosse, plus connu sous le sobriquet de l'Homme-Canon.

En 1848, il céda la salle des Panoramas à son frère Hubert; mais il garda ses leçons particulières et prit part aux grands assauts de boxe qui se donnaient au Cirque et qui faisaient fureur, comme ceux organisés à la salle Montesquieu, par Leboucher, et, par Vigneron, à l'Hippodrome.

A la fin de l'Empire, Charles Lecour avait pour élèves : le jeune duc de Luynes, qui devait mourir si glorieusement à Patay, le duc de Rivière, Ferry d'Esclands, le général Ney d'Elchingen, etc., etc. Depuis la guerre, il en a formé tout une brillante légion, soit au Cercle des Eclaireurs, soit à la salle Pons, soit à l'Ecole d'escrime de la rue Saint-Marc ; on peut citer dans le nombre MM. le prince de Béthune, le baron de Préménil, de Coppens, le vicomte de Coubertus, le comte de Chevillé, le comte de Lyonne, le marquis de Sassenay, le vicomte de Pully, Goupil, Gaillard, Corthey, G. Laroze, etc., etc.

Aujourd'hui, Lecour se retire, mais il laisse sa méthode en pleine prospérité. On a bien essayé d'opposer à cette méthode le jeu dit « Marseillais », jeu quèlque peu fantaisiste ; mais la tentative n'a pas réussi, et les autres professeurs ont eux-mêmes reconnu la supériorité du jeu Lecour, notamment Charlemont, dans son traité de boxe, dont la remarquable préface, signée Charles d'A..., est de M. Ranc, très au fait, comme on sait, de toutes les choses sportives.

Tous les anciens rivaux de Lecour sont morts

aujourd'hui, et l'un d'eux, Vigneron, de mort tragique. On se rappelle qu'en « travaillant », il tomba sur le côté, et que son canon lui broya le crâne.

Au lieu de mourir sur le champ de bataille, Charles Lecour s'en va tranquillement sur les hauteurs de Montparnasse, où je ne conseille pas aux jolis messieurs du boulevard extérieur de se frotter à ses soixante-seize ans. Il connaît encore mieux que personne « le plus court chemin d'un poing à un autre » et l'art d'y joindre un coup de pied sans parade. Avec de pareilles armes, on n'est jamais pris au dépourvu.

CECI N'EST PAS UN CONTE !

28 janvier 1885.

C'est en l'an de progrès et d'instruction obligatoire 1885 que se sont échangées les trois lettres suivantes :

I

*A M. Saint-Saëns, membre de l'Institut,
rue Monsieur-le-Prince, Paris.*

Monsieur,

Le 27 courant, ma petite fille fait son entrée dans le monde. Je donne, à cette occasion, une sauterie intime, et je serais très heureuse si vous vouliez bien me faire l'honneur d'y tenir le piano.

Vous êtes membre de l'Institut, à ce qu'on m'affirme ; et c'est pour cela que je vous choisis de préférence à tant d'autres. Car ce titre est, pour une femme de ma qualité, la plus sérieuse des garanties.

Je joins à ce mot un billet de cent francs, persuadée que cette marque de confiance sera d'un grand poids dans votre détermination.

Agréez, monsieur, etc.

Baronne de...
Rue de Babylone.

II

A Madame la baronne de...., rue de Babylone.

Madame,

Je suis très sensible à la marque de confiance dont vous voulez bien m'honorer; mais mon titre même de membre de l'Institut m'empêche de l'accueillir comme elle le mérite.

Noblesse oblige. Or, l'Institut, c'est notre noblesse à nous autres, pauvres croquants de l'art; et elle nous interdit toute corvée mercenaire.

Ce n'est pas que votre offre n'ait de quoi me séduire, et il aurait mauvaise grâce à la dédaigner, celui qui touche, en tout et pour tout, une indemnité mensuelle de 150 fr. Mais, je vous le répète, noblesse oblige.

D'ailleurs, à défaut de cette considération supérieure, il en est d'autres qui m'empêcheraient de me rendre à votre désir. Le meilleur de mon temps est pris par les retouches et la mise au point d'*Henri VIII*, un opéra de votre humble serviteur, qu'on va reprendre prochainement à l'Académie de musique. En outre, je suis un couche-tôt, et j'ai la mauvaise habitude de m'endormir à l'heure où s'éveille le Paris où l'on s'amuse.

Il y a, pour la besogne à laquelle vous me conviez, des spécialistes à qui l'inclémence de la saison fait de tristes loisirs. Ces pauvres diables ont moins d'exigences que votre sympathie, dont je suis fier, ne m'en suppose. On en est quitte vis-à-vis d'eux avec vingt-cinq francs, quelques bocks et deux ou trois sandwichs. Ils pullulent, à l'heure qu'il est, sur le pavé de Paris. Je puis, au besoin, vous fournir quelques adresses.

Agréez, madame, etc.

Camille SAINT-SAENS,
de l'Institut.

P.-S. — Je vous renvoie, sous ce pli, le billet de cent francs.

III

A Monsieur Camille Saint-Saëns, membre de l'Institut, rue Monsieur-le-Prince.

Monsieur,

Recevez toutes mes excuses.

Si j'ai froissé votre amour-propre, et j'en suis au désespoir, le coupable, ce n'est pas moi, c'est mon maître-d'hôtel.

Mal au fait de ces sortes de choses, c'est sur lui que je me décharge, toutes les fois que je donne une fête — c'est la seconde depuis l'année terrible — des menus détails de l'organisation.

C'est lui qui vous a désigné comme le plus apte, en raison de votre voisinage et de votre talent, à faire danser ma petite fille et ses jeunes amies. Le brave homme n'y a pas mis plus de malice que je n'y en ai mis moi-même. Il était de si bonne foi, et voulait si peu vous désobliger, qu'il m'a dit :

M. Saint-Saëns excelle dans la musique de danse... Et puis, il est de l'Institut... Ça donnera du lustre à la maison. »

J'accepte avec joie votre offre obligeante, et, si vous voulez bien m'indiquer votre remplaçant, je l'accepte les yeux fermés, aux conditions que vous m'avez dites.

Agréez, monsieur, etc.

Baronne de...,
Rue de Babylone.

. . . .

O Cochery, ministre des postes, que d'impairs on commet en ton nom !

LE GRENIER DE GONCOURT

1er février 1885.

« *Le Grenier de Goncourt ouvre ses dimanches
1er février 1885. Il sera très honoré de votre présence.* »

Telle est la lettre que les amis d'Edmond de
Goncourt — ils sont nombreux quoique triés sur
le volet — ont reçue dans les premiers jours de la
semaine dernière.

Ce grenier est un grenier comme on en voit peu,
un grenier comme on n'en voit pas. Et lorsque,
après avoir franchi le clair vestibule dallé de marbre
et gravi le pittoresque escalier à rampe de bois
ouvragé, on pénètre dans cette vaste salle dont les
murs et le plafond sont tendus de rouge, avec ses
divans couverts de tapis de Smyrne et son foisonnement de bibelots inestimables, on comprend la
sympathie du chantre de Lisette pour le « grenier ».
Mais, par exemple, sans limite d'âge.

C'est qu'elle est loin, l'époque cruelle où les deux
auteurs d'*Henriette Maréchal* écrivaient :

« Pendant des années, c'est à peine si nos livres
nous ont payé l'huile et le bois de nos nuits. Nous
sommes arrivés pas à pas, livre à livre, obligés de
tout disputer et de tout conquérir. Et nous avons
mis quinze ans enfin à parvenir au Théâtre-Fran-

çais. Pour notre fortune, nous n'avons pas tout à fait douze mille livres de rente à nous deux. Nous logeons au quatrième, et nous avons une femme de ménage pour nous servir... »

A vrai dire, Edmond de Goncourt n'est guère plus riche aujourd'hui ; mais il possède, dans sa maison d'Auteuil, une collection merveilleuse, dont le catalogue ne forme pas moins de deux volumes, de quatre cents pages chacun. Il va falloir y joindre la nomenclature de tout ce que renferme le grenier. En attendant qu'elle soit faite, je vais vous en donner une rapide esquisse.

Passé le seuil, on a devant soi trois fenêtres ouvrant sur le jardin. Entre les deux premières, sous deux carrés d'étoffe de Chine brodée de fleurs, un panneau de laque au milieu duquel est un bâton de commandement de chef japonais, en incrustation de jade vert ; et, plus bas, une peau de chèvre du Thibet aux longues soies blanches et frisées. Au mur de droite, quatre aquarelles de Gavarni — des plus précieuses, au dire des connaisseurs — et parmi lesquelles est le portrait de Virelocque. Entre la porte et la cheminée de marbre blanc, que décore un délicieux Pierrot de Saxe tenant à la bouche une minuscule pipe de fumeur d'opium, une vitrine avec trois livres uniques : le premier exemplaire de *Manette Salomon*, avec, sur les plats, deux portraits de l'héroïne sur émail or et noir par Claudius Popelin ; le recueil des diverses lettres autographes et des articles inspirés par la mort de Jules de Goncourt, et pour lequel le même maître émailleur a fait le médaillon du défunt ; enfin, relié en brocart d'or, orné de deux papillons de soie multicolore, un manuscrit de la princesse Mathilde sur une de ses gouvernantes. Au-dessus de la vitrine, des assiettes de Saxe, deux crayons de Boucher, et un dessin de Gavarni — première manière — datant de l'époque où l'illustre artiste débutait dans les journaux de modes.

A gauche, adossées aux deux montants de la cloison, qui, avant qu'on l'eût percée, coupait le grenier en deux parties, deux bibliothèques, à hauteur d'appui, sont encombrées de bronzes du Japon, d'un fini sans égal, derrière lesquels on voit encore d'autres Boucher et des pastels des maîtres du siècle aimable.

La seconde salle, dont le fond tapissé d'aquarelles peintes en grisailles sur papier blanc renvoie le jour de la troisième fenêtre, est remplie presque tout entière par une grande table carrée et trois étagères surchargées de porcelaines peintes, de boîtes de laque, de jade et de bronze. Deux grands fauteuils cannés à bascule en défendent l'accès.

Au plafond, — où court en bordure une ceinture de femme chinoise, représentant des hirondelles aux ailes éployées et enlacées par des glycines alternativement blanches et violettes — deux foulcousas, encadrées de soie rose et noire, qui sont peut-être le plus merveilleux ornement de ce grenier des Mille et une Nuits. Sur l'une s'étalent des tiges de bambou d'un riant vert tendre ; l'autre présente aux yeux éblouis un fantastique oiseau d'or.

Et tandis qu'on admire :

— J'ai fait des folies! dit Goncourt, et j'ai bien besoin qu'on me joue à l'Odéon... Car me voilà couvert de dettes, ce qui depuis longtemps ne m'était pas arrivé !... Mais je ne les regrette point, puisqu'elles me permettent de réunir autour de moi tous mes bons amis.

Ils sont tous là, en effet, les camarades des débuts et les jeunes gens qui, par leur active propagande et leur amour du maître, ont contribué vaillamment à sa popularité parmi la génération nouvelle : Claudius Popelin, très complimenté sur les émaux des deux livres que j'ai cités tout à l'heure ; Emile Zola, qui remet à l'éditeur Charpentier les dernières épreuves corrigées de son *Germinal;* José Maria de Hérédia, qui prend l'engagement de faire, d'après une aquarelle d'album japonais, un sonnet en pendant à celui du *Samouraï ;* Théodore de Banville, le Boisroger de *Charles Demailly,* qui sème dans la conversation ses paradoxes à facettes étincelantes ; Alphonse Daudet, pressé de questions sur le roman qu'il doit livrer à un Barnum américain contre la somme fabuleuse de 160,000 francs ! Daudet, lié par un serment plus terrible que celui de Jupiter, a juré de ne rien dire qu'une fois l'œuvre faite. Mais, comme je suis dans le secret des Dieux, je puis annoncer que ce roman, dont le héros est une sorte de Tartarin Suisse, paraîtra simultanément dans toutes les langues du monde, sans que le feuilleton d'aucun journal en ait eu la primeur.

Le grenier s'emplit. Aperçu çà et là: Paul Bourget, dont Lemerre va publier *Cruelle énigme,* qui doit poser le jeune critique comme un de nos plus ingénieux romanciers; Aurélien Scholl, qui dépense tout son esprit sans crainte des reporters auxquels il a fourni tant de mots à l'emporte-pièce; Catulle Mendès, qui raconte une anecdote croustillante arrivée ces jours derniers à la très effrontée mademoiselle Zo ; Armand Silvestre, qui revient de Toulouse et chante la gloire du *Cassoulet*; puis, un groupe sérieux : Taine, Baudry, Philippe Burty, Charcot, Régamey, au milieu desquels exubère Bergerat qui veut chanter la romance à la lune d'*Enguerrande*; Robert Caze, Cladel, Toudouze, Elémir Bourges, qui vient de donner *Sous la hache*, une suite au *Crépuscule des Dieux;* Theuriet, dont l'Odéon répète *Les Deux Barbeaux;* Anatole France, Maupassant, et le jeune groupe naturaliste où bourdonne Alexis qui porte un torchon, *le Trublot*, comme étendard; Louis Desprez, un des auteurs d'*Autour du Clocher*, si malmené par la cour d'assises; Huysmans, Céard, qui prépare une préface aux lettres de Jules de Goncourt; Hennique, Rod et Remacle, qui viennent de fonder la *Revue Contemporaine;* enfin, parmi les tout jeunes, Joseph Caraguel, si populaire au quartier Latin par son premier livre, *le Boul' Mich'*, et Joseph Gayda, le poète de l'*Eternel Féminin*, de qui Monnier imprime un volume de nouvelles galantes écrites en une prose délicate, rythmée comme des vers...

Goncourt va de l'un à l'autre, heureux et rajeuni, causant avec un aimable abandon, jetant un mot dans chaque conversation particulière. Soudain, il aperçoit son architecte, un ami des mauvais jours, qui fit, avec quelques autres, le coup de poing, le soir d'*Henriette Maréchal*. Demeuré l'ami des jours heureux, il a voulu diriger gratuitement l'installation du grenier. Mais, visant à l'économie, il a traîné les travaux en longueur, un peu trop, au gré du Maître qui avait hâte d'inaugurer ces réunions fraternelles.

— Monsieur, lui crie Edmond de Goncourt avec un sérieux... comique, vous êtes un misérable !...

Pour ne pas me mettre en dépense, vous m'avez — ce qui est plus grave — mis en retard... Je vous retire ma confiance et ma pratique!... Désormais, je chercherai mes architectes parmi ceux qui nous ont sifflés, mon frère et moi!...

On a pris congé vers six heures, en se donnant rendez-vous au grenier pour dimanche prochain.

Heureux ceux qui peuvent, comme Edmond de Goncourt, réaliser, ne fût-ce qu'une fois par semaine, le rêve idéal de Socrate!

LA DOULEUR DE JACQUET

2 février 1885.

Qu'a-t-il donc, ce pacha que la guerre réclame,
Et qui, triste et rêveur, pleure comme une femme?...
Son tigre de Nubie est mort.

La douleur de M. Jacquet, un de nos maîtres peintres contemporains, est plus cruelle encore que celle du pacha des *Orientales*... Sa lionne « Annette » est morte, et son lion « Tayaut » a failli, comme elle, passer de vie à trépas.

Il y a du dompteur chez certains artistes ; M. Jacquet est de ceux-là. Ses débuts, dans l'art passionnant des Bidel et des Pezon, furent modestes : il se fit la main avec des singes. Mais l'appétit vient en... domptant ; et la « ménagerie en chambre » du peintre compta bientôt un pensionnaire de plus !... un des plus jolis échantillons de l'espèce ursine.

Tout Paris a connu l'ours de M. Jacquet. Il en eût remontré, pour la politesse et l'aménité des façons, à M. de Coislin lui-même. En quelques mois, son maître en avait fait un Parisien accompli. Un léger accent trahissait seul ses origines pyrénéennes, et aussi je ne sais quelle tendance voluptueuse à se vautrer dans la neige, quand neige il y avait. On n'est pas moins ours que cet ours-là, je vous le jure.

Par malheur, les ours sont encombrants, — demandez plutôt aux directeurs de théâtre. L'ours de M. Jacquet, ours bien vivant, trop bien vivant même, tenait une place énorme dans l'atelier. Il étouffa bientôt dans sa cage. L'architecte de l'hôtel n'avait pas établi ses plans en vue d'un hôte de cette qualité... Le reléguer à l'écurie, c'était le faire déchoir ; lui creuser une fosse dans le jardin, c'était en déranger l'harmonieuse ordonnance. Force fut donc à M. Jacquet, si pénible que lui fût la séparation, de se défaire de son ours. Et voilà comment la noble bête est passée dans la ménagerie Pezon, dont elle fait les délices. Ses mœurs, dans cette condition nouvelle, se sont encore raffinées : c'est maintenant un ours si bien léché, si lécheur même, qu'il est pendu constamment au cou du dompteur ; et vous verrez, comme dit le Grand Casimir, qu'il finira par le compromettre.

C'est une terrible nostalgie que celle des fauves. M. Jacquet, veuf de son ours, en perdait le boire et le manger. Si bien que Mme la duchesse d'Uzès, touchée de le voir en un tel marasme, lui fit don de deux lionceaux, le mâle et la femelle, qui vinrent prendre, avenue de Wagram, la place encore chaude de l'exilé.

Annette et Tayaut — c'est leurs noms — eurent bientôt pris sa place dans le cœur du maître. Ils avaient toutes les qualités de l'ours, la douceur, la gentillesse, la grâce familière et l'inaltérable bonne humeur. Comme l'ours, ils aimaient à s'ébattre sur les tapis de l'atelier, choisissant de préférence les étoffes orientales, avec ce flair aristocratique où l'on reconnaît les « rois du désert ». Mais ils avaient aussi d'autres qualités toutes personnelles, par exemple, un goût marqué pour la musique. Dès qu'on ouvrait le piano, ils se campaient sur leur derrière, l'un à droite, l'autre à gauche de l'instrumentiste, dans l'attitude de parfaits dilettanti. Avec cela, très soigneux, très ferrés sur les convenances, et, sans dire : M'sieu! comme les écoliers, en faisant claquer leurs ongles, avertissant par une pantomime expressive qu'ils avaient à sortir. Des amours de bêtes, quoi !

Hélas ! Annette est morte ! Les derniers froids l'ont tuée. Elle s'en est allée, les yeux tournés vers ce pâle soleil du nord où elle cherchait en vain une étincelle vivifiante du soleil d'Afrique. Et, depuis ce jour, Tayaut agonise. Pauvre Tayaut ! Les princes de la science ont fouillé tous les codex pour donner un nom au mal qui le consume. Ce n'est pas dans les livres qu'il le faut chercher, mais dans son regard, ce regard mouillé de la bête, plus éloquent que la parole et empreint d'une mélancolie résignée, presque humaine. Je l'y ai lu, ce mal qui ne pardonne pas : il s'appelle « Souvenirs et regrets ! »

Pauvre Tayaut, s'il meurt, ce sera de la mort d'Annette.

LE MARIAGE MACKAY-COLONNA

12 février 1885.

« Si Corneille avait vécu de mon temps, disait Napoléon Ier, je l'aurais fait prince. »

Le terrible niveleur faisait entendre par là que le génie peut se passer d'ancêtres, que les fils de leurs œuvres valent les fils de leurs pères, que les plus beaux parchemins ne datent pas des croisades, et que la noblesse intellectuelle peut aller de pair avec la noblesse du sang.

Aussi vit-on éclore, sous son règne, cette double gentilhommerie de la robe et de l'épée, qui conquit en quelques années des siècles de gloire, et dont les descendants font encore aussi fière figure, dans la société contemporaine, que les descendants des croisés.

Comme cette aristocratie nouvelle s'était greffée sur l'ancienne aristocratie, étouffant dans son essor rapide tous les préjugés de naissance et de race, une autre a surgi, qui, lentement, par la force des choses, s'est hissée au niveau de ses deux aînées. C'est l'aristocratie du travail, d'origine démocratique, celle qui remplace les parchemins héréditaires par les millions conquis à coups d'efforts patients, de labeurs tenaces et d'activité intelligente.

C'est à cette aristocratie qu'appartient M. Mackay, le père de cette charmante et frêle créature qui, ce matin, a posé sur sa tête brune la couronne fermée des Colonna, princes de Galatro.

Et l'idée n'est venue à personne de crier à la mésalliance ; l'idée n'est venue à personne de dire, même tout bas, que cette union d'un grand nom, fièrement porté, et d'une grande fortune, vaillamment acquise, était une union mal assortie.

C'est dans la salle du trône de la Nonciature, transformée en chapelle, que les deux jeunes époux ont reçu la bénédiction nuptiale. Cérémonie tout intime, à laquelle les deux familles, les témoins et quelques rares amis avaient été seuls invités.

On avait, pour la circonstance, remplacé le trône par un autel et le portrait du pape Léon XIII par une admirable Madone de Stoppoloni.

Etaient présents, — côté de l'Evangile : M. et Mme Mackay, Mme Hungerford. M. Levi Morton, ministre des Etats-Unis ; le comte et la comtesse de Telfener, et M. le duc Decazes ; côté de l'Epître : la princesse Cécilia Colonna, le prince Giachimo Colonna, le duc d'Arpino, le prince d'Angri-Doria, et une députation des Pères Passionnistes; devant l'autel, les deux fiancés, et, derrière eux, Mlles Decazes et Amalia Colonna, et les jeunes Willie et Clarence Mackay, demoiselles et garçons d'honneur ; enfin, tout au fond, les invités, entre autres M. Brulatour, premier secrétaire de la légation, le vice-consul des Etats-Unis, Mme et Mlle Hopper, M. de Castro, le peintre Cabanel, M. Clifford Millage, etc., etc.

La mariée portait une toilette d'une élégance exquise dans sa simplicité. Robe, toute unie, de satin ivoire, enguirlandée de fleurs et de boutons d'oranger, avec jupe et traîne frangées d'une ravissante broderie à la main; pas une dentelle, pas un bijou ; rien qu'un voile de tulle retenu sur la tête par la couronne traditionnelle.

Je n'entreprendrai pas de décrire les autres toilettes qui, toutes, avaient été combinées de façon à ne pas jeter une note trop éclatante dans ce milieu tout intime et délicieusement familial.

Mgr di Rende, archevêque de Bénévent, nonce apostolique, revenu tout exprès de Rome, a dit la messe basse *pro sponso et sponsâ*. Il était assisté par les révérends Pères Passionnistes Denis Egerton, provincial, Watts Russel, recteur de l'église de l'avenue Hoche, Mathieu Kelly, qui donna le baptême à Mlle Névada, et Richard Foy, de Londres, le directeur spirituel de Mme Mackay.

Avant la bénédiction de l'anneau, le Nonce, dans une touchante allocution — qu'il a lue — a fait un ingénieux parallèle entre l'ancien et le nouveau monde, dont l'union entre les Colonna d'Italie et les Mackay d'Amérique est l'heureux gage d'alliance. Puis il est entré dans les plus poétiques considérations sur le côté chrétien et sacramentel du mariage et sur la mission de l'épouse dans la vie journalière de l'époux. L'accent musical de l'orateur — qu'on me pardonne cette expression profane — donnait à ses paroles je ne sais quel charme pénétrant.

Il y avait des larmes dans tous les yeux et j'ai vu Mme Mackay cacher son émotion dans son mouchoir de dentelles quand ses deux enfants, unis our jamais, se sont approchés *d*e la sainte table et ont reçu la communion des mains de Mgr di Rende.

Ce prologue un peu sévère allait avoir un épilogue souriant dans le bel hôtel de la rue de Tilsitt, où les amis de M. et Mme Mackay — tout Paris autant vaut dire — sont venus complimenter les jeunes époux et les saluer avant leur départ pour l'Italie, qui devait avoir lieu le soir même.

On a procédé, dans l'intervalle, au dépouillement des nombreux télégrammes arrivés de tous les coins du monde. Les noms les plus illustres se coudoyaient dans la grande coupe de cristal : sir Charles Dilke à côté d'Ismaïl-Pacha, le cardinal Manning à côté du cardinal archevêque de Naples, le grand duc Alexis de Russie à côté de Mlle Névada. Mgr Capel a transmis sa bénédiction par le télégraphe. Un véritable apôtre que ce prélat, mis en scène par lord Beaconsfied (M. Disraeli) dans son fameux roman de *Lothair*, sous le pseudonyme de Catesby. Mgr Capel est le grand convertisseur anglais. Chargé d'une mission spéciale à New-York, il sera, dit-on, prochainement investi de la pourpre cardinalice.

A deux heures, le défilé des voitures commence sous le péristyle de l'hôtel. Par le bel escalier à double révolution, dont la rampe en fer forgé disparaît dans les entrelacements de verdure et l'épanouissement des fleurs rares, on accède au grand salon, au seuil duquel Mme Mackay, rayonnante de joie maternelle, reçoit les arrivants, assistée par la comtesse de Telfener, sa sœur, et par Mme Hungerford, sa mère. Au centre, le prince et la princesse Colonna, entourés de leurs demoiselles d'honneur et des jeunes Mackay, leurs frères et beaux-frères, gentils à croquer dans leur petit costume d'*Eaton boys*, forment un groupe charmant. La princesse a gardé sa toilette de la Nonciature, sauf sa couronne de fleurs d'oranger, qui repose sur un joli coussin de satin blanc. Aucune gêne dans son attitude : elle accueille tout le monde la main ouverte, avec ce joli sourire, cette bonne grâce et cet à propos qui ont fait de cette fleur d'Amérique une Parisienne accomplie. La jeune fille d'hier s'est, comme par un coup de baguette, transformée en grande dame. Et tenez pour certain qu'elle portera demain la couronne fermée avec la même aisance que tout à l'heure elle portait le voile nuptial.

Le décor est exquis. On connaît, sans qu'il soit besoin de le décrire, ce salon superbe, où les tapisseries les plus rares disparaissent sous les plus admirables toiles de maîtres. Aujourd'hui, les admirables toiles de maîtres et les tapisseries rares disparaissent elles-mêmes dans l'éblouissement des fleurs envoyées de toutes les serres célèbres pour donner leur note enivrante et capiteuse dans ce doux poème d'amour. Elles jonchent le sol par brassées, s'épanouissent en corbeilles, s'éparpillent en gerbes dans les grands vases, où montent en pyramides gigantesques, au haut desquelles se dresse fièrement la couronne princière, ouvrée par la même main d'artiste qui, sur tous ces trophées d'allégresse, avait, en caractères fleuris, gravé le chiffre et les armes des Colonna. Et de cette flore luxuriante monte un parfum subtil, voluptueux et grisant qui donne à ce meeting ultra mondain l'apparence vague et papillotante du rêve.

On s'échappait de ce rêve dans la salle du lunch, où le pétillement des conversations se mêlait au pétillement du champagne. M. Morton, l'éminent ministre des Etats-Unis, y était fort entouré. Le bruit de sa retraite prochaine provoquait autour de lui, de minute en minute, de nouvelles manifestations de sympathies. Les familiers de la maison initiaient les visiteurs de passage aux magnificences de la corbeille. Quarante-trois robes — 43, vous avez bien lu! — que Mme Mackay, faisant preuve à la fois et de goût et de cœur, a commandées, non pas dans une officine en renom, mais à la plus modeste des couturières, inconnue hier, mais, grâce à son choix, célèbre demain. Et des diamants, et des perles, et des colliers, et des bracelets, et des rivières, tous les émerveillements de Golconde. Tout cela crierait : « Imbécile ! » à l'honnête homme, comme dit Edmond de Goncourt, si, en sacrifiant au luxe — fortune oblige — on n'avait fait très large la part des souffrants et des déshérités. J'ignore ce qu'est la dot de la princesse Colonna ; mais je sais ce qu'une main charitable — vous la reconnaîtrez sans peine — a prélevé sur ce chiffre qu'on se murmure tout bas : 50,000 francs pour le pape ; 50,000 francs pour les pauvres de Paris, et 12,500 francs pour les révérends Pères Passionnistes. Il y aurait quelque injustice à à ne point pardonner leur richesse à ceux qui en usent d'aussi généreuse et chrétienne façon !

Faut-il citer des noms ? Je recule devant cette nomenclature homérique. Tout le Paris élégant, aristocratique, diplomatique, artistique, littéraire, financier, a défilé, de deux à six heures, dans les salons de M. et Mme Mackay. Et personne n'en est sorti sans emporter de cette visite une impression de douceur et d'apaisement, peut-être aussi sa petite part de bonheur. Car rien n'est contagieux comme le bonheur de ceux qui le méritent.

Ce soir, la maison est vide. Les deux tourtereaux sont en route vers cette mer sans pareille que Lamartine a chantée. Demain, M. Mackay voguera vers l'Amérique, Mᵐᵉ Mackay sera seule avec ses jeunes fils, dont elle surveille et dirige l'éducation. C'est par là qu'elle se console de l'éloignement momentané de ceux qui lui sont chers. Elle est, d'ailleurs, avant tout, et surtout Parisienne.

— Voyez-vous, me disait-elle lorsque j'ai pris congé, Paris pourra devenir un désert, être plongé, par une catastrophe soudaine, dans une éternelle nuit... On trouvera toujours Mᵐᵉ Mackay rôdant avec une lanterne autour de l'Arc-de-Triomphe !

BAL D'ENFANTS

17 février 1885.

C'était, aujourd'hui, leurs saturnales, à ces petits êtres,

> Qui prennent notre vie et ne s'en doutent pas,
> Et n'ont qu'à vivre heureux pour n'être point ingrats.

C'était, aujourd'hui, la fête des enfants, fête exquise et pleine de saveurs inédites, car elle avait pour cadre ce merveilleux décor de l'Opéra — eldorado si souvent entrevu dans un rêve, vision magique devenue, comme par un coup de baguette, une éblouissante réalité.

Je voudrais vous la dépeindre cette orgie enfantine, orgie au bout de laquelle il n'y a ni lassitude ni remords. Mais, tandis que je charge ma palette des couleurs les plus chatoyantes, les strophes ailées des doux poètes dont l'enfance fut la Muse bénie chantent dans ma mémoire. Le pinceau me tombe des mains et je m'abandonne à l'irrésistible et délicieuse obsession du souvenir.

Prélude :

> En attendant l'heure des contredanses,
> Les cavaliers caressent leurs cheveux,
> Pour vis-à-vis cherchent des connaissances;
> Ils ont choisi les plus belles pour eux.

BAL D'ENFANTS

> Un peu plus loin, d'innocentes coquettes
> Jettent partout des regards connaisseurs,
> Et, s'adjugeant la palme des toilettes,
> Vont de pied ferme attendre leurs danseurs.

Adagio :

> Enfin, voici le signal que l'on guette ;
> Pour déchaîner l'orchestre aux mille voix,
> Arban brandit sa puissante baguette,
> Les petits pieds bondissent à la fois.
>
> Chaos charmants où la mère orgueilleuse,
> A tout instant, l'œil fixe et l'air vainqueur,
> Dans les détours de la danse joyeuse
> Voit dominer le front cher à son cœur,
>
> Les grand' mamans tournent leur tabatière
> Les grands-papas, sur leur canne appuyés,
> Croient se revoir soixante ans en arrière
> Dans l'avenir qui s'agite à leurs pieds.

Le tableau, n'est-ce pas ? est complet. Edouard Plouvier *fecit*. Il n'y manque pas une note, pas même celle du grand Hugo, président du haut de sa robuste vieillesse à cet épanouissement de l'Enfance qu'il a chantée en vers immortels :

> Un vieux poète amant de la nature.
> Parrain-gâteau de deux enfants gâtés,
> Nomme ce bal un monde en miniature
> Dont on ne voit que les plus beaux côtés...
>
> « Hélas ! dit-il, la vie est une guerre,
> « Ces chérubins un jour s'y combattront,
> « Sans se douter qu'ils s'embrassaient naguère !
> « En attendant, enfants, dansez en rond ! »

Et ils dansent, les enfants ! Et tandis que leur ronde folle ondoie, comme un serpent aux mille facettes, sous la loge d'où il sourit à leurs innocents ébats, le vieux poète « au front pensif et doux » entend bourdonner autour de sa tête blanche le chœur mélancolique des « Feuilles d'automne ». Et sa lèvre attendrie murmure comme un écho lointain :

> *Dansez,* enfants ! A vous, *corridors, escaliers !*
> Ebranlez et planchers, et plafonds, et piliers !
> Que le jour s'achève ou renaisse,
> Courez et bourdonnez, comme l'abeille aux champs :
> Ma joie et mon bonheur, et mon âme, et mes chants
> Iront où vous irez, jeunesse !
>
> Moi, quel que soit le monde, et l'homme, et l'avenir,
> Soit qu'il faille oublier ou se ressouvenir,
> Que Dieu m'afflige ou me console,
> Je ne veux habiter la cité des vivants
> Que dans une maison qu'une rumeur d'enfants
> Fasse toujours vivante et folle !

Il est exaucé, ton vœu de jeunesse, ô poète ! Tu peux dire, aujourd'hui, comme un de tes héros,

> Et je marche vivant dans mon rêve étoilé.

Jamais elle ne fut si vivante et si folle, cette maison de l'Opéra, transformée pour quelques heures en un Paradis de petits anges où tu jouais, avec une majesté sereine, le rôle de Père Eternel.

Et quand tu t'en es allé, alerte et rajeuni par le contact fortifiant de ton crépuscule avec ces aurores, le chœur des mères chantait sur ton passage :

> Il est si beau, l'enfant, avec son doux sourire,
> Sa douce bonne foi, sa voix qui veut tout dire,
> Ses pleurs vite apaisés
> Laissant errer sa vue étonnée et ravie
> Offrant de toutes parts sa jeune âme à la vie
> Et sa bouche aux baisers.

Et nous, les sceptiques, nous qui ne prions plus, nous répétions la douce prière de ta vingtième année :

> Seigneur, préservez-moi, préservez ceux que j'aime,
> Frères, parents, amis et mes ennemis même
>   Dans le mal triomphants,
> De voir jamais, Seigneur, l'été sans fleurs vermeilles,
> La cage sans oiseaux, la ruche sans abeilles,
>   La maison sans enfants !

Maintenant, n i, ni, c'est fini. L'orchestre s'est tu. Les lustres sont éteints. Voici le marchand de sable qui passe...

> Dormez !... c'est l'heure où s'endorment les roses...
> Diables charmants, faites des songes d'or ;
> Reposez-vous, chers bandits, monstres roses ;
> Qu'au prochain bal on vous revoie encore !

Bébés, à la Mi-Carême !

LE CIRQUE ALBERTI

28 février 1885.

M. Molier a fait école. M. Albert Ménier, — sur l'affiche : Alberti — nous a donné cette nuit, à Neuilly, une nouvelle édition revue, corrigée et considérablement perfectionnée des jeux gymniques de la rue Bénouville.

Là bas, là bas, à l'intersection du boulevard Eugène et du boulevard Bineau. Par la grille grand'ouverte, les coupés, les landaus, les mails, les fiacres, voire les omnibus, pénètrent un à un et glissent en file indienne le long de l'allée sablée où de puissants appareils électriques versent des clartés diurnes. Dames et cavaliers, la fleur des honnestes dames et des gentils hommes de Paris, mettent pied à terre au seuil d'un hall immense, tout enguirlandé de verdure et tout embaumé de fleurs, fleurs et verdure arrachées aux serres de Noisiel. Ce péristyle des écuries, avec son ornementation tropicale, ses hautes tentures, ses tapis moelleux, donne l'illusion de quelque antichambre royale. C'est là que la féerie commence ; elle se continue, le guichet franchi.

Au delà, on entre dans le rêve; on croit revivre une des aventures fabuleuses des *Mille et une nuits*. Le guichet, installé comme les contrôles de l'Opéra, donne accès dans une pièce grandiose, aux proportions de cathédrale, où l'air du dehors, pénétrant par une toiture mobile semblable à celle de l'Hippodrome, attiédit la chaleur violente des calorifères. Des tapisseries merveilleuses, chefs-d'œuvre des Gobelins et de Beauvais, accrochées aux murs dans une belle ordonnance, font de cette salle des Pas-Perdus une sorte de musée sans prix, De hautes affiches, illustrées de main d'artiste, indiquent aux arrivants l'ordre et la marche de la soirée, avant, pendant et même après le spectacle. C'est là qu'à l'issue de la représentation et du bal dont elle est le prologue, M. Albert Ménier réunira, dans un souper pantagruélique, ses joyeux invités, la fleur des honnestes dames et des gentils hommes de Paris.

De cette pièce, un large couloir conduit, à travers une double haie d'arbustes, dans le Cirque, non pas un cirque pour rire, mais un vrai cirque, avec sa piste réglementaire aménagée selon tous les principes de l'art. Autour de la piste, se déploie une triple ligne d'habits noirs, tumultueuse et bourdonnante, tandis que, dans la galerie d'en haut, à la rampe finement découpée, sur cinq étages de banquettes drapées de pourpre et d'or, s'agite tout un essaim de jolies femmes, en galantes toilettes. Plus loin, dans une tribune pavoisée de pavillons multicolores, qui donnent une note gaie, l'orchestre de Deransart rythme les pas des chevaux, la voltige des gymnastes et les cabrioles des clowns. Et sur les épaules blanches et sur les maillots roses, sur les paillettes et sur les diamants, sur les velours et sur les soies, l'électricité tombe du plafond en pluie aveuglante. C'est une éblouissante orgie de lumière nacrée et de rayons fauves qui donne à cet inoubliable tableau je ne sais quel aspect fantastique et presque surnaturel.

J'avoue que la magie du décor m'a fait presque oublier la pièce. Et de tant de numéros attrayants : la passe d'armes où se sont mesurés les premiers tireurs de Paris, les exercices de haute école, le cheval en liberté, les chiens savants, le jeu de la rose, la voltige aérienne, que sais-je encore? je n'en ai retenu qu'un seul, la chèvre Jeannette, présentée par une créature exquise, en qui se résument la beauté sauvage et la grâce poétique de l'Esmeralda.

Je serais pourtant impardonnable d'oublier John Bull, un amour d'éléphant, qui manœuvre le vélocipède comme un lauréat du Véloce-Club, et le divertissement chorégraphique où les plus jolies danseuses de l'Éden ont déployé leurs grâces capiteuses.

Inutile de citer personne. A qoi bon attirer sur la tête d'amateurs, qui jouent aux artistes pour leur plaisir, les foudres des intolérants et des jaloux.

A propos d'une fête analogue donnée par M. Molier, un journal, dont l'intransigeance n'épargne ni amis ni ennemis, ne s'est-il pas plaint amèrement de voir figurer, parmi les champions de ces modernes tournois, les noms les plus illustres de la noblesse française ? N'a-t-il pas crié très fort au scandale ? Pour ma part, je ne trouve rien de choquant à ce qu'un Montmorency manie la masse d'armes avec la même aisance que le vieux Bouchard. Un d'Orléans même, qui combattrait sans fatigue sous la pesante armure d'Hugues le Grand, ne serait pas pour me déplaire. On a reproché souvent aux fils des preux d'avoir les mains trop fluettes sous le gant jaune et des poitrines trop fidèlement moulées par le veston étriqué. Et on les blâme parce qu'ils se refont la santé des aïeux, parce que, comprenant

> Que la postérité d'Alphane et de Bayard,
> Quand ce n'est qu'une rosse, est vendue au hasard,

ils se mettent en tête de jongler avec des obus, de monter sans selle des chevaux indomptés, de soulever des poids fantastiques, prouvant ainsi aux dames qui les applaudissent du bout de leurs doigts gantés qu'ils sont absolument capables d'inspirer le respect autour d'elles !

Mais c'est encore de la chevalerie, cela ! Il est plus estimable d'acquérir des biceps devant un public de jolies femmes, que de promener, dans les cabarets nocturnes, des yeux bridés par les névroses, devant le troupeau des filles qui ne bêle qu'au son des louis !

Eh ! qui sait s'il ne viendra pas le jour où les hercules et les gymnasiarques des Cirques Molier et Menier seront appelés à la rescousse par les clowns maladroits et gauches du Cirque Ferry ?

LES GAIETÉS DU DIVORCE

2 mars 1885.

On a prétendu que l'institution du divorce enlevait un de ses principaux ressorts au drame contemporain. C'est possible. Mais en revanche, il en apporte de nouveaux, et de bien inattendus, à la comédie.

Cela se passait, l'autre semaine, à la première Chambre.

M. le juge Masson, assis au fauteuil de la vice-présidence, échangeait quelques menus propos avec son spirituel voisin, M. le juge Levasseur. L'audience s'annonçait terne : le menu banal, pas d'extra. Il y avait bien une séparation de corps à convertir en divorce, mais sans les surprises des débats ni le piment des plaidoiries. La chose allait toute seule.

Pourtant la partie de la salle ouverte au public offrait une animation insolite. Le désert du fond était peuplé. Des citoyens en redingotes tout flambant neuves donnaient le bras à des citoyennes en atours des dimanches. Une jeune dame timide et rougissante, assise près d'un gaillard bien nippé, répondait, avec un embarras pudique, à ses compliments. N'eût été l'endroit, on eût dit une noce.

Les premières causes expédiées, le greffier appelle l'affaire de divorce, la dame X... contre le sieur X...

Une grande maigre se présente à la barre, et ce petit dialogue s'engage entre elle et le président :

D. — Persistez-vous dans votre demande ?

R. — Si j'y persiste !... Je crois bien.

D. — Il faudrait savoir si votre mari, contre lequel vous avez obtenu la séparation, n'a rien de personnel à dire... Monsieur X... est-il là ?

— Présent ! fait une voix du fond de la salle.

Cette voix est celle du gaillard bien nippé, qui, confiant à son voisin la jeune dame timide et rougissante, s'avance d'un air quasi-goguenard.

Suite du dialogue :

D. — C'est vous, le mari ?

R. — Le mari, non. M. X... seulement.

D. — Vous êtes le mari tant qu'il n'y a pas divorce !... Protestez-vous contre la demande en conversion ?

R. — Qu'est-ce que vous voulez que ça me fasse ?

D. — Respectez le tribunal.

R. — Je le respecte.... Mais je vous demande encore ce que vous voulez que ça me fasse, puisque je suis remarié depuis hier !

Ce coup de théâtre soulève une inexprimable émotion dans le prétoire.

— Comment ! remarié ? s'écrie le président.

— C'est comme j'ai l'honneur de vous le dire ! riposte flegmatiquement le gaillard bien nippé... Et voici ma nouvelle femme !

La jeune dame timide et rougissante envoie au tribunal un gracieux salut.

— Et voici ma noce !

Les citoyens en redingotes tout flambant neuves

et les citoyennes en atours des dimanches se confondent en salamalecks.

Effarement des juges !... Va-t-on recommencer le *Chapeau de paille d'Italie?*

— Ah ! canaille ! hurle la demanderesse, tu t'es déjà remarié !... Eh bien ! je n'en veux plus du divorce !

Quelle mystification ! allez-vous dire. Quel conte à dormir debout ! Ce n'est pourtant pas un conte, c'est une histoire vraie. Je n'invente pas, je raconte, sans une broderie, sans une fioriture.

La séparation de corps avait été jadis prononcée contre M. X... Or, M. X..., profitant des dispositions de la loi nouvelle, avait déjà — devançant sa femme — fait convertir en jugement de divorce le jugement de séparation. L'adresse de ladite femme était inconnue, la procédure avait été signifiée au Parquet ; l'affaire s'est engagée et dénouée selon la formule ; et, à l'expiration des délais légaux, après avoir obtenu la sanction municipale, M. X... s'était remarié.

Mais, comme les jugements par défaut sont susceptibles d'opposition tant qu'on n'en a pas eu connaissance, Mme X... était en droit de faire tomber le jugement de divorce. Ce qu'elle a fait. Alors, que devient le second mariage ?

Et tandis que le tribunal demeure songeur devant ce casse-tête chinois, la salle d'audience s'anime. Les deux femmes s'interpellent comme Clairette et Mlle Lange dans la *Fille de Madame Angot*:

— Je le ferai casser, votre mariage !

— Venez-y donc, espèce de divorcée !

La noce murmure. Les paris s'engagent. Et le

double mari, quelque peu désorienté, demande au président :

— Laquelle des deux faut-il que j'emmène ?

Inutile de dire qu'on a remis la réponse à plus tard.

Mais elle est diantrement délicate. Puisse le grand Salomon faire tomber un rayon de sa sagesse sur la tête des juges !

PIPE-EN-BOIS

3 mars 1885.

La reprise d'*Henriette Maréchal* a fait sortir du néant cette physionomie macabre. Avant qu'elle n'y rentre, hâtons-nous de la fixer en quelques coups de crayon.

Un marron sculpté sur un col de cigogne ; un torse de girafe sur des jambes de héron ; des membres de gorille ; des mains de croupier ; des cheveux roux plantés comme des baïonnettes sur un crâne en pain de sucre ; un nez à l'Hyacinthe ; l'œil atone, la lèvre lippue, découpée à la diable dans un parchemin jaunâtre et cadavéreux, — telle fut, mesdames, sans parti-pris de charge ni d'embellissement, la pourtraicture exacte de celui qui, longtemps obscur sous le nom de Georges Cavalié, devait devenir célèbre sous le pseudonyme de Pipe-en-Bois.

C'est au quartier Latin, dans les circonstances les plus bizarres, qu'il reçut ce second baptême.

La première fois qu'il mit les pieds à la « Jeune France », une formidable explosion de rires salua son entrée.

— Ohé ! Pipe-en-Bois ! fit en se tordant sur sa chaise l'*épouse* d'un de ces messieurs.

Et tout le cénacle de reprendre en chœur :

— Ohé ! Pipe-en-Bois !

Cavalié, qui ne s'illusionnait pas sur son physique et qui, trouvant le sobriquet pittoresque, prévoyait peut-être déjà tout le parti qu'il en pourrait tirer, fit bonne contenance et s'inclina d'un air aimable. Tant de bonhomie désarma les mauvais plaisants. Les hommes lui firent fête, les femmes se piquèrent les doigts à ses cheveux. Ce fut à qui l'abreuverait de bocks et de petits verres. On ne lui demanda même pas son nom : pour tous il n'était et ne devait être que Pipe-en-Bois.

Son extérieur grotesque, sa faconde intarissable, sans cesse alimentée par un riche stock d'anecdotes graveleuses, sa gaîté lugubre et, par dessus tout, un caractère en caoutchouc, qui se prêtait avec une étonnante souplesse à toutes les fluctuations des circonstances, donnèrent un rapide essor à sa popularité.

Le nom de Pipe-en-Bois devint bientôt un symbole, une sorte de drapeau mystérieux, à l'ombre duquel s'organisèrent les manifestations tapageuses de la rive gauche, qui, commencées dans les théâtres, sous prétexte d'art, devaient finir dans la rue, sous prétexte de Commune. On sait la part qu'il prit aux manœuvres obstructionnistes dirigées contre *Henriette Maréchal*. Il faut dire, à sa décharge, qu'il était de bonne foi. Sincèrement démocrate, il passait son existence oisive à gémir sur la Liberté méchamment mise à mort par les hommes de Décembre. Tout en lui portait le deuil de la grande martyrisée. Tout jusqu'à ses ongles. C'était peut-être pousser un peu loin le culte des souvenirs et regrets. Mais il était de bonne foi, je le répète.

Cet échassier mélancolique bohémisa six ou sept

ans, traînant ses longues guibolles de brasserie en brasserie, becquetant à toutes les mangeoires et faisant sa nourriture un peu trop exclusive de cette viande creuse qu'on appelle les illusions.

Mais on ne vit pas que d'illusions. Un beau matin, l'écœurement le prit à la gorge et la faim à l'estomac. Il se souvint qu'il avait charge d'âmes et qu'il y avait à la maison des êtres bien-aimés dont les entrailles criaient : Du pain ! Il abdiqua courageusement sa royauté macaronique. Le bohème redevint homme, Pipe-en-Bois redevint Cavalié.

Grâce à son brevet d'ingénieur, il put entrer, je crois, à l'usine Cail. A cette époque, sa journée finie, il allait passer quelques heures dans un petit café de la rue Saint-Roch, connu sous le nom de café Robespierre. Il s'y reposait de ses fatigues, s'abstenant de politique et n'ayant d'autre souci que de ne pas perdre sa consommation aux dominos, pour ne point trop ébrécher la miche de la famille.

Il y faisait quotidiennement la partie d'Antoine Grenier, ancien rédacteur en chef du *Pays,* journal de l'Empire, alors directeur de la *Situation,* dont les opinions contrastaient singulièrement avec celles de son partenaire. Le croiriez-vous ? ce démocrate et ce bonapartiste faisaient excellent ménage. C'est vous dire que les convictions de Pipe-en-Bois n'étaient pas encore absolument faisandées.

Elles allaient bientôt marcher toutes seules.

Pendant la période électorale de 1869, Cavalié, repris de la fièvre démagogique, fut chargé de faire, pour un journal écarlate, le compte rendu de certaines réunions.

Afin d'y pouvoir pénétrer librement, il avait dû déclarer, au préalable, à la Préfecture, qu'il se portait comme candidat, — les candidats seuls, en dehors des électeurs de la circonscription, étant admis dans le sanctuaire.

Or, un soir, Pipe-en-Bois entre, grâce à ce Sésame, dans une réunion de la rue de Crimée. Les orateurs faisaient grève ; on en demandait à tous les échos. Soudain, une voix crie du contrôle :

— Il y a dans la salle un candidat, le citoyen George Cavalié !

On s'informe, on cherche, et finalement on trouve le pauvre diable qui, n'étant pas venu pour faire acte d'éloquence, se tenait coi sur sa banquette. En quelques minutes — et pas mal de coups de poings — il fut à la tribune, plus mort que vif, mais résigné. Que pouvait-il faire ? Se jeter à l'eau. C'est ce qu'il fit. Et, pendant une heure, de cette voix qui faisait rêver à la pratique de polichinelle, son sosie, il dit leur fait aux prêtres « ces grippe-sous », aux juges « ces jongleurs en jupons noirs », à l'Homme de Décembre « ce vampire qui suçait le sang du peuple ! » Il eut un succès fou, que l'ingérence maladroite de la police fit dégénérer en ovation. Et voilà comme, sans y penser, Pipe-en-Bois devint un homme politique. Il lâcha le café Robespierre et fut un des hôtes les plus assidus du café de Madrid. Dès lors, son affaire était bonne.

Depuis, je ne le revis que deux fois : d'abord à Tours, pendant le procès du prince Pierre, où l'émotion — la chaleur peut-être — le fit tomber en syncope ; puis, au ministère de l'intérieur, le 4 septembre, gardant, avec la vigilance et la bonne grâce de Cerbère, la porte de Mᵉ Laurier. Quelques jours après, il partait avec la délégation, en qualité de secrétaire.

C'est ce bohème invétéré que le couple simiesque de Crémieux et de Glais-Bizoin chargea de recevoir lord Lyons, l'aristocratique représentant du Royaume-Uni.

Connaissant le faible des Anglais pour le pale-ale, et peut-être un peu sollicité par ses appétits personnels, Pipe-en-Bois ouvrit familièrement la conversation par cette invite appétissante :

— Excellence, que diriez-vous d'un joli bock ?

Lord Lyons s'enfuit épouvanté.

La Commune fit de Pipe-en-Bois le directeur des promenades publiques. S'il n'a pas fait grand bien dans cette inoffensive sinécure, il n'a pas dû faire grand mal.

Aussi la postérité, comme le conseil de guerre, sera-t-elle clémente à cet innocent qui subit l'inexorable fatalité de son physique. Et il lui sera beaucoup pardonné, parce qu'il fut beaucoup disgracié.

LE SPECTRE DE PIERSON

24 mars 1886.

La publication d'un petit volume de vers vient de remuer en moi tout un monde de lointains souvenirs. Et je me suis senti plus jeune d'un quart de siècle en feuilletant ces poésies posthumes de Jacques Richard, où revivent tous les nobles élans de notre vingtième année, et toutes ses ardeurs généreuses.

Jacques Richard !... Ce nom est lettre morte pour la génération postérieure à 1870. Pour la génération antérieure, il fut comme un symbole, comme un drapeau, car il résumait toutes les sympathies et toutes les haines, tous les regrets et tous les espoirs de cette impatiente et frondeuse jeunesse qui florissait au déclin de l'Empire.

Ce nom est celui du collégien « irréconciliable » qui, au Concours général de 1860, ayant à célébrer en vers latins les vertus du prince Jérôme, écrivit, en vers français, cette sanglante philippique — devenue depuis le bréviaire de tous nos blancs-becs politiquants, et dont voici la première strophe :

> Vous ne comprenez pas qu'il eût été plus sage
> De laisser reposer cet homme en son tombeau ;
> Vous voulez que, prenant cette vie au passage,
> La Muse de l'Histoire y porte son flambeau !...

Le jeune poète mourut un an après, emporté par un mal implacable, laissant comme mesure de ce qu'il aurait pu faire, s'il avait vécu, cette virulente improvisation contre le prince Jérôme et quelques poésies hâtives que M. Auguste Dietrich s'est donné la mission d'arracher à l'oubli.

Ce recueil où domine la note vengeresse, où vibre comme un écho des *Châtiments,* pourrait avoir pour épigraphe : *Facit indignatio versum !* sauf deux ou trois pièces, « dans le gazouillement mélancolique desquelles on croit entendre — suivant l'expression de son biographe — la voix d'un oiseau qui, par une belle journée de printemps et par un chaud soleil, pousse cependant des notes tristes et plaintives, parce qu'il a le pressentiment qu'il ne vivra pas jusqu'à l'été ».

Ces deux tendances, je pourrais dire ces deux religions qui se partageaient son culte, Jacques Richard les a définies lui-même :

> La Liberté, l'Amour ! — Mon âme avec envie
> A pour ces deux trésors palpité tour à tour.
> Pour mon amour, je donne et mon sang et ma vie,
> Et pour la Liberté je donne mon amour !

Ce sont là propos de poète, et il en est un peu des propos de poète comme des serments d'ivrogne. Etant donnée l'âme tendre qui se révèle dans les strophes amoureuses de Jacques Richard, il est probable que, si cette âme eût trouvé son âme sœur et ne se fut point heurtée à de cruelles désillusions, de ce duel entre l'Amour et la Liberté, ce n'est point la Liberté qui serait sortie victorieuse.

Les pièces où Jacques Richard voulut bien se souvenir « qu'il n'avait pas seulement un cœur pour combattre, mais un cœur aussi pour aimer », sont dédiés à Mlle Blanche Pierson. L'excellente artiste était alors dans tout l'éclat de sa radieuse jeunesse et de sa troublante beauté. A la considérer aujourd'hui, après vingt-cinq ans écoulés, on peut aisément se la figurer telle qu'elle était dans cet épanouissement d'aurore. Et ces rimes éparses ne serviraient-elles qu'à faire revivre cette exquise silhouette qu'il faudrait être reconnaissant à M. Dietrich de les avoir recueillies.

Nous qui l'avons connue à cette époque triomphante, nous trouvons un plaisir inexprimable à cette évocation, et, en fermant les yeux, nous revoyons comme en un rêve la créature accomplie dont le jeune poète essayait en vain de secouer le charme :

> Je ne me rappelle
> Ni tes longs cheveux d'or, ni ta voix de cristal,
> Ni tes chers petits pieds mignons, ni tes mains blanches,
> Ni la tendre pâleur de tes lèvres de miel,
> Ni tes bras s'échappant nus de tes larges manches,
> Ni ton front enchanté, ni tes yeux, ces pervenches
> Qu'Amour cueillit un jour dans le jardin du ciel.
>
> Le chaste et frais éclat de ton épaule ronde,
> Ton cœur par un fil d'or à tous les cœurs liés,
> Ce charme qui soudain nous saisit, nous inonde,
> Ton regard enivrant, ton auréole blonde.
> Un autre y songerait... moi, j'ai tout oublié !
>
> Je ne me souviens plus de ton sein qui s'agite.
> Ce sein de marbre pâle au suave contour,
> Où la rose fleurit, où la neige palpite,
> Et que sous la dentelle on voit battre plus vite,
> Quand ta lèvre s'entr'ouvre et va parler d'amour.

Ces strophes, évidemment inspirées par les célèbres *Stances à Ninon*, d'Alfred de Musset, prouvent bien, en dépit de leur allure sceptique, que Jacques Richard aima passionnément Mlle Pierson. L'aimable comédienne « répondit-elle à sa flamme ? » C'est là un problème que M. Dietrich semble résoudre dans le sens affirmatif. Il dit, en effet, à la page 38 de sa préface :

« Le jeune lionceau ne sut pas résister *à une main caressante et se laissa apprivoiser...*»

Et plus loin :

« *Quelle qu'ait été la véritable nature du sentiment de Richard pour Mlle Pierson*, c'est un souvenir dont il n'y a pas à rougir, car notre jeune poète plaçait très haut ses affections et ne serait jamais descendu à un amour indigne. »

Si habitué que je sois à lire entre les lignes, j'ai voulu, pour mon édification et celle de mes contemporains, consulter la seule personne en état d'éclaircir ce point litigieux. Et, le volume à la main, je suis allé voir Mlle Pierson, dont j'ai pu, en maintes circonstances, apprécier la franchise.

Je n'étais pas au bout de mon exorde, qu'elle s'est écriée vivement :

— Encore ! On n'a pas fini de me persécuter avec ce spectre ?

— Est-ce un aveu ? Le lionceau dompté par votre main caressante, c'était donc vrai ?

— Pure légende !... Je ne l'ai jamais vu votre lionceau ? Me croyez-vous de celles qui prennent les collégiens en sevrage ?

— La comtesse a bien aimé Chérubin !

— Oui... mais la comtesse frisait alors la quarantaine, et je n'avais pas dix-huit ans !

— Pourtant, vous les avez reçues ces strophes

si pleines de vous ?... Voyez, elles portent votre dédicace...

— Reçues, peut-être... Lues, non !... Elles se seront noyées dans le flot !... J'aurais eu trop à faire, s'il m'eût fallu respirer tout l'encens que les poètes, jeunes ou vieux, brûlaient en mon honneur chaque matin !... D'ailleurs, à cette époque, je faisais moins de cas d'un poème que d'une fleur, d'une élégie en vers que d'un madrigal en prose.

— Ainsi Jacques Richard ?...

— Je ne l'ai jamais tant connu que depuis qu'il est mort !... Mais, par exemple, il a pris une terrible revanche !... Son spectre m'a poursuivie comme Macbeth le spectre de Banco !... Et vous voyez, il me poursuit encore !

— Je ne comprends pas...

— Que de fois n'est-on pas venu me dire : « Vous savez, ce pauvre Jacques Richard ?... Il est question d'élever un monument à sa mémoire... *Vous qu'il a tant aimée*, ne voudrez-vous pas y apporter votre pierre ? » Une autre fois, c'était : « On est en train de recueillir les poésies éparses de Jacques Richard... *Vous qui fûtes sa Muse*, ne voudriez vous point contribuer à sa gloire, en nous communiquant les pièces charmantes qu'il vous a dédiées ? »... J'avais beau répondre : « Mais je ne le connais point, ce Jacques Richard !... Je ne lui dois pas de pierre, je ne suis pas intéressée à sa gloire ! » Les éleveurs de monuments et les collectionneurs de poésies posthumes n'en démordaient pas !... Enfin, un jour, énervée de cette obsession, il m'a pris une envie folle de connaître ce qu'avait bien pu m'écrire, pour la motiver, ce poète inconnu, cet amant fantôme. A force d'investigations, j'ai fini par en recueillir quelques bribes, de bouche en bouche, par-ci, par-là ! Mais vous avez là le volume... voyons !

Et de sa belle voix d'or, elle se mit à lire l'*Envoi*, *Chérubin* et *Je ne vous aime pas !*

Arrivée à ces vers de cette dernière pièce :

> Vous me demanderez, il est vrai, tout à l'heure,
> Blanche, pourquoi je tremble à chacun de vos pas,
> Pourquoi je reste là, muet, pourquoi je pleure...

ses yeux se fermèrent doucement, comme si elle se réfugiait dans la vision intérieure de sa radieuse jeunesse, et fermant le volume d'un geste nerveux :

— C'est peut-être dommage, murmura-t-elle, qu'en ce temps-là j'aie préféré les fleurs à la poésie !

DANS LES ÉGLISES

2 avril 1885.

Semaine de mortifications et de pénitences, semaine de deuil, non seulement de deuil religieux, mais encore de deuil public.

C'est sous la voûte des églises, drapées de tentures noires et violettes, où s'éteignent les ors des lustres, où le Christ pâle, couché dans son suaire, offre ses pieds et ses mains meurtris aux baisers des croyants, où les grandes orgues se taisent comme si elles se recueillaient pour l'alleluia de Pâques, que ce deuil éclate dans sa terrifiante majesté. C'est là que, pendant les trois jours expiatoires, les Parisiennes repentantes viennent humilier leur cœur et régénérer leur âme... *Cor contritum et humiliatum!*

J'ai visité quelques églises, et je les ai trouvées pleines de froufrous assourdis et de chuchotements pieux.

A Notre-Dame, beaucoup de sérieuses mondaines, vaincues par l'éloquence du Père Monsabré; des hommes aussi, là plus qu'ailleurs. A Saint-Thomas d'Aquin, les plus aristocratiques dévotes du faubourg. A Saint-Philippe, à la Madeleine, les riches, les fêtées, celles qui se parent comme des châsses, avec des toilettes qu'on essaye de rendre sobres, sans y réussir tout à fait.

Les coquettes et les indifférentes, qui ne croient en Dieu que pendant cette semaine, fréquentent Saint-Augustin et la Trinité de préférence. J'ai vu même à Notre-Dame de Lorette des demi-mondaines qui, de bonne foi, s'imaginaient se repentir. Mais, de toutes les églises, celle dont la physionomie m'a le plus frappé, c'est Notre-Dame-des-Victoires.

Là, des femmes de toutes les classes : des duchesses que leurs laquais attendent au dehors, devant les superbes chevaux qui piaffent et s'ébrouent fièrement ; des bourgeoises en robes sombres qui volent quelques heures aux soins de leur ménage ; des femmes d'artisans, qui viennent peut-être en cachette de leurs maris ; des servantes, dont la plupart, ne sachant pas lire, égrènent sans fin le chapelet de buis ; enfin, et surtout, des mères, beaucoup de mères... Ah ! comme on les reconnaît entre toutes, celles-là !

Il semble qu'elles aillent là comme en visites de condoléances... chez une mère qui va perdre son fils. Elles y sont plus recueillies, plus ferventes, plus *sincères* que partout ailleurs. Leur dévotion est empreinte d'une angoisse compatissante, parce que, mères douloureuses, elles s'adressent à la plus douloureuse des Mères !

Presque toutes sont en deuil, deuil récent, à voir la sévérité de leur mise et le cercle rouge qui borde leurs yeux. Beaucoup versent des larmes silencieuses... Ce sont des mères de soldats ! Ah ! les mères de soldats, qui donc y songe dans ce tumulte d'un cabinet écroulé sous la honte, et sur les ruines duquel rien ne peut fleurir, pas même une espérance !

Personne n'y songe à ces inconsolables, qui ne veulent pas êtres consolées parce qu'*ils* ne sont plus ! Et c'est parce que personne n'y songe qu'elles sont là, priant et pleurant, aux pieds de Celle qui subit au centuple les angoisses dont leur cœur est déchiré !

Certes, elles ont de fermes cœurs, les mères de France ! Et, pour ne remonter qu'à l'Année terrible, on en a vu plus d'une mettre le fusil aux mains de leurs enfants et les pousser vers les frontières envahies. En ce temps-là, le dévouement de ces héroïnes ne fut pas inférieur à celui des mères de Sparte, qui, après avoir elles-mêmes attaché le bouclier aux bras de leurs fils, leur disaient, en étouffant leurs larmes : « Ou dessus ou dessous ! »

Alors, du moins, on avait devant soi l'ennemi séculaire. Il y allait de cette chose sainte : le salut de la Patrie. Le seul risque qu'il y eût à courir, c'était une mort utile et glorieuse ; et ceux qu'aurait épargnés le fer seraient consolés, dans la captivité lointaine, par la douce vision du sol natal et l'espérance du prochain retour. Mais, là-bas, est-ce donc la guerre ? Est-ce bien pour la Patrie qu'on lutte ? Est-ce bien pour le Drapeau qu'on meurt ? A quelle ambition inavouée profitera ce sacrifice ? N'y a-t-il pas, pour tous ces sacrifiés, quelque chose de pire que de mourir, — survivre ? Et, pour celles qui les ont portés dans leurs entrailles, n'est-il pas épouvantable de se dire que la mort, l'arme au poing, en plein soleil, serait une grâce de la Providence, auprès des supplices sans nom, des mutilations sauvages que les Chinois réservent à leurs prisonniers ?

Depuis dimanche, tous les échos retentissent de cette clameur vengeresse :

— Ferry, rends-nous nos légions !

Le ministre tombé peut rester sourd à cette clameur, car — par une de ces hypocrisies monstrueuses dont la politique est faite — il s'y mêle la voix de ses anciens complices, responsables comme lui ! Mais celle qu'il ne peut pas ne pas entendre, qui, présent ou absent, le poursuivra sans relâche, troublera ses jours et ses nuits, éveillera dans son âme d'éternels et poignants remords, c'est la clameur lamentable des mères :

— Ferry, rends-nous nos enfants !

. . . .

Et, dans le silence de l'église, cette clameur m'obsédait, tandis qu'agenouillées, en prières, elles élevaient leurs âmes vers la Vierge aux sept douleurs !

Puis elles sont sorties une à une, celles qui ne doivent plus revoir leurs fils et celles qui craignent de ne plus les revoir, — sinon consolées, du moins apaisées ; car elles ont, dans leur foi lumineuse, entrevu le sourire plein de promesses de cet autre Fils, qui, s'étant fait homme, n'est mort que pour ressusciter.

L'IMPOT PRINTANIER

6 avril 1885.

Œufs de Pâques, œufs symboliques, couvés par toutes les convoitises féminines, combien de cœurs avez-vous fait battre pendant ces deux journées !

Vous êtes le second impôt annuel, que déposent aux pieds des Parisiennes les serfs en habit noir, qu'aucune révolution ne saurait affranchir et qui sont condamnés à rester « taillables et corvéables à merci » jusqu'à la fin des siècles !

Et ce n'est pas tout. On a des sueurs froides à dresser le bilan, même approximatif, des mille et un impôts de même genre que l'usage ou la galanterie impose à l'homme du monde.

Si vous le voulez bien, comme dit le serviteur bavard de Don Juan : « Comptons ».

Dès que les premières neiges de décembre ont officiellement annoncé l'Hiver, il faut songer aux cadeaux de Noël : arbres enguirlandés de rubans qu'éclairent des bougies minuscules, où brimballent, au milieu des bonbons et des joujoux suspendus, les jambes disloquées d'un polichinelle à la face goguenarde ; petits souliers, près de la bûche, qui, le lendemain, se trouveront, comme par miracle, remplis de menus objets. En ce jour, du reste, nul besoin de commissionnaires : Petit Noël se charge des courses. C'est surtout aux enfants qu'on offre ce tribut du divin anniversaire, et aux femmes aussi, — ces autres petits enfants.

Une semaine s'écoule : l'année agonisante a tinté sa dernière heure. Voici venir le premier janvier, avec son cortège d'étrennes, de banales visites, de souhaits qui ne dépassent pas le bout des lèvres : c'est le jour de l'impôt brutal. A Noël, on fête des êtres aimés, et il y a communauté de plaisir entre ceux qui donnent et ceux qui reçoivent. Mais, le 1er janvier, ce courant sympathique n'existe plus. Et quel agaçant défilé ! Le facteur, le balayeur, le trottin du télégraphe, le commissionnaire, la bonne, et, *proh pudor !* le concierge ! Oui, ce gardien vigilant de la propriété, cet ennemi né de vos parents, de vos intimes, de vos maîtresses, ce complice docile de vos fournisseurs et de vos créanciers; ce méphisto gouailleur qui, pendant trois cent soixante-quatre nuits — j'excepte la dernière — vous a laissés vous morfondre à la porte, à toutes les heures et par tous les temps ; cet indiscret fripon qui s'est esbaudi de vos cartes postales, a retenu vos lettres et — si vous avez eu l'imprudence de lui confier votre intérieur de garçon —a passé l'eau savonneuse du seau de toilette pour y recueillir les imperceptibles débris de vos secrètes correspondances; c'est Lui qui le premier accourt, avec un sourire de Judas, réclamer le plus gros pourboire.

Et l'on donne, parbleu ! On donne même le plus possible, pour l'adoucir, ce Cerbère qui ne s'apprivoise qu'à la musique des écus !

Ce n'est pourtant que l'aurore de l'année. Et déjà l'homme du monde voit poindre à l'horizon les anniversaires, les fêtes, les mariages et les baptêmes —

qui en sont le corollaire : autant d'impôts qui, pour ne pas échoir à dates fixes, n'en sont pas moins inéluctables comme la Destinée !

Mais l'impôt contre lequel aucun galant homme ne songe à se révolter, c'est celui des œufs de Pâques. Car il laisse libre cours à l'ingéniosité des tributaires, et, pour ceux ou celles qui le perçoivent, il a la piquante séduction d'une énigme à déchiffrer.

Je ne parle pas des enfants, pour lesquels un cadeau, sous quelque forme qu'il se présente, est un cadeau. Mais pour les femmes, quels prétextes à souriantes conjectures, à joyeux espoirs, à jolis rêves ! Que renfermeront-ils, ces œufs si impatiemment attendus ? Quelle surprise en va jaillir, sous la main blanche qui en brisera la coquille ? Sera-t-il Dieu, table ou cuvette ? Pour la coquette, diamant ou bijou ? Pour la ménagère, supplément au budget trimestriel ? Pour la femme galante, chèque à vue, — car le terme approche ? Pour la délaissée ?... Celle-là, dans sa solitude, espère que l'œuf magique sera l'occasion d'un rapprochement... même provisoire... car elle sait qu'en France le provisoire est presque toujours le définitif !

En outre, cette considération que l'œuf de Pâques est un impôt facultatif, qu'on peut, au besoin, s'y soustraire, en fait le moins douloureux des impôts, et y prête même un certain charme.

N'est-il pas, du reste, l'impôt du Printemps ? Or, s'il est quelquefois vrai, comme l'a dit un poète, que

> l'état de notre âme,
> Mieux que le soleil, marque les saisons,

il faut convenir que, d'ordinaire, les saisons influent

singulièrement sur notre humeur. Lorsque, par exemple, l'Almanach nous promet encore une longue série de semaines glaciales, croyez-vous que les idées généreuses éclosent à l'aise, dans un cerveau qu'endolorit le coriza ?

Mais avec Pâques chante le renouveau. Le ciel, qui pleurait, commence à sourire. Les lilas entr'ouvrent, prudemment encore, leurs innombrables cassolettes, et, dans Paris même, on sent passer, avec les voitures fleuries, l'âme odorante des campagnes! C'est la jeunesse de l'année, c'est l'éternelle saison des âges d'or, c'est l'époque des naissantes amours! Et les Parisiennes, se mettant à l'unisson de la nature, se font plus séduisantes — s'il est possible — pour recevoir l'impôt printanier !

JULES DE GONCOURT

14 avril 1885.

L'idée m'a séduit d'esquisser la physionomie de Jules de Goncourt, au moment où l'on publie sa *Correspondance*, dont on a lu ce matin quelques fragments dans le *Figaro*.

Par malheur, la tâche est plus difficile qu'on ne l'imagine d'isoler, pour la peindre à part, l'une de ces deux âmes d'artistes si merveilleusement unies et comme tressées étroitement ensemble.

J'ai parcouru le beau livre où l'aîné des frères a pieusement réuni toutes les lettres affectueuses et tous les articles nécrologiques écrits au lendemain du coup terrible qui le laissa seul devant la « chère table de travail » où il espérait terminer à deux les œuvres qu'ils avaient été deux à concevoir. Mais, articles ou lettres, il n'est pas une page qui ne les confonde dans la même apologie. Et les signataires de ces hommages posthumes avouent leur impuissance à parler de l'un sans évoquer l'autre.

J'ai voulu lire aussi dans son entier, avant qu'elle ne fût livrée au public, cette *Correspondance*, et je n'y ai pu découvrir un Jules de Goncourt d'où Edmond de Goncourt fût « absent ». A part quelques rares lettres datant de la première enfance, et où il se sert du prénom *je*, on trouve dans toutes les autres la formule collective *nous*. Et bien que, s'il y eut entre eux quelque causerie préalable au sujet d'une de ces lettres, s'il s'y rencontre parfois une expression suggérée par lui, la forme, l'allure et l'esprit appartiennent entièrement à Jules, il est presque impossible de discerner la part de chacun. On éprouve ici le même embarras qu'en présence des romans dus à cette collaboration si « bien fondue » que le critique le plus subtil serait fort empêché de dire l'endroit où l'un a passé la plume à l'autre.

Mais si la physionomie intellectuelle de Jules de Goncourt est impossible à reconstituer isolément, il n'en est pas de même de sa physionomie physique, qu'un portrait de lui, d'après un frottis au pastel, crayonné par son frère, nous a conservé. Ce portrait nous le montre, âgé de dix ans à peine, prêt à partir pour un bal d'enfants, en uniforme de garde française, le regard avivé par la poudre, le bonnet sur l'oreille, la main sur la garde de l'épée, crâne et rebondi comme un amour de Fragonard. Délicat, fin d'une finesse qui, plus tard, alla jusqu'au raffinement, tel il fut tout petit, tel il resta jusqu'à sa dernière heure. C'est si vrai qu'au lendemain de sa mort — il venait d'avoir quarante ans — Théodore de Banville le dépeignait encore « avec ses
« yeux tendres et caressants, malgré l'éclair de
« volonté qui les traverse, avec ses traits réguliers
« et frais, avec cette bouche rose de la plus belle
« pourpre du sang, que laisse voir une soyeuse
« moustache blonde, et avec cette belle et épaisse
« chevelure d'or, qui, bien plutôt que d'un travail-
« leur obstiné, eût semblé d'un indolent rêveur et
« d'un héros d'amour ».

En Athénien qu'il était, Edmond avait le culte de cette beauté, demeurée célèbre, et il faut l'entendre, pour s'en convaincre, raconter l'aventure qui leur arriva lors de leur premier voyage en Italie, lorsque, dans une auberge, des voyageurs prirent Jules pour une jeune fille déguisée en homme. Une mère ne parlerait pas avec une plus orgueilleuse fierté des succès de son enfant. Cette tendresse des deux frères, quasi-paternelle chez l'un, quasi-filiale chez l'autre, a tenu dans leur vie une large place, et il est curieux d'en voir la peinture fidèle, l'analyse intime, d'abord à travers les personnages de Paul et de Pierre de Bréville, dans *Henriette Maréchal*, puis dans les frères Zemgano. Il y avait, entre ces deux tendresses jumelles, des nuances presques imperceptible que Paul de Saint-Victor a merveilleusement dégagées :

« Dans la conversation, il est plus facile de sen-
« tir la différence de deux esprits. Edmond, comme
« il convenait à l'aîné, s'y montrait plus grave et
« plus réfléchi, allant du cœur des idées au fond
« des choses ; Jules avait la saillie et l'étincelle-
« ment, un don surprenant d'ajuster et de visser
« l'épigramme, d'aiguiser le trait et de le lancer,
« sifflant, sur la cible ; il portait dans le mot l'acuité
« de Chamfort et l'imagination de Rivarol. »

Au cours des années heureuses, Jules de Goncourt fut la gaîté même. On connaît ce mot d'un vieux domestique de sa famille : « Ah ! on va rire aujourd'hui, M. Jules vient dîner ! » Rien n'était plus vrai, dit Edmond dans une note de la *Correspondance*, et il ajoute : « Dans les maisons où il
« allait, il apportait vraiment le rire, une espèce
« d'endiablement joyeux ; et les enfants avec les-

« quels il jouait, comme s'il avait leur âge, l'ado-
« raient, le regrettaient et appelaient le retour des
« bienheureux jours où ils devaient le revoir. »

Cette gaîté s'éteignit, hélas ! bien vite. Plus sensible qu'un autre, en raison même de son raffinement, aux mille et une tracasseries des jaloux et des envieux littéraires, Jules de Goncourt eut une fin pareille à *Charles Demailly*, et, par une ironie suprême, se trouva l'avoir décrite quinze ans avant de la subir.

Cette fin prématurée, Edmond de Goncourt l'attribue à l'absorption complète de ce rare esprit par la passion littéraire. « Sa pensée, écrit-il, n'était pas un seul moment enlevée à la littérature par un plaisir, une occupation, une passion, que sais-je ? l'amour pour une femme ou pour des enfants. Et quand la littérature devient ainsi la maîtresse exclusive d'un cerveau, c'est triste à dire, la médecine voit dans cette préoccupation unique et fixe un commencement de monomanie...

« ... Il n'a fait quelques excès de femme que tout jeune ; il ne buvait jamais un verre de liqueur. Je ne trouve, dans sa vie, que des excès de tabac, il est vrai du plus violent et du plus fort, avec lequel nous nous stupéfiions pendant les entr'actes du travail. Mais le travail et les causes physiques ont-elles l'influence que leur prêtent certains médecins ?

« J'ai toujours dans la mémoire cette terrible proposition formulée devant moi par Beni-Barde, le médecin qui l'a soigné et qui a étudié tant de maladies nerveuses : « Dix ans d'excès de femme,
« dix ans d'excès de boisson, dix ans d'excès de
« n'importe quoi quelquefois démolissent moins un

« homme qu'une heure, une seule heure d'émotion
« morale ».

Ainsi mourut cet écrivain d'élite, dont le frère survivant n'est pas seul à porter le deuil et que ceux-là même regrettent qui ne connurent pas les douceurs de son intimité. A ceux-là, s'ils lisent sa *Correspondance*, il apparaîtra plus sympathique encore, artiste convaincu, consciencieux à l'excès jusqu'en ses fantaisies les plus légères, travailleur infatigable, sans cesse à la recherche de l'exquis, de la chimère, des *tulipes noires*, comme a dit Charles Yriarte. Mais dans ces lettres, comme dans les études et les romans faits en collaboration avec son frère, par la vertu souveraine d'une affection dont il n'y eut jamais et dont il n'y aura jamais d'exemple, on ne pourra séparer l'un de l'autre ces deux êtres exceptionnels et rares, types achevés des écrivains que réclamait « une société qui a tout vu, s'est rassasiée de tout, et à laquelle il faut du nouveau à tout prix ».

LES SPHÉNOPHOGONES

15 avril 1885.

Paris est incontestablement une des villes où l'on mange le plus et... le mieux, soit dit sans amour-propre.

Les dîners de corps y abondent, dîners littéraires, artistiques, politiques, scientifiques ou régionaux. J'en ai dressé, l'année dernière, la liste à peu près complète : elle s'élevait au chiffre respectable de quatre-vingt-dix. Cette année, elle s'est accrue d'un numéro : le dîner des Sphénophogones.

Sphénophogones signifie : les hommes à la barbe en pointe. Ce titre donne une idée de l'éclectisme qui préside à cette réunion gastronomique. Il y a de tout en effet : des peintres, comme Gérôme, Detaille, Saintin et Clairin ; des musiciens comme Léo Delibes et Massenet ; des gens de lettres comme M. Clermont-Ganneau ; des architectes comme Charles Garnier et Escallier ; des auteurs dramatiques comme M. Jacques Normand ; des médecins comme le docteur Pozzi ; des avocats comme M. Lebrasseur ; des journalistes comme M. Gaston Berardi, et même des personnages officiels comme M. Armand Gouzien. Je passe les bourgeois.

Le lieu de leurs réunions est le restaurant Noël,

passage des Princes. Les Sphénophogones y échangent fraternellement, une fois par mois, le pain et le sel.

C'est un cénacle fermé, presque hermétique. On n'y est admis qu'après une enquête sévère et des épreuves empruntées au répertoire de la Sainte-Vehme et de la Franc-Maçonnerie.

Il y avait hier une séance d'initiation chez les sphénophogones. Deux néophytes, postulants de très longue date, allaient entendre enfin prononcer le *dignus est intrare*. Ces deux veinards étaient M. Ph. G..., un de nos plus aimables confrères, et le colonel L..., un des gros bonnets de la Présidence. Le recrutement se fait au choix, comme vous voyez.

Ces messieurs avaient pour parrains, l'un M. Jacques Normand, l'autre M. Gaston Berardi.

Introduits dans un cabinet, les deux néophytes ont endossé la tenue réglementaire : tunique et cagoule blanches, doublées de rouge. Puis, guidés par leurs parrains, ils sont venus frapper à la porte du temple, c'est-à-dire du grand salon décoré pour cette emblématique cérémonie.

Sur deux appels de pied, alternés avec deux coups de poing, des fr.·. Jacques Normand et Gaston Berardi, la porte s'ouvre toute grande. Une voix caverneuse crie : « Introduisez les néophytes ! » Et trois grognements sourds saluent l'entrée de M. Ph. G... et du colonel L...

Ces grognements sont poussés par quatorze personnages vêtus de tuniques avec cagoules rouges, à travers lesquelles leurs yeux brillent comme des escarboucles, et qui, sous la flamme vacillante des bougies, prennent des proportions quasi-fantastiques. On dirait les Francs-Juges des temps fabuleux.

Au fond de la salle, un grand mannequin, vêtu comme les Fr∴, élève ses grands bras de fantôme et les laisse retomber sur un gong qui semble sonner un funèbre glas. Si braves qu'ils soient, les néophytes ont la chair de poule.

— Le Fr∴ Ph. G... et le colonel L..., disent les parrains, demandent si vous voulez leur faire l'honneur de les admettre parmi vous.

— Faudra voir! répond une voix de gavroche, qui pourrait bien être celle du peintre Detaille.

— Qu'ils entrent! ajoute le président, qui pourrait bien être M. Armand Gouzien, et que les épreuves commencent!

Les épreuves, comme dans la franc-maçonnerie, consistent en une série de questions plus ou moins cocasses, auxquelles les néophytes, dès longtemps préparés, répondent avec beaucoup d'à-propos, malgré les pièges que le F∴ Intolérant — toujours Detaille — leur tend à chaque minute.

— Et maintenant l'épreuve définitive! ordonne le président.

Cette épreuve, inscrite au programme, sous ce titre : *Le mal de mer*, et à laquelle tous les assistants prennent part, se divise en plusieurs parties : 1° le bruit d'un navire en partance ; 2° le mugissement des flots ; 3° le sifflet de la machine ; 4° les cris du capitaine hollandais ; 5° la prière des naufragés ; 6° le naufrage ; 7° la cloche d'alarme ; 8° l'île déserte. C'est la plus effroyable et la plus terrifiante des cacophonies.

On apporte les cuvettes. C'est là le point culminant et décisif de l'épreuve. Si les néophytes manifestent la moindre nausée devant ces appareils hygiéniques, on les blackboule et leur admission est ajournée. S'ils font bonne contenance, on les proclame sphénophogones.

Le cœur ne leur ayant pas failli, MM. Ph. G... et le colonel L... ont reçu leur brevet sur parchemin... qu'on couvrirait d'or à l'hôtel des ventes.

Et, selon la vieille coutume française, la fête a fini par des chansons.

Ceci se passait au restaurant Noël, le quatorze avril de l'an de folie 1885.

VICTOR MASSÉ

25 avril 1885.

Les représentations d'œuvres posthumes ont cela de consolant qu'elles évoquent et font revivre, en les ceignant d'une auréole, les grandes figures des Maîtres prématurément disparus.

C'est ainsi que l'*Africaine* nous a rendu Meyerbeer et que la *Nuit de Cléopâtre* va nous rendre Victor Massé. Heureux ceux qui se survivent dans les derniers sourires de leur génie et le renouveau de leur gloire !

Je n'ai pas la prétention de « découvrir » Victor Massé. Je veux seulement tresser en couronne, sur cette tombe qu'illuminera ce soir une vive lueur d'apothéose, quelques souvenirs personnels, où l'homme et l'artiste apparaissent dans une douce atmosphère de sympathie.

Ce compositeur si français était breton. Il naquit à Lorient, « la ville au fleuve bleu », dans une modeste maison de la rue du Marché, à laquelle ses compatriotes ont donné son nom illustre, et où, dans un avenir prochain, se dressera sa statue.

Doué d'une mémoire prodigieuse, il aimait à rappeler les impressions de sa première enfance. Celle-ci, entre autres, qui se reflètera plus tard dans son œuvre de musicien. Il avait trois ans à peine, lorsqu'un beau dimanche, par un gai soleil, son grand-père, un meunier, l'emmena faire une promenade à travers champs. En route, on rencontre des marins. On s'attable. Le vin coule. On met un verre aux mains du petit Victor :

— Dis : « J'en veux plein ! » lui souffle le grand-père.

— J'en veux plein ! répète l'enfant.

Il en eut plein !... La « tournée » finie, le brave meunier, qui lui-même avait son compte, dut le prendre entre ses bras, où il s'endormit d'un sommeil de plomb... Il fallait entendre Massé raconter cette aventure enfantine :

— Ici, disait-il, il y a dans ma mémoire une légère lacune... Tout ce dont je me souviens, c'est de m'être éveillé perdu dans un champ d'épis, qui, à mes yeux encore troubles, prenait des airs de forêt... Grand-père dormait, le gilet ouvert, le chapeau sur le visage... Je me mis à faire des bouquets de coquelicots... Nous ne rentrâmes que fort tard à la maison, où ma mère m'attendait dans les transes !... Ce fut ma première et ma dernière orgie !

Et tandis que le Maître parlait, j'entendais chanter à mon oreille les mélodies délicieuses des *Saisons*, et ces adorables couplets du *Blé*, dont il ne faut peut-être pas chercher ailleurs l'origine.

La mer, au bord de laquelle il avait grandi, devait être la Muse favorite de Victor Massé. Gamin, il écoutait sa grande voix comme une symphonie mystérieuse, dont on retrouve l'écho lointain dans l'admirable chant des matelots de *Paul et Virginie*. Et c'est en face d'elle, couché sur la falaise de

Dieppe, qu'il écrivit la *Tempête*, la plus belle page de cette partition exquise.

Le père mort, dans une tourmente, la mère vint à Paris pour y faire l'éducation du jeune Victor. Il entra d'abord chez Choron, puis au Conservatoire, dans la classe de piano de Zimmerman. Zimmerman enseignait l'harmonie en vingt leçons. A douze ans, Massé s'était assimilé toute sa science. Le Maître, fier de ce petit prodige, prenait plaisir à lui poser les questions les plus ardues. Mais le petit prodige devenait tout rouge et ne soufflait mot.

— Je savais bien, nous disait-il, ce qu'il fallait répondre... mais je savais surtout que je ne savais pas l'harmonie. Je l'ai, depuis, apprise à fond, et tout seul !

Grâce à cette organisation privilégiée, il obtint tous les prix du Conservatoire, et finalement le prix de Rome. On sait le reste.

Bien qu'il fût excellent pianiste, Massé ne jouait jamais du piano, même en composant. Il prétendait que ce qui chantait dans sa tête était plus vocal que ce qui chantait sur les touches d'ivoire. Le vrai, c'est qu'il avait peur d'agacer les nerfs d'un petit roquet blanc qui poussait des cris lamentables dès qu'il entendait un son de piano. Si parfois Massé, s'oubliant, posait ses doigts sur le clavier pour lire une œuvre nouvelle, le toutou se tordait, hurlait comme un beau diable. Et lui, fermant l'instrument de torture, disait avec douceur :

— J'aime mieux la paix !... Et puis cet animal a peut-être raison, et c'est là de la mauvaise musique !

Pourtant, il donnait volontiers des conseils aux petits Ritters en herbe. Un jour qu'il montrait à la fillette d'un de ses amis comment il fallait jouer un morceau de piano :

— Mais regardez donc mes doigts, s'écria-t-il tout à coup, et non pas ma tête !

— Dame ! répondit l'enfant, je vois bien que c'est ceci qui donne le mouvement à cela !

On connaît le riche répertoire de Victor Massé. Fétis et, d'après lui, tous ses biographes l'ont enrichi gratuitement d'une pièce intitulée : *la Favorite et l'Esclave*. Cette erreur rendait le Maître très malheureux, et lorsqu'on l'interrogeait à cet égard, il répondait impatiemment :

— Je n'ai jamais pu savoir ce qu'est cet opéra !... Je n'en connais pas une note !... J'ai beau protester, dire sur tous les tons que je n'y suis pour rien, on n'écrit pas une ligne sur mon compte sans qu'on me le jette au nez !... C'est mon cauchemar !

En revanche, il n'y a pas une note, orchestre et chant, qui ne soit de lui dans la *Nuit de Cléopâtre*. Il y a deux ou trois ans que la partition est terminée. Vers les derniers jours de sa vie, il s'en fit donner une épreuve gravée pour la relire. Feuillet par feuillet, ligne par ligne, il arriva jusqu'à la fin du merveilleux duo du troisième acte. Là, pris d'une fatigue invincible, il mit un couteau à papier à la page qui précède le terzetto. « Je ne pourrais pas aller plus loin ! » soupira-t-il. La fin approchait. Aujourd'hui, cette partition est encore sur sa table, et le couteau qui marqua le terme de sa lecture est toujours où sa main mourante l'a placé.

Il n'est pas exact, comme on l'a dit, que la *Nuit de Cléopâtre* ait été composée tout entière à Saint-Germain, au Pavillon Henri IV. Massé n'y a mis là que le point final. A ce moment, il ne sortait plus, cloué par le mal sur sa chaise longue ; et pourtant, il savait aussi bien que le Parisien le plus alerte tout ce qui se passait dans le monde artistique. « De mon chevalet de martyre, disait-il, je me fais une moyenne de ce qu'on me dit et de ce que je lis... Et la vérité m'apparaît à travers les exagérations et les hyperboles... » Et, de fait, son flair s'était prodigieusement affiné. Quand il voulait bien savoir une chose, il se la faisait redire de cent façons détournées, notant les différences dans les récits, et tirait ses conclusions, qui toujours étaient excellentes.

Il adorait la musique symphonique, mais son tempérament le portait exclusivement vers le théâtre, qui fut, toute sa vie, son invariable objectif. On a parlé maintes fois de la reconnaissance que l'auteur du *Tannhauser* lui gardait pour les soins qu'il avait prodigués à son œuvre, alors qu'il était chef des chœurs à l'Opéra. Ce qu'on n'a pas dit, c'est que cette reconnaissance était parfois gênante dans son expansion un peu brutale. Un soir que Massé se trouvait au Gymnase, à je ne sais plus quelle première représentation, il entend, au milieu d'une scène capitale, une voix de stentor qui lui crie :

— Bonsoir, Massé !

Emotion dans la salle. Massé, tout interdit, se retourne, et voit, à l'entrée du couloir des fauteuils d'orchestre, Wagner qui gesticulait. Il n'eut pas l'air d'y prendre garde.

— Bonsoir, Massé ! reprit la voix avec un crescendo formidable... Vous ne me reconnaissez donc pas ?

Pour éviter une tempête, Massé se lève et va

rejoindre Wagner, qui tombe dans ses bras en disant :

— Ne croyez pas au moins que c'est parce que j'ai trop bien dîné !... Parole d'honneur, à jeûn, je vous adore tout de même !

Disons entre nous que Wagner avait ce qu'on appelle une légère pointe. Mais *in vino veritas!* Il y en a que le bourgogne eût rendus ingrats. Le maître allemand n'était pas de cette école.

Outre ses deux filles, Victor Massé laisse un petit-fils. Quand il apprit sa naissance, il dit à son gendre, mon ami Philippe Gille :

— Je sais que Delibes doit être le parrain du petit... mais je veux qu'il s'appelle Victor comme moi !

La chose, on le pense bien, alla toute seule.

Aujourd'hui, 25 avril, le jeune Victor entre dans sa deuxième année, le jour même où l'on représente à l'Opéra-Comique la dernière œuvre — et peut-être la plus belle — de son illustre grand-père.

Anniversaire doublement heureux, et dont l'enfant, quand il aura l'âge d'homme, gardera dans son cœur l'éternel souvenir.

UN BEAU MARIAGE

4 mai 1885.

Quand vous irez au Salon, si le hasard vous amène dans cette solitude, dans ce Campo-Santo où sont relégués et comme inhumés les dessins, aquarelles, miniatures, porcelaines, etc., arrêtez-vous devant un délicieux pastel de jeune fille blonde, qui porte le numéro 2515.

On lit sur le cartel : *Portrait de Mlle T. D...*, et, dans un coin du tableau, cette signature : Pierre Carrier-Belleuse.

Ce pastel fait rêver. Il y a de la femme dans cette jeune fille, et, dans la candeur de ce regard virginal, je ne sais quelle flamme latente et mal contenue. La lèvre semble murmurer des paroles qui ne figurent pas aux programmes du couvent ou du pensionnat, et la main, blanche comme une main de vierge dont le cœur n'a pas parlé, semble chercher une étreinte... fraternelle. Les gens à cheveux gris passeront sans arrière-pensée devant cette forme exquise, et diront, comme l'héroïne du sonnet d'Arvers :

> Quelle est donc cette femme ?

et, comme elle, ne comprendront pas. Mais les amoureux y feront une halte recueillie, et devineront le doux roman d'amour qui palpite dans ce cadre : roman qui s'est dénoué devant l'officier de l'état civil, — car le peintre vient d'épouser son modèle : M. Carrier-Belleuse est devenu, suivant la formule, « l'heureux époux » de Mlle T. D..., lisez Mlle Thérèse Duhamel.

J'ai dit : roman, et je ne m'en dédis pas, car les préliminaires de ce mariage, qui, pour le sympathique artiste, est comme un rêve des Mille et une Nuits réalisé, furent des plus romanesques.

M. Pierre Carrier-Belleuse est un de nos jeunes peintres les plus distingués. Outre le pastel de Mlle T. D..., il expose, au palais de l'Industrie, un dyptique inscrit au livret sous cette mention : *Le Matin et le Soir*, — M. et Mme Denis le lendemain de leurs noces, et les mêmes après trente ans de tête à tête conjugal. Seulement, dans la version du peintre, M. Denis est un jeune officier de chasseurs, marié de la veille, qui nous apparaît, trente ans plus tard, auprès de sa femme vieillie et déjà grisonnante, avec les étoiles du général de division. Cette scène, évidemment inspirée par *Lili*, et pour laquelle Judic et Dupuis auraient pu poser, est de la quintessence de parisianisme.

Or, un soir que M. Carrier-Belleuse dînait chez un de ses amis, Mécène doublé de Lucullus, on en vint à causer peinture ; et l'amphytrion qui, peut-être, ménageait à son hôte quelque riche commande, l'interrogea sur ses travaux en cours d'exécution et sur ses travaux projetés.

— J'ai mon idéal, comme tous mes confrères, dit l'artiste, mais cet idéal me fuit...

— Et quel est-il cet idéal insaisissable ?

— Je voudrais faire le portrait d'une blonde... d'une vraie...

— Mais le blond court les rues !

— Pas celui que je rêve... celui qui dore les toiles de Véronèse et du Titien... C'est une nuance qui fait prime aujourd'hui, car, à Venise même, où ces maîtres en ont illuminé leurs pinceaux, je ne l'ai point rencontrée.

— Il n'était pas besoin d'aller jusqu'à Venise ! fit une voix qui partait de derrière une grosse moustache rousse.

— Bah ! vous connaîtriez ?...

— Votre idéal ?... Oui, monsieur.

— Et où prenez-vous cette merveille ?

— Mais chez moi, tout simplement.

— Et c'est ?...

— C'est ma fille, pour vous servir !

— Oh ! monsieur, une telle fortune !... Vraiment, je n'ose...

— Osez, jeune homme, osez donc !

Au café, les présentations se firent. L'homme à la grosse moustache rousse n'était autre que M. Louis Duhamel, receveur des finances, ancien chef du cabinet de M. Grévy.

M. Pierre Carrier-Belleuse resta bouche bée, comme s'il eût entrevu la tête de Méduse.

— Mon nom produit son effet ordinaire, dit en souriant M. Duhamel... Messieurs les journalistes en ont fait des gorges chaudes. Il leur a servi de thème à plaisanteries faciles... Je fus longtemps et je serai peut-être encore leur tête de Turc !... Ils y auraient sans doute mis moins d'acharnement s'ils avaient su que j'étais le premier à rire de leurs lazzis inoffensifs... Parole d'honneur, ça me manque !... Vous voyez que je suis bon prince, et vous le verrez mieux encore si vous me faites l'honneur d'accepter ma proposition.

— Vraiment, vous permettriez ?...

— Que vous fassiez le portrait de ma fille ?... Je croyais que c'était entendu.

On échangea de vigoureuses poignées de main et, peu de jours après, les séances commencèrent.

Elles finirent trop tôt au gré du peintre et peut-être aussi du modèle. Gais tous deux, tous deux jeunes et d'humeur expansive, ils s'étaient plu d'abord et s'étaient fait ensuite une douce habitude de ce commerce quotidien. Aussi je ne jurerais pas qu'elle ne fût un tantinet mélancolique et qu'il n'eût le cœur un peu gros, lorsque, au sortir de ce joli rêve, il ferma sa boîte à crayons et reprit le chemin de son atelier !

A quelque temps de là, M. Duhamel prit sa fille à part et lui dit :

— Fillette, tu ne songes pas, que je sache, à coiffer sainte catherine ?

— Pourquoi cette question, mon père ?

— Parce que je me suis mis en tête de te marier.

— Encore !

— Toujours !... tant que je n'aurai pas triomphé de tes résistances... Voyons, que dis-tu de M. X...?

— Ce que j'en dis ?... Mais rien.

— Comment !... un parti superbe... 80,000 fr. de rentes !

— La fortune ne fait pas le bonheur !... D'ailleurs, je suis riche pour deux... Cherchez un autre gendre.

— Je prévoyais ta réponse, et je me suis

pourvu... Tu connais M. de Z..., un charmant garçon...

— Fi! l'horreur!

— Alors, c'est du parti-pris?

— Appelez cela comme vous voudrez, mon père, mais je me suis jurée de ne prendre qu'un mari de mon choix...

— Encore une défaite!

— Pas du tout, je vous assure... mon choix est fait!

— Ah! bah!... Et peut-on savoir quel est ce phénix?

— Certes... C'est M. Pierre Carrier-Belleuse!

Et voilà comment M. Pierre Carrier-Belleuse est devenu « l'heureux époux » de Mlle Thérèse Duhamel, fille de l'ancien chef de cabinet du Président de la République.

Il n'y a pas que les féeries où les princesses épousent des bergers.

EN FACTION

6 mai 1885.

En écoutant hier, à l'Odéon, la délicieuse musique de Bizet, j'ai senti remuer en moi toutes sortes de souvenirs mélancoliques.

Bizet fut de mes amis, et des plus chers, — et il y avait moins de dilettantisme que de fraternelle tendresse dans l'émotion troublante que j'ai ressentie.

Il y aurait un volume à faire sur la façon dont se nouent les amitiés. Les unes ont pour point de départ une sympathie irrésistible : on se voit, on se regarde, on s'étreint, et c'est pour la vie. Les autres, et ce ne sont pas les moins solides, débutent par des défiances réciproques, et parfois par d'ardentes hostilités. Quand le hasard nous fit trouver en présence, Bizet et moi, mon nez lui déplut, le sien me mit en des rages folles ; et quinze jours durant, dans le *Figaro*, je mangeai du musicien avec la volupté que le *Siècle* éprouvait — alors — à manger du prêtre.

C'était en 1870. On jugeait les concurrents pour le prix de Rome. Bizet était parmi les juges. J'avais mon candidat d'élection — qui ne fut point l'élu du jury. A l'issue de la séance, on discuta vivement le verdict dans la cour du Conservatoire ; et, pour ma part, au milieu d'un groupe de dissidents à tous crins, j'émettais, à voix haute, des doutes assez malséants sur son intégrité. Bizet, qui passait par là, dressa l'oreille ; il voulut savoir s'il y avait dans mes propos quelque chose qui le visât personnellement. Il était écrit qu'à l'aurore de notre amitié il y aurait de la haine : mes cheveux bruns se hérissèrent contre ses cheveux blonds, et, sans l'entremise de quelques gens rassis, nous aurions laissé des touffes de notre crinière sur les dalles du paisible monument aux destinées duquel M. Auber présidait en ce temps-là.

Dès ce moment, je perdis Bizet de vue. Puis vint le plébiscite, puis les émeutes, puis la guerre, puis, enfin, le 4 Septembre. C'étaient alors les grands jours de la garde nationale : tous citoyens, tous soldats. On nous avait pris tous, qui dans les lettres, qui dans les arts, qui dans l'administration, qui dans le commerce, qui dans l'industrie. On avait fait de tous ces éléments divers une mixture fraternelle, destinée à faire l'ornement des remparts et la joie des tacticiens en chambre. On nous avait mis une vareuse sur le dos, un képi sur la tête, des guêtres aux jambes et un flingot entre les bras ; on nous avait massés sur les places publiques, pour y piocher, *coram populo*, la charge en douze temps ; on nous avait casernés dans les postes pour y tenir en respect les filles publiques qui, chaque nuit, encombraient les trottoirs et piétinaient sur la morale républicaine ; on nous avait lâchés par les rues pour faire la chasse à des espions chimériques ; on nous avait échelonnés sur toute la ligne des fortifications, pour essayer une défense... inoffensive, et on nous avait dit : « La patrie en deuil vous contemple ; soyez tous des héros ! »

Et nous le fûmes, le 4 Septembre surtout. Ce jour-là, on nous avait chargés de défendre contre toute violation insurrectionnelle cette Chambre au sein de laquelle se trouvaient les pires insurgés. Nous la défendîmes si bien que, le coup fait et l'émeute triomphant, on nous somma de nous replier en bon ordre. Ah ! la belle retraite ! Elle se fit au pas de course, tandis qu'une populace avinée hurlait sur nos talons : « Vive la République ! » et que des voitures de carnaval promenaient, le long de nos files silencieuses, l'apothéose bruyante des héros du jour.

Nous ralliâmes enfin la place Vendôme. Et là, groupés autour de la Colonne, que le peintre d'Ornans couvait déjà d'un regard haineux, nous formâmes les faisceaux, et nous attendîmes que ceux qui venaient de se faire nos maîtres, sans prendre notre avis, voulussent bien disposer de leurs esclaves... malgré eux. Nous attendîmes toute la nuit, sans manger ni boire. Nos dictateurs, étant à la curée, n'avaient guère souci de nous. Et, tandis qu'ils se jettaient des portefeuilles, des commandements et des préfectures à la tête — à toi ! à moi ! Paf ! tu l'es ! — nous, pour tuer le temps, nous continuions, le ventre vide, notre apprentissage de soldats citoyens. O misère !

On m'avait mis de garde devant le ministère de la Justice, et j'eus l'insigne honneur de présenter les armes à l'honorable garde des sceaux Crémieux, lorsqu'il vint, flanqué de deux turcos, une Théroigne aux bras nus dans la capote de son fiacre, prendre possession du logis dont il venait de s'adjuger lui-même la jouissance gratuite et obligatoire.

Nous étions deux, arpentant le trottoir en sens inverse, étreignant d'un bras nerveux ce fusil donné par la nation et dont nous aurions fait un tout autre usage, si on nous avait laissé le choix. Vu à la brume, le visage de mon compagnon éveillait en moi des souvenirs vagues ; il me représentait quelque chose de *déjà vu.* Evidemment, le même travail de reconnaissance lente se faisait en lui, car, à plusieurs reprises et comme d'un commun accord, nous ralentîmes le pas en nous rapprochant l'un de l'autre.

Soudain, il posa son fusil à terre, et me regardant sous le nez :

— Je ne me trompe pas, dit-il, c'est bien vous !...

Et comme j'hésitais encore :

— Vous ne me reconnaissez pas ?... Bizet... Georges Bizet... avec qui vous avez failli vous couper la gorge !...

— Je ne me pardonnerais pas, lui répondis-je en riant, d'avoir privé la patrie d'un si beau défenseur !

— Et moi donc ! reprit-il en me tendant la main.

Je lui donnai la mienne... Et, depuis ce jour, toutes les fois que je rencontrais le pauvre garçon, je faisais le simulacre de lui présenter les armes.

Avec quel bonheur je les ai présentées, hier soir, à son succès... dont, hélas ! il n'a pas eu la joie !

PRIX DE ROME

13 mai 1885.

Les concurrents pour le Prix de Rome vont entrer en loges.

Combien, parmi ces forts en thème de la musique, y a-t-il de Maîtres futurs ? Combien sont prédestinés à cueillir, d'une main triomphante, le rameau sacré ? Combien portent en eux cette flamme d'en haut, ce *mens divinior*, cette impérieuse Vocation, qui fait les artistes inspirés et les œuvres immortelles ?

A parcourir les annales de ces Concours annuels, on éprouve la même déception qu'à parcourir celles des Concours généraux. Ici comme là, pour cent appelés, on trouve à peine un élu. Encore la proportion est-elle optimiste. Tel dont le nom, dix fois vainqueur, semblait devoir rayonner dans la gloire, s'éteint dans une lamentable obscurité. Heureux si, comme Raoul Desloges, ce prototype du parfait lauréat, il ne finit pas *flot du cirque*.

Je viens de les feuilleter, ces Annales, et j'y ai puisé la conviction que ces lauriers, éclos dans la serre chaude du Conservatoire, sont presque toujours des primes d'encouragement offertes à la médiocrité, pour ne pas dire à la stérilité.

Un seul exemple, car il ne faut faire saigner aucun amour-propre. En 1838, deux concurrents, Gounod et Bousquet, se disputaient la timbale. Ce fut Bousquet qui la décrocha. Qu'est-il devenu, ce Bousquet ? L'Institut informe. Qu'est-il devenu, ce Gounod ? Répondez, Marguerite, Juliette, Mireille, Baucis et Pauline, dont la vision exquise hantait déjà son inconscient génie !

Il faut entendre le Maître raconter cet épisode de sa carrière, et comme il se sentit précocement envahir par la Vocation :

« J'avais treize ans alors, me disait-il hier, et j'étais interne au collège d'Harcourt. Ma mère, demeurée veuve et sans fortune, courait le cachet par tous les temps, par le chaud, par le froid, par le vent, la pluie et la neige, pour subvenir à l'éducation de ses fils.

Je souffrais impatiemment de la voir condamnée à cette tâche inhumaine, et je hâtais de tous mes vœux l'heure où je pourrais l'en affranchir. Mais nous avions, l'un et l'autre, des voies et moyens une conception différente : ma mère, dans ses rêves, me voyait à l'Ecole normale ; moi, dans les miens, j'entendais une voix mélodieuse qui me disait : Tu seras musicien !

Un jour que nous échangions nos projets d'avenir, que je répondais Musique quand elle me parlait Université :

— C'est sérieux, cette toquade-là ? me dit-elle.
— Tout ce qu'il y a de plus sérieux.
— Tu n'iras pas à l'Ecole normale ?
— Jamais de la vie !
— Et tu te destines ?
— Au Conservatoire !

— A mon tour de te dire : Jamais de la vie !

J'eus un petit geste de doute, qui mit hors d'elle la sainte femme :

— Ah ! c'est ainsi, s'écria-t-elle, eh bien ! nous verrons. Pour commencer, tu redoubleras toutes tes classes... Ça te mènera juqu'à la veille du tirage au sort... Et, si la chance t'est contraire, tu seras soldat... Ne compte pas sur moi pour t'acheter un remplaçant... J'aime mieux voir mon fils porter le fusil que traîner la bohème !

— Ma mère, répondis-je d'un ton respectueux mais résolu, ce que vous venez de me dire, vous ne me le direz pas une seconde fois !... Je redoublerai mes classes, puisque telle est votre volonté... Mais je ne porterai pas le fusil, car c'est la mienne !..

— Vraiment !... tu te déroberas à la loi commune ?

— Je ne m'y déroberai pas, je m'en affranchirai !

— Et comment cela ?

— En obtenant le Grand Prix de Rome !

Bien convaincue de son impuissance à me réduire, ma mère eut l'idée de mettre dans son jeu le proviseur du collège d'Harcourt, celui qu'on appelait familièrement le père Poirson. L'excellent homme me fit venir dans son cabinet, et avec une bonhomie un peu goguenarde :

— Mon petit Charles, me dit-il, nous voulons donc être musicien ?

— Oui, monsieur Poirson, accentuai-je d'un ton sec.

— Peuh !... musicien, ce n'est pas un état !

— Ce n'est pas un état que d'être Mozart, Weber, Meyerbeer, Rossini ?.. Vous êtes difficile !

— Peste, mon garçon ! s'écria-t-il, renversé par mon argument *ad hominem*.

Je crus qu'il allait me dire, comme Bilboquet dans les *Saltimbanques* : « Jeune présomptueux, sais-tu seulement jouer du violon comme Paganini » ? Il ajouta simplement :

— Mais n'est pas Mozart qui veut ! Mozart, à ton âge, avait déjà fait acte de génie... Montre-moi ce que tu sais faire... Nous verrons ensuite.

Et, daredare, il se mit à griffonner sur une feuille blanche la romance de *Joseph* :

A peine au sortir de l'enfance...

Puis, me la tendant :

— Va me mettre de la musique là-dessus... Et fais-moi du Méhul, si tu peux... Pour du Mozart, il y a de la marge !

Sans y prendre garde, le père Poirson passait à l'ennemi. Je m'en fus, riant sous cape. Et, deux heures plus tard, je revins avec un « *A peine au sortir de l'enfance* » de ma façon... Ma « première pensée » musicale !

— Bigre ! me dit le brave homme, tu n'es pas flâneur, au moins !... Chante-moi ça !

— Chanter !... Et le piano ?

— Le piano !... Pour quoi faire ?

— Mais pour m'accompagner, donc !... Et puis, sans le piano, vous ne pouvez pas apprécier mes harmonies.

— Je m'en fiche, de tes harmonies ! Ce sont tes idées, c'est ton sentiment musical qui m'intéressent... Allons, chante !

Je chantai. Et, quand j'eus fini, je tournai timidement la tête vers mon juge. Il avait les yeux pleins de larmes, qui coulaient le long de ses joues. Il m'attira sur son cœur et me dit :

— C'est beau, c'est très beau, mon garçon !... *Tu Marcellus eris* !... Sois donc musicien, puisque le diable t'y pousse !... Il n'y a pas à lutter contre ça !

Nous étions deux désormais pour convaincre ma mère. Elle me conduisit chez Reicha, qui fut mon premier maître ; mais, toujours poursuivie par son idée fixe, en me confiant à lui, elle lui glissa dans l'oreille :

— Rendez-lui la vie dure, je vous en prie !... Montrez-lui de préférence les côtés ardus de cet art charmant !... Si vous me le renvoyiez musicophobe, comme je vous bénirais !...

Si bien ou si mal intentionné que fût Reicha, il ne put triompher d'une vocation irrésistible ; et, au bout d'un an de leçons, interrogé par ma mère, il lui répondit :

— Hélas ! madame, le mieux est de se résigner... Cet enfant a le don... Il connaît ce qu'il veut et où il va... Rien ne le rebute, rien ne le décourage... Il sait même déjà tout ce que je lui peux enseigner... Seulement, il ne sait pas qu'il le sait...

Je le savais. On a toujours un peu, si l'on n'est pas un sot, la conscience de soi-même... Reicha ne faisait, en somme, qu'expérimenter sur moi le mot éternellement vrai de Socrate : « J'accouche ! » On ne tire, en effet, d'un homme que ce qu'il a dans le ventre.

Quelque temps après, je concourus pour la Villa-Médicis, et j'arrivai bon second.

Au concours suivant, je fus battu par Bousquet...

Enfin, la troisième année, à la veille de la conscription, j'enlevai le Grand Prix de Rome...

J'avais tenu mon serment. »

En écoutant cette histoire et en songeant à ces six possédés du démon musical qui vont se constituer prisonniers dans des cellules, sur la plupart desquelles on pourrait inscrire le vers du Dante : *Lasciate ogni speranza, voi ch'intrate!* je murmurais en moi-même :

— Pauvres petits !... que de Bousquet pour un Gounod !

PRÉLAT ET COMÉDIEN

14 mai 1885.

Paris a conservé son vénérable pasteur. Complètement rétabli, Mgr Guibert a repris l'exercice de ses fonctions sacerdotales. Tout le diocèse est dans la joie. Et les chants sacrés qui montaient vers les voûtes de Notre-Dame, en l'honneur de l'Ascension, ressemblaient à des cantiques d'actions de grâces.

L'illustre prélat n'est pas seulement en vénération parmi ses ouailles, il y est encore en odeur de sympathie. Nul, mieux que lui, ne mérite l'une et l'autre ; car il est une des plus nobles figures de l'épiscopat français, et il réalise le type idéal du pasteur des âmes selon l'esprit évangélique.

De son palais de la rue de Grenelle s'exhale je ne sais quel parfum claustral. Et, en traversant ces vastes salons, où jadis un ambassadeur donnait des fêtes brillantes dont le Tout-Paris élégant et mondain garde encore le souvenir, on éprouve comme une impression de Thébaïde. L'aspect sombre et nu de la chambre à coucher et du cabinet de travail, avec son unique glace voilée de serge verte, n'est point pour la modifier. Quant à la table, elle est aussi frugale que l'ameublement est modeste ; une seule cuisinière suffit au service de bouche de l'archevêque et de son coadjuteur. Une sinécure ! Ainsi du train de maison : *Coco*, un brancardier fourbu qui, s'il n'était célibataire, pourrait célébrer ses noces d'or, forme, avec un vieux coupé du même âge, tout l'équipage archiépiscopal. Encore Mgr Guibert se reproche-t-il tout ce luxe comme un vol fait aux pauvres !

Les pauvres, voilà sa grande préoccupation ; l'aumône, voilà sa grande affaire ! Un de nos confrères racontait l'autre jour que, lorsqu'on diminua son traitement, il n'eut pas un mot de plainte ; il dit seulement à celui qui lui portait la mauvaise nouvelle :

— J'aurai toujours assez pour vivre, car je ne dépense que 45 sous par jour pour ma nourriture... Cela me désole pour mes pauvres, mais le ciel y pourvoira !

Cet ascétisme n'exclut pas, chez Mgr Guibert, une excessive aménité de caractère. Si Thiers, Crémieux ou Glais-Bizoin vivaient encore, ils en pourraient témoigner, eux qui furent ses hôtes à l'archevêché de Tours, en 1870. Le libérateur du territoire tenait en si haute estime ses vertus de prêtre et ses qualités d'homme, qu'une fois au pouvoir, un de ses premiers actes fut de l'appeler au siège de Paris ; et le saint prélat n'y voulut consentir que parce que, en ces temps troublés où la religion était en détresse, ce siège devenait un poste de combat et peut-être une étape vers le martyre.

Le Guibert que je viens de dépeindre est le Guibert connu. Mais il en est un autre que connaissent seuls ses intimes, ceux qui, par un contact quotidien, par un familier commerce, sont à même de goûter tout le charme, tout l'enjouement, toute la grâce et même l'allure gauloise de son esprit. Cet esprit tout d'à-propos, saupoudré d'une bonhomie malicieuse, trouve le trait sans y prétendre et ne recule pas devant le « mot ». Des mots d'archevêque, c'est rare. Je veux vous en offrir le régal.

C'était en 1873. Le prélat présidait une matinée littéraire au Cercle de la jeunesse, fondé rue Saint-Antoine, chez les Frères des Ecoles Chrétiennes, par le frère Joseph, aujourd'hui supérieur général de l'Ordre. Le programme portait, entre autres attractions : *Chansonnettes, par M. Berthelier*, et comme numéro final : *Un mot, par Mgr Guibert*.

Berthelier a tout un répertoire à l'usage des réunions où la gaîté n'est de mise qu'à la condition d'être décente. On l'applaudit beaucoup, et — ce qui lui fut particulièrement sensible — l'archevêque donna le signal des applaudissements. Le programme épuisé, Mgr Guibert se lève à son tour et débite une de ces improvisations famillières où il excelle. Puis, en manière de péroraison :

« Messieurs, dit-il, j'avais ouï parler de M. Berthelier, mais je ne l'avais jamais vu. Maintenant que j'ai eu le plaisir de le voir et celui de l'entendre, je sais que l'on peut s'amuser honnêtement. J'ignore à quel théâtre il appartient, ne les fréquentant pas, mais bien certainement ce doit être au théâtre de la Gaîté. »

En annonçant un « mot » de Mgr Guibert, le programme n'avait pas menti.

Le prélat et le comédien se perdirent de vue pendant des années. Il y a peu de terrains où ces deux extrêmes se rencontrent. Berthelier, que sa profession n'empêche pas d'être un bon catholique, est un des auditeurs assidus du Père Monsabré. Or un dimanche de l'autre hiver, à l'issue de la conférence, il allait, selon son habitude, complimenter l'orateur qui l'honore de son amitié, lorsque, sur le seuil de la sacristie, il croisa Mgr Guibert. Le prélat reconnut le comédien et l'arrêtant au passage :

— Je suis heureux de vous voir, monsieur Berthelier, lui dit-il... Vous allez, n'est-ce pas, complimenter votre ami le Père Monsabré, qui chante si bien les grandes belles choses de là haut, vous qui dites si bien les jolies petites choses d'ici-bas !

Berthelier était aux anges. A ce moment-là, M. Grévy n'était pas son cousin. Aussi professe-t-il un véritable culte pour l'archevêque. Il a vécu, tout le temps de sa maladie, dans des transes mortelles, et il n'est personne qui se soit plus sincèrement réjoui de son retour à la santé.

APOTHÉOSE

30 mai 1885.

Il semblait, ce soir, que les Champs-Elysées fussent la grande, l'unique artère où battît la vie parisienne,

J'ai vu, dans ma vie déjà longue, bien des foules monter et descendre la solennelle avenue ; j'ai vu les meetings populaires du 15 août; j'ai vu les vertigineux retours des courses ; j'ai vu tout un peuple rouler comme une mer grondante autour du huit-ressorts où resplendissait, sous ses pierreries d'emprunt, un souverain oriental ; nos aînés ont vu l'inoubliable rentrée des Cendres ; mais ni eux ni nous n'aurons jamais vu de spectacle pareil à cette voie triomphale transformée en voie appienne, à ce monument de nos gloires guerrières métamorphosé, par la seule vertu du génie, en antichambre de l'Immortalité.

Tout Paris a fait ce soir le pèlerinage de l'Arc de Triomphe. De la place de la Concorde, le coup d'œil était féerique. Ce va-et-vient papillottant des voitures donnait l'illusion d'un immense fleuve charriant des milliers d'étoiles, entre deux rangées de phares qui versaient sur ces étincellements une lumière mélancolique à travers les crêpes dont ils étaient voilés. Là-haut, tout au bout, sous la courbe audacieuse de l'arc monumental, le catafalque dresse sa gigantesque silhouette ; et, dans la nuit profonde que trouent à peine quelques éclairs blafards, les ornements emblématiques jettent, sur la draperie noire, de fugitives lueurs d'acier. Du haut en bas du colosse de pierre des gazes éplorées flottent comme une vapeur de deuil. Et le groupe de Falguière, coiffé d'une calotte funèbre, ressemble au dôme d'un temple élevé par la piété des hommes à quelque génie surnaturel.

L'âme de Paris est là, où plutôt l'âme de la France, car il n'est pas un seul Français, à l'heure présente, qui n'ait les yeux tournés vers ce reposoir superbe où l'illustre enfant qu'elle pleure fera sa suprême halte avant d'entrer dans l'immortalité.

Paris n'est plus dans Paris, il est tout où son poète va dormir, en pleine lumière, son dernier sommeil. Une marée humaine lèche dévotement les marches de l'autel où, demain, ce glorieux cadavre sera hissé comme sur un trône, dans un déploiement d'apothéose. Hommage muet et recueilli, comme si tous ces courtisans du génie avaient conscience de la majesté de l'heure et sentaient qu'à des morts de cette taille, dont la vie fut si retentissante, le silence est la plus douce et la plus flatteuse des ovations. Pas un cri ne monte de cette foule, rien qu'un murmure vague et solennel, quelque chose comme la paraphrase rythmique de cet hymne, où le poète semble avoir lui-même prédit les honneurs réservés à sa cendre :

> Ceux qui, pieusement, sont morts pour la patrie
> Ont droit qu'à leur cercueil la foule vienne et prie.

Entre les plus beaux noms leur nom est le plus beau ;
Toute gloire près d'eux passe et tombe éphémère;
  Et, comme ferait une mère,
La voix d'un peuple entier les berce en leur tombeau!

C'est pour ces morts, dont l'ombre est ici bienvenue,
Que le haut Panthéon élève dans la nue,
Au-dessus de Paris, la ville aux mille tours,
La reine de nos Tyrs et de nos Babylones,
  Cette couronne de colonnes
Que le soleil levant redore tous les jours!

Ainsi, quand de tels morts sont couchés dans la tombe,
En vain l'oubli, nuit sombre où va tout ce qui tombe,
Passe sur leur sépulcre où nous nous inclinons,
Chaque jour, pour eux seuls se levant plus fidèle,
  La gloire, aube toujours nouvelle,
Fait luire leur mémoire et redore leur nom!

Poète, prophète, disaient les anciens. Si grand poète qu'il fût, Victor Hugo ne se croyait peut-être pas si bon prophète. Et lorsqu'il prédisait le retour en France de l'Empereur :

  Oh ! va, nous te ferons de belles funérailles...

il ne se doutait pas que les mêmes lauriers, plus glorieux encore, ombrageraient son propre cercueil.

 Et comme, en France, l'esprit est de toutes les fêtes, j'ai cueilli ce mot, plus profond qu'il n'en a l'air, dans un des groupes stationnant aux abords de l'Arc de Triomphe :

 « On dit que les morts vont vite !... Moi, je ne trouve pas ! »

LE BAL SAGAN

2 juin 1885.

Chaque année, aux environs du Grand-Prix, la princesse de Sagan donne une de ces fêtes « caractéristiques » qui font parler d'elles six semaines avant et dont on parle encore six semaines après.

Le bal de cette nuit laissera des souvenirs inoubliables.

Deux grands deuils successifs — celui du jeune Robert de Chartres et celui du duc de Noailles — en ont éloigné les princes d'Orléans et quelques notabilités mondaines du Faubourg. On n'a pas eu, comme on l'espérait, le prince de Galles, un des fidèles de la rue Saint-Dominique. Mais ces défections regrettables n'ont rien fait perdre à la fête de son entrain et de son éclat. La princesse avait lancé deux mille invitations; il n'y a pas eu trois cents lettres d'excuses.

Très originales, ces invitations. Un joli dessin, signé Detaille, représente une théorie de volatiles et d'animaux variés se dirigeant, chacun avec sa chacune, vers un bal champêtre. Sur la porte du bal on lit : « *Un animal, 1 fr.; un animal et sa dame, 2 fr.* » Et tout au bas, ces deux lignes à la main : « *Le 2 juin, on est prié de choisir dans Buffon un costume ou bien une tête* ».

Cette formule trahit la constante préocupation de la princesse de Sagan : faire neuf. Il semble qu'elle ait pris pour devise le vers célèbre :

Il nous faut *du nouveau*, n'en fut-il plus au monde !

En 1881, elle ressuscita Versailles ; l'année dernière, elle a ressuscité Trianon ; cette année, elle met en action les fables de La Fontaine, histoire de prouver que les bêtes seules n'ont pas de l'esprit.

L'ancien hôtel d'Eckmühl est un cadre à souhait pour ces manifestations princières. Il a été décrit maintes fois. Essayer une description nouvelle serait tomber dans la redite. La princesse s'ingénie à varier jusqu'au décor. L'année dernière, elle avait donné pour cadre à sa bergerie florianesque le rez-de-chaussée et l'admirable jardin qui borde l'Esplanade des Invalides. Cette année, elle ouvre à ses hôtes « de poil et de plume » les splendides appartements du premier étage ; quant au jardin, il ne figure que comme toile de fond, mais une toile qui, sous l'étincellement des appareils électriques et des feux de bengale, est d'un incomparable effet.

La fête chorégraphique est précédée d'une fête gastronomique. A huit heures, quatre-vingt-dix convives prennent place dans cette grandiose salle à manger dont les plafonds sont ornés de peintures d'Oudry. Il y a là trois tables, sur chacune desquelles s'épanouit une flore différente. Sur le seuil, chaque « cavalier » reçoit une fleur qui lui désigne la table où il doit s'asseoir avec sa « dame ». Ce poétique emblème empêche toute confusion. Une des tables est exclusivement composée de frelons et d'abeilles, c'est-à-dire des danseurs choisis pour le quadrille renouvelé de celui qu'organisa sous l'Empire Mme Tascher de la Pagerie, et qui doit-être le clou de la soirée. Dix abeilles et dix frelons.

Abeilles : Mmes la princesse de Léon, la comtesse Aymery de la Rochefoucault, la comtesse de Kersaint, la duchesse de Gramont, la comtesse F. de Gontaut, la baronne de Vaufreland, la marquise de Galliffet, la comtesse de Chavagnac, la comtesse d'Espeuille... La dixième manque à l'appel, c'est la jolie comtesse de Castries, empêchée par la mort du duc de Noailles, son parent.

Frelons : MM. le marquis de Moustiers, le comte Jean de Beaumont, le comte Philippe de Beaumont, le comte de Boisgelin, le comte d'Amilly, de Montgomery, le prince de Lucinge-Faucigny, le comte de Haro, le fils du duc de Frias... Le dixième, dont je ne dirai pas le nom pour ne pas accroître son chagrin, est cloué dans son lit par une angine.

Aux autres tables ont pris place : le comte de Saint-Priest, le comte et la comtesse de Saint-Gilles, le duc et la duchesse de Bisaccia, le comte et la comtesse de Vogüé, M. et Mme O'Connor, M. Alain de Montgomery, le comte Manuel de Gramedo, le comte Florian de Kergorlay, le baron et la baronne de Gartempe, le vicomte et la vicomtesse des Garets, la comtesse de Gouy, le comte de Jarnac, M. Charles Bocher, le duc et la duchesse de Fezensac, le prince de Beauvau, le comte R. de Gontaut, le baron et la baronne Edmond de Rothschild, le marquis et la marquise d'Hervey de Saint-Denys, le marquis et la marquise de la Ferronnays, le comte et la comtesse de Blacas, le comte et la comtesse de Charette, le duc et la duchesse de Fitz-James, la comtesse Robert de Fitz-James, le comte et la comtesse

Bernard d'Harcourt, le duc de Lorge, et enfin... tous les maris des abeilles et toutes les femmes des frelons.

Chère exquise. Voici, d'ailleurs, le menu :

Consommé de volaille
Truites à la La Vallière
Filet de bœuf jardinière — Poulardes à la Toulouse
Côtelettes d'agneau purée de champignons
Mousse de foie gras
Dindonneaux rôtis — Jambon d'York à la gelée
Salade de légumes
Asperges sauce hollandaise
Soufflé à la Maintenon — Gâteau de Turin

Le service est fait par cinquante maîtres-d'hôtel, en poudre, en habit marron, boutons d'acier, épée au côté, sous la haute direction de Jules, le maître-d'hôtel de la princesse, et par six valets de pied, à la livrée des Talleyrand, qui est celle des rois d'Espagne.

A la table des abeilles et des frelons, règne une certaine harmonie. Mais, aux autres tables, le contraste est des plus drôles. Dans cette immense salle à manger, qui donne sur les jardins et où six fenêtres grandes ouvertes apportent le parfum pénétrant des charmilles, on voit, entre deux massifs de roses, le léopard faisant la dînette près du merle, la lionne en excellents termes avec le rossignol, le bouvreuil souriant à l'autruche et le hibou coquetant avec la panthère.

Tout ce monde d'oiseaux, d'insectes et de fauves bavarde, s'agite, s'esclaffe et picore sous l'œil indulgent de M. de Buffon.

Car c'est M. de Buffon qui préside la fête : il est là sous les traits du baron Seillière, dans la tenue classique du château de Montbard : manchettes brodées, jabot, perruque à canons, très à l'aise en ce millieu de toutes les élégances où se donnent carrière ses goûts fastueux et ses façons aristocratiques.

Et tandis que la gaîté pétille dans le cliquetis des fourchettes, les salons — où l'électricité donne sa note éclatante — s'emplissent peu à peu. On dirait un jardin zoologique à travers lequel des diplomates, gens graves, circulent effarés, dans un tohubohu d'habits noirs et d'habits rouges, sur lesquels s'ajustent des têtes d'animaux. Reconnu sous le poil ou la plume : les ambassadeurs d'Angleterre, de Russie, d'Allemagne, d'Espagne, d'Autriche, les ministres de Hollande, de Belgique, et du Brésil ; le maréchal, la maréchale et Mlle Canrobert; M. Ferdinand de Lesseps, le vice-amiral Charles Duperré, les généraux de Rochebouët, Berckeim, Friant et Biré ; le comte et la comtesse Etienne de Ganay, le comte et la comtesse d'Alsace, M. et Mme H. Schneider, la maréchale de Malakoff, M. et Mme Charles Demachy, le baron de la Redorte, le duc, la duchesse et Mlle de la Trémoille, le colonel comte Dillon, le comte et la comtesse de Pontevès, le comte et la comtesse de Talleyrand, le duc et la duchesse de Lévis-Mirepoix ; le baron, la baronne et Mlle de Morell, la marquise de Maussabré, le marquis et la marquise de Laborde, le comte et la comtesse de Janzé, le comte et la comtesse de Carayon-Latour, le duc de Frias, le comte Edmond de Lambertye, le comte et la comtesse de Ludre, le baron et la baronne Alphonse de Rothschild, le vicomte de Lorencey, le baron Hainguerlot, le baron Imbert de Saint-Amant, M. Caro, M. de Carmona, le comte de

Rambuteau, le baron et la baronne Hottinguer, le marquis du Lau, le comte et la comtesse de Jaucourt, le comte et la comtesse de Monteynard, etc., etc.

Soudain les dîneurs font leur entrée. A ce moment les salons ont l'aspect d'une véritable ménagerie. J'ai noté quelques espèces.

Côté féminin : La marquise d'Hervey de Saint-Denys, en cigale, corsage satin vert, jupe collante et courte, en tulle de soie de même couleur ;

La comtesse de Saint-Gilles, en cygne ;

La baronne de Boutray, en chauve-souris ;

Mme Lambert, née Rothschild, en tigresse, une vraie peau de tigre, ajustée en robe, les gants armés de griffes noires ;

Les comtesses de Béthune et Cornet en hirondelles ; la comtesse de Chevigné, en chouette ; la comtesse de Durfort et Mme Pécoul, en faisans dorés ; la comtesse Duhesme, en chatte ; la comtesse de Mortemart et la marquise de Laborde, en perroquets ; la baronne de Noirmont, en sauterelle ; Mme O'Connor, la princesse de Broglie et la comtesse de Vogué, en papillons ; la comtesse de Barbantane, en paon, ainsi que la princesse de Sagan ; la comtesse d'Andlau, en perruche, etc., etc.

Côté masculin : le duc de Gramont, en pierrot, plumes grises sur la tête, collerette de plumes gris et marron ;

Les comtes de Saint-Priest et de Charnacé, le marquis de Barbantane, en corbeaux ;

MM. Escandon et de Buhan, en perroquets ;

Le comte de Chabrol, en chat noir ;

M. de Hitroff, en écrevisse ; le marquis de Monteynard, en hirondelle ;

MM. le comte de Reilhac, d'Heursel, le vicomte Roger de Chabrol, le vicomte de Dampierre, le vicomte de Contades, le comte A. de Divonne, Loftus, de Kœnneritz, le comte de Las Cazes, en coqs ;

M. Chabert, en aigle ; M. le vicomte Guy de Leusse, en pie ;

MM. le général Seliventorf, le comte d'Espeuilles, Ouschakow, en chouettes ; M. de Uribarren, en chien basset ;

MM. Saphonoff, de Boutouline, le comte de Béthune, le vicomte de Saint-Pierre, le baron de Gargan, en canards ; les comtes F. et Ludovic de Divonne, en dindons, etc., etc.

La ferme d'où se sont échappés la plupart de ces volatiles est celle de Mme Delphine Baron, une éleveuse des plus distinguées.

Onze heures. Une grande ruche en bois doré, toute enrubannée et garnie de mousse et de fleurs, s'ouvre à deux battants et donne la volée à l'essaim des frelons et des abeilles.

Ah ! les gentilles abeilles, avec leur jupe demi-longue de tulle blanc lamé d'or, leur corsage de satin rayé jaune et noir, leur carapace vieil or semée d'argent, où s'agitent des ailes transparentes, et leur ravissantes antennes d'or dans les cheveux !

Le quadrille, ou plutôt le ballet commence. C'est un triomphe. Petipa peut en prendre sa bonne part, et aussi Mme de Montgomery, chez qui frelons et abeilles ont répété tous les jours depuis trois semaines.

Après le quadrille des Abeilles, celui des Caniches. — autre succès. Puis trois soupers assis. Puis le cotillon, avec son splendide chariot chargé des présents de la princesse pour les *jeunes*. Puis... le jour.

On s'est interpellé toute la nuit de la façon la plus pittoresque. — Hé! la perruche! — T'es rien chouette! — Va donc, buse! — Oh! c'te dinde! — Bé! bé! — Hou! hou! — Coin! coin! — Hi! han! hi! han! — Paie tes dettes! paie tes dettes! — T'es encore un drôle d'animal! — T'en es un autre!

Et pourtant il n'y a pas eu de cartes échangées et il n'y aura pas de sang répandu!

LA FIÈVRE AU « QUARTIER »

16 juin 1885.

La période des examens va s'ouvrir avec les vacances prochaines.

Si l'on veut se faire une idée de l'activité, je pourrais dire de la fièvre intellectuelle qui règne dans le Paris studieux à cette époque psychologique, il faut passer les ponts et faire un petit pèlerinage au « Quartier ».

Au Quartier « tout court » pour les rive gauchards et les initiés de Montmartre. Au Quartier « latin » pour les bourgeois rive-droite, qui ne sont plus dans le mouvement. Mais l'un et l'autre se dit ou se disent.

Je reviens d'une promenade à travers ce pays bizarre qui fut la patrie de Musette et de Mimi Pinson et qui garde, malgré sa transformation et ses embellissements officiels, un air de jeunesse et d'insouciance, comme un parfum léger de la libre bohème d'autrefois, avec le souvenir pieux des temps préhistoriques où se profilaient, sur les murs de la Sorbonne, la barbe de Rodolphe, le cor de chasse de Schaunard, et le paletot noisette de Colline. Certes, si le pauvre Mürger quittait un jour le petit appartement meublé qu'il occupe là-haut, à l'abri du froid et des recors, pour venir visiter incognito le coin de Paris dont il fut l'historiographe, il aurait pas mal de peine à reconnaître son vieux quartier aux ruelles étroites, aux maisons noires, aux allées lépreuses, et serait parfaitement abasourdi de trouver à leur place des boulevards, de superbes hôtels, des magasins dépassant de beaucoup la splendeur des *Deux-Magots*, des cafés inconnus au temps où florissait *Momus,* des restaurants luxueux où l'on ne sert jamais de lapin bicéphale, et un Odéon où l'on fait queue, ce qui, on l'avouera, bouleverse et déconcerte quiconque s'est aventuré jadis dans les parages odéonniens. Phémie Teinturière, elle-même, hésiterait devant le boulevard Saint-Michel et y chercherait vainement des pipes et des bérets de connaissance. Le bousingot a disparu comme dans une trappe, avec la bohème et la dernière grisette que n'a pas remplacée la fille de brasserie. Mais, grâce à Dieu, la jeunesse n'est pas morte et les beaux vingt ans d'aujourd'hui valent ceux d'autrefois.

A ce moment de l'année tout ce petit monde travaille. On a lâché les plaisirs de l'hiver, le bal, le jeu, les femmes; on s'enferme courageusement dans sa chambre avec ses bouquins et l'on n'en sort que pour aller au cours, à l'hôpital, aux travaux pratiques. Les examens approchent. C'est la seule préoccupation. On ne parle pas d'autre chose. Ecoutez plutôt :

« Quand passez-vous ? — Dans huit jours, dans trois semaines, dans un mois. — Vous êtes prêt ? — Heu! heu! — Quelle série as-tu ? — Un tel est bon, tel autre est dangereux. »

Tous les professeurs sont à la cote. A la Faculté de médecine, MM. Baillon, Germain Sée, Verneuil,

Richet inspirent une terreur salutaire, tandis que MM. Béclard, Vulpian, Trélat, Lannelongue jouissent d'une excellente réputation chez les étudiants. A l'Ecole de droit, MM. Beudant et Buffenoir, passent pour des *colleurs* de première force; en revanche, MM. Léveillé, Desjardins, et quelques autres sont avidement recherchés. Ce triage féroce du bon grain et de l'ivraie se fait également autour de la Sorbonne. Là, le savant latiniste M. Benoist tombe dans les troisièmes dessous du baromètre; M. Lacaze-Duthiers est douteux; M. Martha a ses bons jours, M. Mézières aussi; mais M. Himly est la pâte des hommes. Pour M. Caro, les avis sont partagés.

Comme on le pense d'ailleurs, ces jugements sont tous les jours confirmés ou infirmés, suivant les circonstances. L'homme le plus doux, le professeur le mieux disposé, l'agrégé le plus conciliant sera toujours un être insupportable pour le candidat qu'il aura refusé. Il y a des haines de cancre contre lesquelles il faut se mettre en garde. Il y a aussi des légendes.

Le célèbre chimiste Sainte-Claire Deville avait la sienne à la Faculté des sciences. On racontait à qui voulait l'entendre qu'un élève *collé* par ce savant au baccalauréat s'étant suicidé, le professeur avait juré, dès ce jour, de recevoir tout le monde et, par le fait, il justifiait ce serment imaginaire. La vérité, c'est que son indulgence pour les jeunes gens était extrême.

En veut-on un exemple? Un jour, à l'école normale, un élève de la section des lettres, pour le moins aussi myope que Sarcey, rencontre au détour d'un couloir un homme en blouse vêtu d'un long tablier bleu, qu'il prend pour un garçon de l'établissement. Il l'aborde sournoisement et, lui mettant dans la main quelques pièces blanches : « Tenez, lui dit-il, allez chercher deux bouteilles de chablis chez le marchand de vin en face. Vous garderez la monnaie ». L'homme interpellé reçoit l'argent sans objections, fait même quelques pas ; mais soudain il se retourne et d'un ton adorablement caustique : « C'est que je suis Sainte-Claire Deville..... ». Et le regard malin semblait ajouter : « Voyons, franchement, puis-je faire la commission ? » L'élève se confondit en excuses, comme on pense, mais le professeur était déjà loin et l'aventure n'eut aucune conséquence fâcheuse.

En dehors des étudiants de toutes les Facultés, c'est encore au quartier Latin que se trouve la véritable armée, innombrable comme toujours, des jeunes littérateurs, poètes, peintres, musiciens, et que s'exercent les recrues destinées à renforcer plus tard les bataillons entrés déjà dans la fournaise. Ils campent joyeusement à la lisière du Luxembourg où ils promènent leurs généreuses illusions et leurs esprits ensoleillés. Mais le quartier général est sous les galeries de l'Odéon, devant les étalages de librairie qui les attirent et les fascinent. Marpon les connaît bien, ces clients plus ou moins chevelus qui stationnent longuement auprès de ses vitrines, parcourent les ouvrages nouveaux, les referment, bouleversent tout et finalement n'achètent jamais. Il les connaît et il les tolère, plein de mansuétude pour ces futurs écrivains et ces futurs artistes qui seront peut-être un jour de grands hommes.

Du reste, quelques-uns, parmi ces pupilles de l'art, se tirent dès à présent de la banalité commune et se dressent assez au-dessus du niveau ordinaire pour qu'il soit permis de les distinguer. Certains ont à leur actif un ou deux volumes, d'autres des brochures, d'autres des chroniques parues çà et là dans les grands journaux, d'autres encore des séries de monologues, des plaquettes de vers, des mélodies que les pianos commencent à populariser, des tableaux, des portraits, des bustes reçus au Salon, mais forcément dédaignés des critiques. Il me serait très facile d'en citer plusieurs dont le talent précoce mérite l'attention ; mais il ne faut décourager personne et l'avenir appartient à chacun. Aussi, sans faire de distinction, je leur dis à tous : « Courage, jeunes gens, et bonne chance ! »

LE SOSIE DE M. CLÉMENCEAU

22 juin 1885.

Le député de Montmartre est un homme heureux.

Tout lui sourit, tout lui succède à souhait, tout lui vient à point, car, parmi les dons, infiniment variés, dont les fées propices ont comblé son berceau, il a trouvé celui qui, pour un homme voué de naissance à la politique, est le plus enviable et le plus précieux : savoir attendre.

Orateur, il sait toujours ce qu'il veut dire et ne dire que ce qu'il veut.

Intransigeant, il enveloppe son intransigeance de telles séductions, il la pomponne et la maquille si bien, que les conservateurs eux-mêmes prennent le change.

Né pour l'exercice du pouvoir, il se garde des ambitions hâtives, se réservant pour l'heure voulue et lentement préparée, plus opportuniste en cela que l'inventeur du système, breveté S. G. D. G.

Dilettante, il peut s'abandonner à ses instincts artistiques, sans qu'on l'accuse de trop sacrifier aux Grâces, sans être taxé de corruption et de sybaritisme.

Homme du monde, il peut ganter de paille ses

mains blanches sans faire loucher ses électeurs aux mains noires et nues.

Savant, il se fait pardonner sa science, en la mettant gratis au service des deshérités et des humbles.

Riche, sa fortune même, par l'usage bien entendu qu'il en sait faire, au lieu d'être pour lui, comme pour tant d'autres, une cause de suspicion, est un instrument de popularité.

Bref, il a tout pour lui, les événements, les hommes, et aussi les femmes, pour lesquelles il a l'art d'adoucir sa physionomie un peu sévère et d'assouplir son organe un peu rude. Et, comme si tant de largesses étaient un fardeau trop lourd pour un homme seul, la Nature prodigue, *alma parens*, l'a fait double, c'est-à-dire qu'elle l'a généreusement doté d'un Sosie.

On dit que tout être humain a quelque part, dans l'univers, un être absolument identique à lui-même, à ce point que les traits, la voix, le geste, la démarche tromperaient l'œil d'un père, d'une femme ou d'un ami. Mais il est rare, pour ne pas dire sans exemple, que ces deux épreuves d'un même cliché se rencontrent sous le même ciel, s'épanouissent dans la même atmosphère. Or, par une faveur spéciale, la Providence — et c'est là que son doigt apparaît — a fait naître et vivre le Sosie de M. Clémenceau dans son propre arrondissement électoral.

Il est rare aussi que cette ressemblance aille au delà du physique. Le Sosie d'un honnête homme est généralement le pire des gredins. C'est une situation que nos dramaturges ont largement exploitée, depuis le *Courrier de Lyon* jusqu'à la

Maison du Pont Notre-Dame. Or, la Providence, dont le doigt est ici plus visible encore, a voulu que le Sosie de M. Clémenceau fût un de ces êtres rares à qui l'on ne décerne jamais le prix Montyon, sans doute parce qu'ils l'ont mille fois mérité.

Ce merle blanc s'appelle Quessada ; il est bibliothécaire à la mairie de Montmartre.

Quessada cumule cette fonction avec celle de prophète du Dieu Clémenceau.

Tandis que Clémenceau pérore à la Chambre, inspire la *Justice*, vaque à ses affaires ou court à ses plaisirs — on n'est pas parfait ! — Quessada, lui, ne déserte jamais la colline montmartroise.

Dans les loisirs que lui laisse sa bibliothèque, il arpente les rues, choisissant de préférence les quartiers populeux. Et ceux qui le voient passer, le nez au vent, les cheveux et la moustache en brosse, le chapeau sur l'oreille, l'allure fringante, la redingote bien ajustée, se chuchotent à l'oreille :

— En voilà un qui ne lâche pas son arrondissement et qui ne dédaigne pas de venir se retremper aux sources du suffrage universel !

Parfois un pauvre diable s'approche :

— M'sieu le député, dit-il, mon petit gars vient d'attraper un mauvais coup... Il n'y a que vous, le médecin des pauvres, pour le tirer de là !

Quessada se garde bien de le détromper ; il tâte sa poche et, d'un ton chagrin, s'écrie :

— Allons, bon ! Je n'ai pas ma trousse !... Rentrez chez vous, mon brave homme... je vous suis.

Et, dare-dare, il court au télégraphe, avise M. Clémenceau, qui, vingt minutes plus tard, apporte ses soins désintéressés au petit malade.

Dans les réunions publiques, lorsque le leader intransigeant, après un de ces discours qui remuent profondément la masse électorale, file à l'anglaise et met le cap sur le boulevard, c'est Quessada qui subit les félicitations, distribue les poignées de main, vide les petits verres et savoure les joies de l'apothéose.

Il recevrait du même cœur les injures et les horions si, par impossible, la fortune politique avait des retours cruels pour M. Clémenceau.

On conçoit ce qu'en temps d'élections un pareil dévouement peut faire de miracles.

Avais-je tort de dire, que le député de Montmartre était un homme heureux ?

FLEURS DE... PÉCHÉ

23 juin 1885.

Par les temps chauds, à l'heure où Paris s'allume, les petites fleuristes s'abattent, comme une nuée de sauterelles, sur la ligne des boulevards.

Devant la terrasse des cafés, elles vont de table en table, les cheveux dans le dos, la mine hardie, un sourire énigmatique aux lèvres, offrant aux consommateurs en mal de digestion, avec les fleurs de leur panier, la fleur de leur perversité précoce.

C'est là, de toutes les formes de la prostitution, la plus écœurante et la plus ignoble ; car elle flétrit cette chose qui devrait être inviolable et sacrée : l'enfance. Et c'est pitié de voir les fleurs, cette parure des vierges, cet emblème de pureté, servir de pavillon à cette marchandise suspecte, de bouchon de paille à ce commerce honteux !

Quand je les vois, ces créatures inconscientes, tendre, comme des hameçons, leurs bouquets de deux sous, chétifs et pâles comme elles, je songe involontairement à Siebel qui ne pouvait toucher une fleur sans qu'elle se fanât. Et quand leur manège lascif fait voltiger autour d'elles les invites égrillardes, j'ai des envies folles de héler un sergent de ville et de lui crier :

— Otez-moi donc ces petits monstres de là !

La police le voit, mais elle ne peut rien, comme dans la *Muette*. Et cependant, pour un régime qui se pique d'épuration morale, c'est ici le cas, ou jamais, d'épurer.

Ces errantes de nuit qui, jusqu'au matin, harcèlent le passant, les mains pleines de roses et les yeux pleins de luxure, tiennent entre elles école de vice. Elles vont par les rues à la poursuite de leur idéal; et cet idéal, ce sont les filles, dont les parchemins sont inscrits à la préfecture. Ah! ces blasonnées du vice savent bien, elles, à quoi s'en tenir sur ces gamines éhontées dont elles redoutent à bon droit la concurrence, par ce temps de prétendue névrose qui pousse les libertins aux infamies subtiles et raffinées!

Et cette pourriture monte, cette gangrène s'étend, cette vermine pullule! Elles éclosent, comme l'herbe folle, de toutes les fentes du trottoir, ces petites marchandes de plaisir, qui, dépourvues de tout sens moral, ont dépouillé comme un incommode vêtement l'exquise pudeur de l'enfance!

Qui la fauchera, cette herbe folle? qui coupera court aux profanations comme celles dont je fus, il y a quelque temps, moi centième, le témoin écœuré?

Un de ces futurs gibiers de Saint-Lazare avait fait, le matin, sa première communion!!! Et, le soir, en robe blanche, le long voile traînant sur les bottines, elle courait les brasseries du quartier Latin, fleurissant la boutonnière des étudiants et leur glissant dans l'oreille des propos à faire rougir une pivoine.

Il y en avait qui trouvaient cela drôle!... Les pauvres gens!

Une autre, hier, se plante devant moi, le bouquet-amorce au poing, à la porte d'un café du boulevard. Machinalement, je l'interroge :

— Tu n'as donc pas de parents, que tu vagabondes à cette heure?

— Oh! si, monsieur. Seulement la maîtresse à la maison, c'est moi !

— En vérité !

— Dame! je gagne moi seule tout l'argent! Aussi, faut voir comme je fais marcher les « vieux » !

Et, ce disant, elle avait un air bravache et des yeux luisants d'une flamme si perverse, qu'elle faisait mal à regarder.

— Et qu'est-ce qu'ils font, tes « vieux » ? repris-je, cédant à je ne sais quelle curiosité malsaine.

— Rien. Ils se saoulent ensemble toute la journée, avec mon argent !... Mais patience !... Dès que j'aurai l'âge où il n'y aura plus mèche qu'ils me fassent enfermer, je les lâche... et les fleurs aussi!... Alors je serai libre... comme celles-là...

Et, du doigt, elle me montrait deux rouleuses qui battaient leur quart.

— Quel âge as-tu donc ?

— Treize ans !... Oh ! fit-elle avec un soupir, j'ai encore du temps à attendre !

Le cœur me manquait. Je pris la fuite, impatient d'échapper à ce cauchemar.

De grâce, M. Gragnon, un coup de balai dans cette fange !

COMMENT ON DIVORCE

29 juin 1885.

J'avais affaire, avant-hier, à la mairie du neuvième.

Comme je traversais la vaste cour de l'ancien hôtel Aguado, je vis un groupe de quatre messieurs, étroitement sanglés dans leur redingote, stationnant sur le perron de gauche qui mène aux bureaux de l'état civil.

Il n'y avait là rien que d'ordinaire, et j'allais passer outre, lorsqu'un de ces messieurs, se détachant du groupe, vint à moi, la main tendue. C'était le comte X..., un des noms les plus glorieux de notre vieille armée impériale.

— Ah! mon gaillard, lui dis-je, encore une immatriculation!... Vous voulez donc gagner la prime que la République promet aux pères..... récidivistes?

Le comte eut un sourire triste, et je compris, à la pantomime de ses trois compagnons, que je venais de commettre un impair.

J'aurais été fort en peine de sortir de cet embarras, si l'arrivée d'un nouveau quatuor n'y était venue faire une diversion heureuse.

La comtesse X..., en demi-deuil très coquet, très seyant, pas du tout austère, venait à nous au bras de M⁰ M..., un des plus aimables avoués de Paris. Deux messieurs, en tenue du matin, leur faisaient escorte.

Il y eut, entre les deux groupes, un cordial échange de saluts ; puis, le comte, s'approchant de la comtesse, lui prit la main et se mit à causer gaiement avec elle.

J'étais fort intrigué. Un des personnages, dont le coup d'œil significatif m'avait tout à l'heure averti de ma méprise, s'en aperçut et, tout bas :

— Etourneau que vous êtes ! me dit-il, il ne s'agit pas d'une naissance à déclarer...

— Et de quoi s'agit-il ?

— Il s'agit d'un divorce.

— Bah !... Le comte et la comtesse...

— Viennent faire rompre par l'officier de l'état civil le lien légal qui les rive l'un à l'autre depuis plus de vingt ans !

— Avouez qu'ils prennent philosophiquement la chose !

— Pourquoi la prendraient-ils au tragique ?... Ils se quittent comme deux amis qui, ayant perdu leurs illusions réciproques, se séparent amiablement, et qui, parce qu'ils ont cessé de s'entendre, ne cessent pas de s'estimer. C'est le cas du comte et de la comtesse : ils s'étaient donnés inconsciemment ; la loi leur permet de se reprendre ; ils en invoquent le bénéfice. Et ils le font en personnes bien élevées qui, si elles peuvent se reprocher pas mal d'erreurs mutuelles, peuvent, du moins, se regarder sans rougir.

— Ah ! vous m'en direz tant !

A ce moment, l'officier de l'état civil arriva, une

énorme serviette sous le bras, s'épongeant les tempes :

— Monsieur le comte, madame la comtesse, haletait-il, excusez-moi, je suis en retard... Mais, par une chance rare, il n'y a qu'un divorce aujourd'hui... le vôtre. S'il vous plaît de me suivre, ce sera l'affaire d'un instant !

Il disait cela, comme les ordonnateurs de funérailles disent :

— Quand ces messieurs de la famille voudront !...

On s'élance à sa suite — moi neuvième — dans la solennité morne de l'escalier ; et, là-haut, un homme en livrée verte ouvre à deux battants une porte au-dessus de laquelle on lit : *Salle des mariages.*

Étrange ironie ! C'est au même endroit où fut forgé le lien conjugal, que la loi, cet aveugle forgeron, en va réduire les anneaux en miettes !

Et, tandis que M. le maire endosse son habit noir et ceint son écharpe, l'huissier indique sa place à chacun des acteurs de cette tragi-comédie : l'épouse à gauche, l'époux à droite, leurs témoins respectifs à leurs côtés, les avoués derrière. Les fauteuils du milieu, ceux où les fiancés prononcent les éternels (?) serments, restent vides, comme pour marquer l'abîme, désormais infranchissable, que vingt ans d'existence commune ont lentement et sûrement creusé !

M. le maire ne donne pas à ces réflexions douloureuses le temps de mettre un pli sur le front de ses hôtes.

— Levez-vous !... leur dit-il, la loi le veut !

Le comte et la comtesse se lèvent, et le greffier,

en homme qui comprend leurs légitimes impatiences, expédie son grimoire, sans souci des virgules ni des points.

Après quoi, l'officier de l'état civil prononce les paroles sacramentelles :

« Au nom de la loi, M. le comte et Mme la comtesse, je déclare dissous le mariage qui vous unissait. »

Et c'est tout. Les démariés et leurs témoins signent l'acte de... la libération et se retirent en bon ordre. Sur le seuil, on croise une noce. Quel joli pendant aux *Deux Cortèges* de Joséphin Soulary !

Le fiancé serre contre lui celle qui, dans quelques minutes, sera sa femme, et l'enveloppe d'un regard qui semble dire :

— Ce n'est pas nous, mignonne, qu'on reverra jamais ici, pour rompre notre douce chaîne !

Hé ! pauvres petits, *chi lo sa ?*

IN EXTREMIS

4 juillet 1885.

De toutes les questions à l'ordre du jour, le divorce est, pour le chroniqueur, une des plus attirantes. Il y est ramené, par une sorte de prédilection invincible, comme à tous les problèmes à la solution desquels la vie sociale est foncièrement intéressée. Celui-là met en jeu la famille dans ses expressions diverses, et, comme on a toujours dans les veines du sang de père, d'époux ou de fils, il n'est pas un être vivant qu'il ne touche dans quelque fibre sensible.

Aussi, je ne crains pas, en y revenant, d'importuner ni de choquer mes lecteurs. Je le crains d'autant moins que je m'étudie à ne froisser la religion de personne et que je m'enferme dans le domaine des actes sans m'aventurer dans celui de la discussion. Est-ce un bien, est-ce un mal que le divorce ? Est-ce un précurseur, est-ce un faux prophète que M. Naquet ? La parole est à l'avenir, comme l'avenir est à Dieu. C'est de l'ensemble des faits que jaillira plus tard la lumière définitive ; et ce sont ces faits que le chroniqueur impartial collectionne, ajoutant, de temps à autre, une pièce nouvelle au dossier.

Le divorce n'a pas que ses « gaîtés » et ses sourires ; il a — c'est le plus souvent — ses tristesses et ses larmes. Il se présente parfois, comme l'autre jour pour le comte et la comtesse X..., sous des aspects de vaudeville, et pourrait fournir un dénouement à quelque joyeux imbroglio d'Henri Meilhac et Ludovic Halévy. D'autre fois, il tourne au drame poignant et réalise le *summum* de l'horreur tragique. Ce ne serait pas trop d'un Eschyle ou d'un Shakespeare pour rendre dans sa terrifiante vérité, avec une maestria géniale, la scène farouche qui s'est jouée, cette semaine, autour d'un chevet d'agonie. Mais aussi quel admirable quatrième acte, et bien digne de tenter un des maîtres de notre théâtre contemporain !

Donc, il y a quelques jours, le maire d'un de nos arrondissements les plus aristocratiques — je ne dis pas lequel pour ne pas éveiller de respectables susceptibilités de famille — fut requis, par une de ses administrées, de venir prononcer son divorce *in extremis*. Il en va pour le divorce comme pour le mariage ; et, de même que le lien conjugal se dénoue à l'endroit même où il fut noué, de même, quand leur état de santé retient les requérants à leur domicile, la loi permet au magistrat de s'y rendre, pour légaliser une union irrégulière ou rompre une chaîne légitime.

On comprend le mariage *in extremis*. Il y a je ne sais quoi de doux, de consolant, de presque divin, dans cette revendication suprême d'une âme prise de remords et d'angoisse au seuil de l'infini, dans cette soif d'y entrer avec la sainte auréole des épouses, et peut-être dans ce désir d'effacer d'un front innocent la tache originelle. Mais le divorce *in extremis,* ce dernier cri d'une aversion sauvage, ce dernier effort d'une haine irréconciliable, qui ne désarme pas même devant la mort, il y a là je ne sais quoi de brutal, d'inhumain, de presque odieux, qui révolte la conscience et tarit les sources de la pitié !

M. et Mme de Z... étaient séparés depuis plus de vingt ans. Leur procès fit grand bruit à l'époque et remua des scandales tels que M. de Z... en sortit comme marqué d'un fer rouge. Mis au ban de son monde, il disparut. Il y avait des petits enfants, trop jeunes pour comprendre et pour se souvenir, dont Mme de Z... eut la garde et qu'elle éleva dans l'oubli de leur père et même dans l'ignorance du nom paternel. Dès le lendemain du jugement, elle avait pris le grand deuil des veuves, et, à toutes les consolations banales, à ceux qui lui parlaient du temps comme d'un consolateur infaillible, elle ne répondait que par un sourire triste et découragé. Consolée, elle ne voulait pas l'être, et elle s'en défendit si bien que le temps ne put réussir à fermer la plaie qu'elle portait au cœur, inguérissable et toujours saignante. Aussi, quand la loi nouvelle lui permit de faire convertir en divorce son jugement de séparation, elle se hâta d'en invoquer le bénéfice. Et comme ses droits n'étaient que trop certains, comme, d'ailleurs, M. de Z..., bien qu'il fût rentré dans ce monde où tout s'oublie, les années aidant, s'était abstenu de les contester, elle eût facilement gain de cause.

Le divorce, on le sait, n'est définitif qu'après avoir été prononcé par l'officier de l'état civil. Mme de Z... attendait impatiemment l'expiration des délais légaux pour accomplir cette formalité dernière. Mais ses forces, déjà chancelantes, s'étaient usées dans cette évocation d'un passé funeste, dans ce réveil des anciennes hontes et des anciennes douleurs. Deux jours avant la cérémonie obligatoire — le Code a de ces cruautés — à laquelle elle avait « convié » son mari, deux jours avant l'horrible confrontation — supplice inutile, barbare, contre lequel le bon sens et l'humanité protestent — son courage s'éteignit comme une lampe où manque l'huile. Domptée par la fièvre, elle s'alita. Mais sa haine veillait. Se sentant perdue, elle ne voulut pas que la mort la surprît avant d'avoir achevé son œuvre. Et, de sa main déjà froide, elle écrivit au maire du..... arrondissement pour le requérir de se transporter, au jour dit, à son domicile, où elle était retenue par force majeure, à cette fin d'y prononcer son divorce *in extremis*. En même temps, elle faisait parvenir à M. de Z... une sommation conforme.

La famille, alors, crut devoir intervenir : elle fit appel à la miséricorde qui, à l'heure où l'éternité va s'ouvrir, doit amnistier tous les torts, effacer toutes les rancunes ; elle invoqua la crainte du scandale, le respect du nom, l'honneur des enfants. La mourante fut inflexible. Impuissante à vaincre cette volonté de fer, la famille appela la religion à la rescousse : un prêtre vint, qui, avec une onction d'apôtre, essaya de faire descendre l'apaisement dans cette âme ulcérée et de réveiller en elle la vertu désapprise du pardon. *Vox clamantis in deserto!* La promesse des éternelles récompenses n'eut pas plus de poids que la menace des éternels châtiments sur cette armure de haine.

Enfin, l'heure expiatoire a sonné. Droite et livide sur ses oreillers, Mme de Z... se roidit dans un effort surhumain. Le maire est là, ceint de son écharpe, et pâle, comme s'il avait conscience du rôle qu'il va jouer dans ce drame dantesque. Près de lui, son greffier, la plume à l'oreille, avec l'air indifférent d'un homme « qui en a vu bien d'autres ». Deux messieurs, tout de noir vêtus, deux bourgeois du voisinage — car les parents se sont dérobés — complètent le personnel voulu par la loi.

Tout à coup, la porte s'ouvre : c'est M. de Z..., assisté de deux témoins. Il est venu, bien que sa présence n'y fût pas obligatoire, au funèbre rendez-vous, non par bravade, mais pour une suprême adjuration. Le malheureux va tomber à genoux au pied du lit où meurt celle qu'il n'a pas revue depuis plus de vingt ans, et, les yeux pleins de larmes, sa main enfiévrée cherchant une main qui fuit son étreinte :

— Pardon !... pardon ! gémit-il... Je fus bien coupable, mais j'ai si durement et si longuement expié !... Voyez, je me repens, je m'humilie, j'implore !... On n'est pas inexorable quand on va mourir !... Le Christ lui-même, en mourant, pardonnait à ses bourreaux !... Au moment d'aller à lui, soyez, comme lui, miséricordieuse et clémente !... Mes enfants ne connaissent pas leur père. Ne me vouez pas, jusqu'à mon dernier jour, à leur exécration !

Un spasme violent agita la mourante. Un éclair brilla dans son œil, peut-être une fugitive lueur des tendresses éteintes !.. Mais le masque, un moment détendu, reprit son implacable rigueur. Elle se détourna vers l'officier de l'état-civil et, d'une voix où il n'y avait déjà plus une note humaine :

— Monsieur, râla-t-elle, hâtez-vous d'accomplir votre devoir !

Le magistrat fit un signe au greffier qui, toujours indifférent, ânonna l'acte de divorce. Puis, la gorge sèche, comme s'il prononçait une sentence de mort, il débita la formule consacrée.

Une joie féroce illumina le visage de la mourante. Elle croisa ses mains sur sa poitrine qui se souleva dans une triomphante expiration. Ses yeux s'ouvrirent tous grands et, peu à peu, se figèrent dans une effrayante fixité. Elle était morte !

M. de Z... prit à deux mains son front où il sentait germer la folie. Et, se relevant avec la roideur d'un automate, il gagna la porte à reculons, trébuchant comme un homme ivre, le regard rivé, par je ne sais quelle attraction magnétique, sur ce regard qui ne voyait plus.

A-t-il fallu que cette femme souffrît par cet homme, pour que la mort ne lui parût pas, entre elle et lui, un abîme assez profond, assez large ; pour qu'à l'appel du souverain juge elle ne voulût pas répondre par ce nom détesté !

CHASSE AU BREVET

7 juillet 1885.

Elle est ouverte, depuis deux jours, aux Champs-Elysées, dans le Pavillon de la Ville de Paris, et c'est assurément un des spectacles les plus pittoresques qui se puissent voir, par cette saison un peu dépourvue de pittoresque.

Décidément, le siècle marche, et Mme Hubertine Auclert doit être heureuse, s'il est vrai, comme elle le prétend, que l'obtention du brevet soit, pour le sexe faible, une étape vers son affranchissement futur. Chaque année voit grossir dans une effroyable proportion le nombre des impétrantes. Il y en avait *deux mille cinq cents*, cette année, qu'il a fallu, pour le bon ordre, répartir entre trois centres d'examen : deux cent quarante dans la cour du Carrousel, huit cents dans celle des Tuileries et quatre cent soixante dans le Pavillon de la Ville. Si vous le voulez bien, c'est ici que nous braquerons notre objectif.

Toutes les épreuves, sauf l'épreuve écrite, doivent être publiques. Cependant, eu égard à la timidité naturelle aux fillettes, les examinateurs ont organisé paternellement une sorte de demi huis-clos. Des gardiens de la paix, cerbères incorruptibles, stationnent aux portes, dont les gros bonnets de l'enseignement primaire et quelques parents privilégiés sont seuls admis à passer le seuil.

Le gros des intéressés attend au dehors, dans le petit square qui fait au Pavillon une ceinture verte. Amis et parents s'y morfondent, isolés ou par groupes, cachant mal, sous des allures indifférentes, leur impatience et leur anxiété. Peu d'hommes, noyés dans un océan de femmes. Assises le long des pelouses minuscules, mères, sœurs, aïeules, tantes ou cousines, toutes ou presque toutes font du crochet. Le crochet, à cause des mouvements saccadés qu'il nécessite, est l'ouvrage le plus propre à déguiser le trouble intérieur et les secrètes angoisses.

Tout ce petit monde est silencieux. Chacun suit sa pensée, là-bas, derrière ce mur interdit, où « l'être cher » est, suivant l'expression de Victor Hugo, cloué sur le chevalet des X et des Y. Dans un coin, des sœurs de Nevers et de la Présentation, venues pour accompagner des élèves, et deux ou trois novices de leurs ordres marmottent avec ferveur des *Pater* et des *Ave*, en égrenant leurs rosaires. Quelques mamans, gagnées par ce pieux exemple, laissent tomber le crochet sur leurs genoux et se mettent à prier tout bas, avec le geste d'égrener un rosaire absent.

Et quels contrastes dans les physionomies! Il y en a, parmi ces femmes qui rongent le frein de l'attente, dont la préoccupation fait presque mal à voir. C'est qu'il se joue, pour elles, dans ce pavillon, une partie sérieuse. Ce brevet, que leurs fillettes sont en train de conquérir, ce doit être leur gagne-pain. Et elles songent aux lourds sacrifices déjà faits, à ceux qu'il faudra faire encore, si, par malheur, le résultat de l'examen trahit leurs espérances !

D'autres, au contraire, envisagent cette perspective avec philosophie. On devine, à leur mise, de riches bourgeoises, qui s'en fichent comme de ça, et qui n'ont poussé leurs filles au brevet que pour suivre la mode. Reçues ou non, la chose importe peu : elles ne comptent pas sur ce bout de parchemin pour pouvoir s'acheter des robes ou croquer des pralines.

Les institutrices vont et viennent de groupe en groupe, causant, d'un air de déférence, avec des messieurs qui portent haut et louchent visiblement du côté de leur boutonnière en demi-deuil : ce sont des officiers d'académie, voire de l'instruction publique. Saluez ! L'examen, naturellement, fait l'objet du colloque. J'en saisis quelques bribes au vol. « La dictée était simple... le problème un peu plus ardu, mais, en somme, on le pouvait résoudre !... La composition de style est toujours la pierre d'achoppement... Pour en juger, il n'y a pas de criterium, de règle fixe... c'est au flair de l'examinateur... Ah ! ce n'est pas comme pour l'orthographe, pour la ponctuation, qui, elles, sont immuables ! »

La ponctuation immuable !... C'est un homme au ruban violet qui l'a trouvée, celle-là ! Et les malheureuses mères, abusées par son manège, le suivent d'un regard attendri, le transpercent d'œillades suppliantes !... Elles le croient dans le secret des Dieux !... Ce n'est peut-être, au fond, qu'un — comment dirai-je pour être poli ? — qu'un porte-reliques !

Enfin, l'heure fatale a sonné. Les portes du Pavillon s'ouvrent toutes grandes, et, comme un essaim d'une ruche, les fillettes s'en échappent en flots bruyants et tumultueux. Et les questions se croisent, les mains se serrent, les frimousses roses se frottent contre les visages pâlis, les rires éclatent, les larmes coulent!....

Je me dérobe à l'explosion de ces joies pour ne pas être affligé par le contraste de certaines tristesses. En chemin, je me heurte à deux affreuses miss qui, ne trouvant pas sur leur Bædeker l'explication de ce rassemblement, me demandent quel est ce meeting en jupons.

— Ça, leur dis-je, ce sont nos futures clubistes !

MADAME JULES LACROIX

17 juillet 1885.

Une noble existence vient de s'éteindre : Mme Jules Lacroix, la compagne quasi-centenaire de l'illustre poète qui, sans les trahir, a traduit Sophocle et Shakespeare, est morte, la nuit dernière, à Saint-Germain, dans la petite maison de la rue de Pontoise où, tous les ans, elle passait, avec son mari, la saison d'été.

Elle s'en est allée, pleine d'ans, — elle était née la nuit de Noël 1795, — au terme d'une existence plus qu'humaine, ayant vu passer trois Règnes, deux Empires, trois Républiques, sans compter les Communes ! Aussi ne dirons-nous pas, selon la formule banale, qu'elle emporte tous les regrets : la meilleure part, et la plus poignante, en reste à celui qui ne vivait qu'en elle, ne *voyait* que par elle, et que sa mort fait à la fois veuf et orphelin.

Depuis le jour où le chantre d'Œdipe avait été frappé du même mal que son héros, Mme Jules Lacroix s'était, avec une admirable abnégation, vouée au rôle d'Antigone. Elle était sa lumière dans les ténèbres où il se débattait. Ingénieuse à lire la pensée derrière ce masque sans regard, elle lui donnait la forme sensible : il dictait, elle écrivait ; il était l'esprit qui conçoit ; elle, la main qui burine.

C'est à cette collaboration incessante qu'on doit le tardif avatar du poète tragique en poète lyrique, l'*Année infâme* après *Macbeth* et *Valeria*.

L'étroite intimité de ces deux êtres apparaît surtout dans ce poème inspiré par les angoisses patriotiques de 1870 et par les hontes qui suivirent. On y voit à chaque page le culte qu'avait voué Mme Jules Lacroix à sa seconde patrie, et à quel point, sous cette poitrine de Slave, battait une âme française.

Au moment du siège, toute la famille du poète, réfugiée en Normandie, le suppliait de l'y venir rejoindre. Aveugle et septuagénaire, de quel secours pourrait-il être contre l'envahisseur? Peut-être eût-il faibli, comme tant d'autres qui n'avaient pas l'excuse de l'âge et des infirmités. Mais elle, l'octogénaire, veillait. « Notre place est ici ! dit-elle. Fuir Paris, quand Paris agonise, c'est déserter ! » Et il resta. On retrouvera ce souvenir au frontispice de l'*Année infâme*, dans le sonnet que Jules Lacroix adressait à sa belle-sœur, sous ce titre : *Ma compagne est vaillante :*

> Tu demandes pourquoi je tarde; tu demandes
> Pourquoi je veux rester, quand tout le monde part,
> « C'est folie !... A mon âge !... Un aveugle au rempart ! »
> Et ta bonté s'exale en douces réprimandes.
>
> C'est vrai. Lorsque déjà les hordes allemandes,
> Quand le Prussien, le Hun rapace, à l'œil hagard,
> Vont nous envelopper, j'hésite, et mon regard
> Se tourne avec amour vers nos plages normandes.
>
> Là, je trouverais un frère, des amis,
> Vos enfants, chère sœur !... Mais je me suis promis
> De rester à mon poste, en citoyen fidèle.

> O Paris, moi vieillard, si je ne puis t'offrir
> Tout mon sang, avec toi je puis du moins souffrir !
> Ma compagne est vaillante et je reste auprès d'elle !

Ce qu'il fit, lui, pendant cette période de séquestration volontaire, où la faim et le froid furent particulièrement cruels aux vieillards, ses camarades de bastion sont là pour le dire. Ce qu'elle fit, elle, il l'a raconté lui-même dans un autre sonnet : *France et Pologne*, commentaire éloquent de cette épigraphe virgilienne : *Dî patrii, servate domum* :

> Ainsi la France meurt, cette France guerrière !
> La France a tout perdu, soldats et généraux ;
> Et, luttant jusqu'au bout sous le fer des bourreaux,
> Son front découronné se rejette en arrière !
>
> Ainsi l'ardent soleil a fini sa carrière ;
> Le vieux lion captif en vain mord ses barreaux ;
> Le glaive s'est brisé dans la main du héros !...
> Le glaive ne peut rien, hélas ! sans la prière.
>
> C'est pourquoi dans l'église, humble femme à genoux,
> Les mains jointes vers Dieu, tu pleures et tu pries,
> Demandant au Seigneur qu'il ait pitié de nous !
>
> France et Pologne, ô sœurs, ô vous, ses deux patries,
> Ne désespérez pas, sanglantes et meurtries !...
> Un ange est là, du moins, qui prie encor pour vous !

Ces deux sonnets valent un long poème. Ils en disent plus sur la noble morte que toutes les apologies.

En raison du grand âge de Mme Jules Lacroix, personne, entre les vivants, ne se souvient de ce qu'elle fut au temps de sa jeunesse. Mais l'amitié tendre qu'elle avait inspirée à son beau-frère, le Bibliophile Jacob, nous permet d'en évoquer le fantôme radieux. Telle qu'elle était à cette époque lointaine, telle elle nous apparaît dans la dédicace du *Médecin de l'Opéra*, un roman autobiographique que le Bibliophile avait mis sous son patronage. On y trouve le secret de l'empire irrésistible exercé, jusqu'au dernier jour, par cette illustre femme sur tous ceux qui l'approchaient, secret qui réside en ce mot : le charme. Lisez :

« Vous souvient-il de votre jolie maison rose, aux persiennes vertes, à Koraïs, sur la côte méridionale de la Crimée ? Vous souvient-il de la charmante colonie où vous étiez venue vous fixer pour oublier de grands chagrins et pour reprendre goût à la vie ?

« Vous ne faisiez encore qu'apparaître comme une bonne et puissante fée qui se rend visible aux simples mortels, et déjà l'on ne parlait que de votre beauté, de votre esprit, de votre cœur, de vos grâces et de vos séductions. Vous étiez dès lors la reine de Koraïs, et votre royauté a duré autant que votre séjour dans cette terre promise où vous n'avez laissé que des amis.

« La vieille princesse Galitzine avait mis en valeur, pour ainsi dire, la côte méridionale, avec tous les enchantements de l'Italie, en face de la mer Noire, sur le sol de l'ancienne Chersonèse, où le poète Ovide fut exilé par Auguste. Auprès d'elle, autour d'elle, les personnages les plus distingués de l'aristocratie russe passaient l'été dans de splendides et délicieuses habitations. C'est au milieu de ce centre élégant, spirituel, affectueux et poli, que vous aviez de prime abord attiré tous les hommages, captivé toutes les admirations, conquis tous les cœurs. La vieille princesse, qui était aussi une fée en son genre, saluait en ces termes votre arrivée dans une lettre adressée à sa mère :

« *Dolorosa historia* habite sa maison rose. Elle a
« été tout attendrie de sa réception sur la belle
« côte. Chacun lui souriait, allant au-devant d'elle,
« cherchant à toucher sa main ; grands et petits
« voulaient lui témoigner qu'elle était la bienvenue,
« la bien accueillie ! »

. . . .

« J'ai fait ce roman pour avoir le droit de faire la dédicace, et votre nom chéri et vénéré, en tête de cette dédicace, l'entoure, comme d'une auréole, des respects, des tendresses et des attachements de toutes les personnes qui vous ont connue et de celles qui vous connaissent. »

Marie-Caroline, comtesse Rzéwuska, était l'arrière-petite-fille du comte Venceslas Rzéwuski, grand hetman de la couronne de Pologne. Son aïeul, le comte Séverin, fut général au service de l'Autriche, et son père, le comte Adam, dernier ambassadeur de la république de Pologne à Copenhaque, mourut sénateur de l'empire de Russie.

Le goût des lettres était héréditaire dans cette famille de soldats. Les deux filles du comte Adam le sucèrent avec le lait. Par là s'explique la passion que la cadette, Mme la comtesse Hanska, nature ardente et romanesque, avait conçue pour l'auteur de la *Comédie humaine*. Leur mariage fut tout un roman : le Czar n'y voulait pas consentir, et l'on risquait, à passer outre, de compromettre la faveur dont jouissait le père. C'est ce qu'on fit cependant, comme il ressort d'une lettre inédite de Balzac, où le grand romancier, faisant allusion au veto du Czar, annonce son mariage en ces termes : « Nous allons prouver à cet autocrate qu'un écrivain français peut se passer de sa permission ! »

L'aînée des deux sœurs, Marie-Caroline, mariée très jeune à un grand seigneur russe beaucoup plus âgé qu'elle, ne trouva pas dans cette union tous les bonheurs que sa famille avait espérés. Elle eut une fille qui, plus tard, épousa le prince Sapiéha, et qui mourut de bonne heure, laissant un fils, mort lui-même il y a quelques années, et une fille, devenue la comtesse Potocka.

Demeurée veuve, Marie-Caroline vint se fixer à Paris, où elle fit la connaissance du Bibliophile Jacob. Paul Lacroix, séduit par le charme de son esprit, relevé d'une exquise pointe d'exotisme, vit en elle une compagne accomplie pour son frère Jules. Ce dernier était alors dans toute la gloire du succès retentissant qu'il venait d'obtenir, à la Comédie-Française, avec *Valéria*. Sur ce terrain, le rapprochement était facile. Le mariage eu lieu quelques semaines plus tard, et, dès le lendemain, il y eut dans Paris un salon littéraire de plus.

Toutes les célébrités du siècle ont traversé ce salon. Mais les arts et les lettres y ont toujours eu le pas sur la politique. Parmi les habitués de fraîche date, je citerai de souvenir : Viennet, Jules Janin, les deux Dumas, Th. Gautier, Auguste Maquet, Paul de Saint-Victor, Méry, Nadaud, Niedermeyer, le général comte de Nansouty, Reyer, Arsène Houssaye, Jean Giroux, le baron Imbert de Saint-Armand, Louis Boulanger, etc. Les femmes étaient admises dans le cénacle, la grâce affable de l'hôtesse, mieux encore que sa supériorité reconnue, excluant toute idée de rivalité. Toutes les belles Polonaises, qui, pendant ce dernier quart de siècle, ont brillé d'un si vif éclat au firmament parisien, y ont fait leur début mondain sous les auspices de l'aimable femme et sont un peu, comme elles disent, ses filleules.

Elle était l'âme de ces réunions, qu'elle illuminait de son esprit léger et solide à la fois, nourri qu'il était d'une érudition sans pédantisme. Je la vois encore allant de l'un à l'autre, les deux mains appuyées sur sa canne légendaire à bec de corbin, qu'on a comparée à un sceptre.

Hélas! depuis de longues années déjà, le sceptre s'était changé en un bâton de vieillesse, et elle s'y roidissait de toutes ses forces dernières, pour offrir un appui plus solide au compagnon fidèle de sa vie. Elle l'entretenait dans cette espérance, dont elle n'était pas dupe, qu'il reverrait la lumière. Elle est morte, emportant cette espérance avec elle. Et maintenant le pauvre aveugle, inconsolable, retombé dans sa nuit, cherche en vain dans le vide la main si douce qui guidait ses pas et le cœur si tendre où, divinement résigné, il appuyait le sien.

BRELAN DE TÉNORS

21 juillet 1885.

Tous les ans, quand vient la canicule, j'éprouve la tentation d'accrocher à cette place quelques croquis de villégiatures suburbaines. Mais j'y renonce toujours au moment d'y céder, de peur d'offrir aux lecteurs quelque chose de déjà lu.

Il n'y a pas, en effet, de thème plus banal et de moins conciliable avec cette loi qui s'impose à tout chroniqueur conciencieux de se renouveler sans cesse et de faire toujours « neuf » quand même. Les environs de Paris, si pittoresques, ont été maintes fois esquissés par des écrivains qui savaient mettre au bout de leur plume un gentil bout de crayon. Notre cher et regretté camarade Arnold Mortier, qui les préférait à tous les beaux sites de l'univers, et qui les aimait à ce point qu'après y avoir planté sa tente, il y a voulu mourir, en a fait ici même la physiologie, et on la peut considérer comme définitive. Car, si la nature est immuable et modifie peu ses aspects d'année en année, la vie à laquelle elle sert de cadre est à l'avenant, et les personnalités qui la peuplent s'y perpétuent comme dans des fiefs dont ils seraient les inamovibles suzerains. Je mets en fait que, tout le long de la Seine et de la Marne — ces deux dérivés du ruiseau de la rue du Bac — il n'y a pas vingt colons nouveaux d'une saison à l'autre. Voilà pour « l'habitant ». Quant à cette population flottante qui, deux jours par semaine y apporte sa gaieté tumultueuse et en trouble l'exquise sérénité, elle n'offre pas plus de ressources à l'observateur en quête d'impressions nouvelles que les mascarades idiotes des bals actuels de l'Opéra.

Et pourtant, on peut encore, si battue qu'elle soit, lever quelques rares lièvres inédits dans la banlieue parisienne. A la condition de diriger sa chasse vers un des coins ignorés, qu'une grâce spéciale, je dirais presque « un décret nominatif de la Providence » a préservés jusqu'à ce jour de l'immigration torrentielle et du Sabbat dominical.

« Ignoré » ne dit pas forcément lointain, hors de toute atteinte. Il y a de ces eldorados aux portes même de Paris, jusque sur la ligne de Saint-Germain, la plus parisienne et la plus « allante » de toutes les lignes de banlieue. Le Vésinet en est un.

« L'Ambigu, théâtre *pas chic!* » disait Nestor Roqueplan. On en pourrait dire autant du Vésinet. Et c'est là ce qui fait son plus grand charme, ce qui le distingue des autres stations où le chic exerce son assujetissant empire. Le jour où le Vésinet sera chic, où il sera dans le mouvement, il aura perdu tout caractère propre, toute originalité. Et ce sera dommage.

Il y a là toute une petite colonie de littérateurs et d'artistes, qui vivent chacun pour soi, chacun chez soi, dans le gras et confortable égoïsme de l'*home* anglais, et qui n'entretiennent entre eux aucun rapport de bon ni de mauvais voisinage. On se rencontre en chemin de fer, on cause, on bavarde, puis, arrivés à la gare, on se serre la main ; l'un tire à droite, l'autre à gauche ; celui-ci descend vers les lacs, celui-là monte vers les pelouses. Le dos tourné on ne se connaît plus.

Ce sont tous ou presque tous des travailleurs qui, au temps chaud, préparent la saison d'hiver, cigales prévoyantes comme des fourmis, et qui, plus encore que le bon air, recherchent la solitude propice au travail. L'écrivain achève le livre commencé, l'auteur dramatique met au point sa pièce encore à l'état d'ébauche, l'artiste pioche sa création future. Pendant six jours, on travaille bravement, dans la fraîcheur saine et le silence favorable des grands bois. Le septième jour, on fait comme le bon Dieu, on se repose. Ce jour-là, la maison s'ouvre toute grande aux amis, et le Vésinet est une petite Ecosse, tant on y exerce largement les lois de l'hospitalité.

Hier soir, d'une de ces maisons qui bordent le lac inférieur, des flots d'harmonie s'échappaient par les fenêtres ouvertes. Quelques dames de l'Opéra, quelques comédiennes en vacances, quelques journalistes en rupture de journal, étaient venus fêter l'anniversaire d'une de leurs camarades, qui coïncidait précisément avec la fête patronale de l'endroit. Gayarré, le futur Vasco, s'était joint à la caravane. Il y avait dans cette réunion artistique les éléments d'un concert comme notre bien-aimé Président y regarderait à deux fois avant de s'en offrir le régal.

Dans l'après-midi, on était allé, tous en bande, faire un tour à « la fête ». Aux chevaux de bois, on rencontre M. et Mme Escalaïs, deux fanatiques du Vésinet.

— Que faites-vous ce soir?
— Rien.
— Dînez donc avec nous ?
— Avec plaisir.
— Topez-là !
Et l'on tope.

Un peu plus loin, devant la somnambule extra-lucide, on se trouve nez à nez avec Talazac, qui vient de consulter la voyante pour savoir s'il chantera *Lohengrin* ou s'il ne chantera pas. Grave problème !

Talazac est gros propriétaire à Chatou ; il a mis en action la *Dame blanche* en se payant un château sur ses économies. Reprise du dialogue :

— Que faites-vous ce soir ?
— Rien.
— Dînez donc avec nous ?
— Impossible ! j'ai du monde chez moi.
— Lâchez-le donc au dessert !
— C'est dit.
— Topez-là !
Et l'on tope.

Voilà comment, à neuf heures du soir, sans que cette rencontre eût été préméditée, il y avait brelan de ténors ! — dans le grand salon du joli cottage.

Si l'on a chanté, je vous le demande ! On dit que les chanteurs se jalousent entre eux. Les cabotins peut-être, mais non les grands artistes. C'était à qui, de ces trois virtuoses éminents, se ferait valoir l'un l'autre.

Gayarré, pour payer sa bienvenue, a le premier ouvert le feu : il a dit délicieusement, avec Mlle Vidal, cette exquise aragonaise que Pagans et Mlle Granier ont rendue populaire, puis, seul, l'air de la *Favorite* :

« Ange si pur », avec lequel il a conquis tant de Léonores. Si Vasco, ce qui n'est pas douteux, a le même succès que Fernand, l'Opéra n'a rien à craindre cet hiver de la concurrence italienne.

Après Gayarré, Talazac. De sa voix puissante et sonore, il a chanté successivement la romance de l'« *Etoile* » de la *Nuit de Cléopâtre,* la « *Sérénade* » du *Bravo*, et avec Mme Escalaïs, qui serait une Mireille parfaite comme elle est une parfaite Marguerite, l'adorable duo du *Magali*.

Après quoi, Escalaïs nous a remués jusqu'aux entrailles avec « *Asile héréditaire* » de *Guillaume Tell*.

Mais l'émerveillement de la soirée, ç'a été l'*Ave Maria*, dit à l'unisson par les trois artistes. Nul ne peut rendre l'effet de ces trois voix superbes, de timbres si divers, se fondant, s'unissant dans un prodigieux ensemble. Si Gounod s'était trouvé là, il aurait eu, comme nous tous, les larmes dans les yeux.

M. Larose, un des membres les plus distingués de notre jeune barreau, tenait le piano d'accompagnement avec le même entrain qu'il en met à défendre la canaille.

Et comme il n'y a pas de bonne musique sans un peu de poésie, Mlle Hadamard a clos le programme en disant, comme elle sait dire, *Lise* de Victor Hugo.

On s'est séparé vers minuit, en se donnant rendez-vous pour dimanche prochain. Ce soir-là les places feront prime sur le petit chemin qui borde le cottage.

VILLON CONTRE RONSARD

25 juillet 1885.

Il n'y a pas moyen de s'ennuyer une minute à Paris, même en été.

Quand il ne reste plus personne pour vous faire pleurer ou vous faire rire, il reste les statues. Quand il n'y a plus la chair, il y a le marbre.

Béranger est, depuis quinze jours à peine, coulé... en bronze, qu'on réclame le même honneur pour Ronsard. Si cette fièvre persiste, il en sera bientôt de Paris comme de l'ancienne Rome, où il y avait plus de statues que d'électeurs.

Ce pauvre Béranger ne se doutait pas qu'un jour il donnerait lui-même une sanction à ce quatrain prophétique :

> On les persécute, on les tue,
> Sauf, après un long examen,
> A leur dresser une statue
> Pour la gloire du genre humain !

Et quel chemin accompli, quels préjugés vaincus, depuis le dimanche 26 février 1865, où la *Rive-Gauche*, l'organe des jeunes purs, imprimait ce qui suit sur le chantre de Lisette :

« Béranger semble avoir prononcé sa propre sen-
« tence en écrivant ces deux vers :

> Tel vécut sur un piédestal
> Qui n'aura jamais sa statue !

« Nous espérons bien, en effet, que la France
« n'érigera jamais de statue à celui qu'elle nomme
« encore aujourd'hui son poète national. Le
« piédestal lui coûte assez cher ! »

Beaucoup de ceux qui s'associèrent alors — il y a juste vingt ans — à cet anathème ont payé leur part du bronze où revit le barde impérial. Je pourrais citer et réveiller de vieilles querelles. Mais ce serait de l'encre perdue. Comme les morts, les statues vont vite. Après Béranger, voici venir Ronsard. Que dis-je !... Ronsard et Villon... ou plutôt Villon contre Ronsard !

— Quel est ce rébus ?

— Ce n'est pas un rébus, c'est un schisme... Ronsard et Villon ont chacun leurs fanatiques parmi les poètes contemporains, comme Goncourt et Zola parmi les prosateurs. Or le projet d'élever une statue au chef de la Pléiade excite autant d'émoi chez les uns que, chez les autres, la prochaine apparition de l'*OEuvre*... Ah ! M. Larroque, en levant ce lièvre, s'est mis une bien méchante affaire sur le bras !

— Où prenez-vous ça, M. Larroque ?

— Je le prends dans la Ligue des Patriotes... Ce tireur à l'arc, que les lauriers de Paul Déroulède empêchaient sans doute de dormir, s'est dit que peut-être il retrouverait le sommeil si Ronsard avait, grâce à lui, non seulement sa statue, mais encore son centenaire... Et, sans crier gare, il a « lancé » la statue et le centenaire de Ronsard.

— Il semble que ce n'était pas pour déplaire aux Ronsardistes...

— Oui, mais les Villoniens n'ont pas été contents...

— C'est de la gourmandise !... Villon a déjà sa statue, une fort belle œuvre, ma foi, du sculpteur Etchetto... Que leur faut-il encore ?

— Il leur faut un centenaire, comme à Ronsard, et même avant Ronsard !

— Jalousies d'écoles !

— La plus féroce de toutes !... Les Gluckistes et les Piccinistes n'y mirent pas plus de passion.

— Contez-moi donc ça.

— Volontiers. Ledit Larroque, une fois son idée bien mûrie, convoqua tout le Parnasse. Quelques habitants de ce sommet daignèrent descendre de leur nuage, François Coppée, entre autres, et Catulle Mendès. On offrit la présidence au poète du *Reliquaire*, qui déclina cet honneur au profit de Théodore de Banville. Au cours de la discussion, quelques porte-lyre s'étonnèrent — entre nous, il y avait de quoi — que la Ligue des Patriotes eût pris, en la personne d'un des ligueurs, l'initiative d'une manifestation pour Ronsard, Ronsard, d'après eux, appartenait aux seuls poètes, et les Patriotes n'avaient rien à voir avec lui...

— Preuve évidente que la raison peut quelquefois être d'accord avec la rime !

— Tout s'arrangea pourtant grâce à l'attitude modeste de M. Larroque qui reconnut le bien fondé de l'objection et promit, une fois sa besogne d'initiateur terminée, de s'effacer devant les « nourrissons des Muses ». Dès lors, les choses semblèrent devoir marcher à souhait. Les adhérents de la première heure en amenèrent d'autres, lesquels, invités par M. Léon Dierx à se montrer généreux, s'exécutèrent noblement. La première collecte atteignit le chiffre fantastique de vingt-six francs cinquante centimes !...

— Bigre !... Et l'on dit que les poètes sont des meurt-de-faim !

— Vous voyez d'ici les radieuses perspectives !... Il n'était pas douteux qu'entraînés par cet exemple les bourgeois, le gouvernement, M. Grévy lui-même, ne versassent l'or à flots dans la caisse du Comité... De quoi fondre dix statues et célébrer vingt centenaires !... Par malheur...

— Un malheur !... Je palpite...

— Par malheur, le Chat-Noir s'est rebiffé... Il s'est fait l'écho des Villoniens, qui considèrent les hommages promis à Ronsard comme un vol fait à leur illustre patron... Et quand le Chat-Noir se fait l'écho de quelqu'un ou de quelque chose, il faudrait être triple sourd pour ne pas l'entendre !.. Demandez plutôt aux indigènes de la rue de Laval, pour qui le sommeil est une mythe depuis que cette Académie hierophile tient à leurs portes ses meetings tumultueux !.. « Une statue à Ronsard ! » s'est écrié Rodolphe Salis, la main sur la garde de son épée... « Une statue et un centenaire à ce rimeur
« précieux, tarabiscoté, gentilhomme hautain et
« méprisant, mignon de cour, diplomate sans
« oreille, courtisan de Charles IX, l'arquebusier
« sinistre, amoureux transi de Diane de Poitiers,
« d'Elisabeth d'Angleterre et de Marie Stuart, qui
« se fit prêtre et qui mourut cagot !... Mais c'est de
« la démence !.. Il n'est pas et ne peut être notre
« homme, celui-là ! Notre homme, celui qu'il faut
« fêter, à qui reviennent de droit la statue et le cen-
« tenaire, c'est Villon !.. Oui, messeigneurs, Fran-
« çois Villon, l'immortel Chat-Noireux d'autrefois,

« qui, comme nous, aimait les bonnes paresses, les
« jolies filles, les vastes lippées et les franches
« repues, n'ayant pas plus la crainte des sergents
« que nous des gardiens de la paix, le soir après
« boire ! Donc, à bas Ronsard et vive Villon !
« Ralliez-vous vite autour de celui qui, comme
« nous, passa sa vie en « folle plaisance ». Nous
« seuls, ses disciples, pouvons le fêter comme il
« sied... Par une de ces belles après-midi, nous
« fréterons un bateau-mouche, et là nous nous
« esbattrons au bruit des violes, tout le long de la
« Seine, jusque vers Sèvres et Saint-Germain, stop-
« pant à tous les pontons pour toaster à ce gobelo-
« teur insigne, au truculent précurseur du Chat-
« Noir !.. Un ban pour Villon, et qui m'aime me
suive ! »

— Il s'exprime bien, ce Salis !

— Aussi son bagoût a-t-il mis en désarroi les Ronsardistes... Ronsard, à l'heure qu'il est, n'a plus pour lui que la Ligue des Patriotes... Mais qu'est-ce que la Ligue des Patriotes auprès du Chat-Noir ?... Et il a le Chat-Noir, lui, Villon !... Quant aux poètes, leur rôle est accompli... Ils y sont allés de leurs vingt-six francs cinquante centimes... La souscription est close !

— Et comment cela finira-t-il, selon vous ?

— Oh ! bien simplement... On n'élèvera de statue ni à Villon ni à Ronsard... mais Salis élèvera sa maison d'un étage !

MERLY

27 juillet 1885.

La mort de Merly méritait mieux qu'une rapide mention dans les échos de théâtre.

Avec lui disparaît une des plus grandes personnalités lyriques dont s'honore l'art français. Et s'il n'a fait qu'une courte apparition à l'Opéra, sans y planter sa tente, bien que sa place y fût marquée, même à côté de Faure, cela tient à des circonstances où son talent n'eut rien à voir.

Voix superbe, méthode impeccable, prestance accomplie, il avait tout pour devenir rapidement le favori du public et se créer, sur notre première scène, une situation enviable entre toutes. Mais il avait des opinions politiques qui ne s'accordaient guère avec celles des abonnés d'alors, et il eut le tort grave de vouloir, en une soirée mémorable, identifier l'artiste avec le citoyen.

Ce soir-là, on donnait *Guillaume*. L'Empereur, l'Impératrice et la cour assistaient à la représentation. Tout allait à merveille lorsqu'à la fameuse phrase : *Ou l'indépendance ou la mort!* Merly descend à l'avant-scène, d'un air provocant, et, roulant des yeux furibonds, montre le poing à la loge impériale. Napoléon III eut un pâle sourire et fit un mouvement d'épaules dédaigneux. Il y eut comme un frémissement de stupeur de l'orchestre au cintre, et, n'eût été la présence des souverains, on eût vertement relevé cette manifestation de mauvais goût. Le lendemain, on essaya de mettre à ce baryton bonapartophobe le nez dans son inconvenance. Il pouvait la racheter avec quelques paroles de regret; il ne voulut rien entendre, s'obstinant à répondre :

— J'ai fait acte de bon patriote en disant son fait au *petit*.

Le « petit », c'était l'Empereur.

Merly ne l'appelait jamais autrement.

C'est à la suite de cette algarade qu'il quitta l'Académie de musique. Sans cela, c'est lui qui, probablement, eût créé l'*Africaine*. Meyerbeer, qui tenait son talent en très haute estime, l'avait désigné pour le rôle de Nelusko, comme il avait désigné Sophie Cruvelli pour celui de Selika. Mais, Meyerbeer mort, MM. Fétis et Brandus ne voulurent pas risquer une aussi grosse partie avec un artiste aussi « radicalement » fantaisiste. Et voilà pourquoi le double vœu du compositeur, en ce qui concernait ses deux principaux interprètes, ne put s'accomplir.

En quittant l'Opéra, Merly ne laissa pas grands regrets parmi ses camarades, qu'il s'était aliénés par ses façons hautaines, disons le mot, par sa morgue. Dans son opinion, dont il ne faisait pas mystère, les deux hommes du siècle, les deux seuls, c'étaient lui — lui d'abord — et Napoléon Ier. Faure, à ses yeux, ne pesait pas une once; Merly l'appelait complaisamment la *modiste*. La « modiste » se porte encore assez bien, à l'heure qu'il est; elle est même toujours de « mode »; tandis que, depuis longtemps, son rival vivait sur les restes d'une voix mourante et ruinée.

Il avait sur la voix une théorie bizarre : « La voix, prétendait-il, est une maladie ; et, s'il y a si peu de personnes douées au point de vue vocal, c'est qu'il y a moins de malades que de gens bien portants ». On voit, par cet échantillon que, comme excentricité, Merly ne craignait personne.

La province le recueillit. L'enthousiasme des Toulousains, ses compatriotes, le vengea de l'injustice des Parisiens. Il fut à Toulouse l'objet d'un culte, voisin du fanatisme, et fit mentir le proverbe : « Nul n'est prophète en son pays ». Pour bien marquer à quel point on le considérait comme supérieur à tous les autres artistes, on ne l'appelait que *moussu l'eïnat!* (monsieur l'aîné!) Qu'il entrât au théâtre ou qu'il en sortît, il avait toujours une escorte de joueurs de flûtes. Comme il était de complexion puissante et qu'il transpirait abondamment, un vieux choriste, devenu célèbre là-bas sous le nom de Fortuné, s'était fait bénévolement son rempart contre la pleurésie. Chaque fois que le « Diou » rentrait dans sa loge, Fortuné l'attendait avec des serviettes chaudes et des éponges :

— *Coumè suzès, moussu l'eïnat!* (Comme tu sues, monsieur l'aîné!) lui disait-il d'un ton attendri.

Et les serviettes chaudes et les éponges allaient leur train ! Et le « Diou » se laissait faire avec la nonchalance superbe d'un sultan oriental !

Entre temps, il faisait des tournées triomphales en Espagne et en Italie, où il portait très haut le pavillon de l'école française. Il excellait surtout dans *Rigoletto*, qu'il chantait comme ne la jamais chanté personne, et qu'il jouait comme le jouerait

Coquelin. Il gagna dans ces tournées des sommes énormes, qu'il semait fastueusement sur les tapis verts, où ce « malin » ne se méfiait pas assez des philosophes.

On le revit, dans l'intervalle, à Paris, sur la scène des Italiens. Il fit sensation dans l'Assur de *Sémiramide*. Mais sa marote politique le reprit au bout de quelques représentations.

— C'est un théâtre d'aristocrates! dit-il. Il y vient trop de souverains en exercice ou en demi-solde! Bonsoir!

Et il partit pour ne plus revenir.

Je retrouve dans mes notes un souvenir assez plaisant d'un séjour qu'il fit à Florence, où le ténor Cazaux, un Toulousain comme lui, l'avait fait engager à des conditions superbes.

Un beau matin, on vit apparaître, sur les murs de la ville, de vastes affiches où le nom de Merly s'étalait en lettres gigantesques, tandis que le nom de Cazaux, mis au-dessous, contrairement à toute hiérarchie, figurait en caractères minuscules.

Le ténor mortifié s'en va trouver le directeur, et entame avec ce fonctionnaire un dialogue que je demande la permission de reproduire textuellement. Cazaux, pour donner plus de force à son argumentation, s'exprimait en patois de Toulouse, qu'il traduisait ensuite en argot italien :

— Adessias, moussu le dirétor! Vi saluto!
— Buon giorno, signor Cazaux!
— Qué soun aissiou? Ché son io qui?
— Ma siete tenore.
— Bièn!... Soun ténor? E ténor di primo cartello?
— Sicuro, tenore di primo cartello!

— Bièn !... Moussu Merly, qu'ès aissiou ? Il signor Merly ché canta qui ?

— Ma canta i baritoni.

— Bièn !... Canta lei baritouns è di primo cartello tabès ?... Bièn !... Ebbé, moussu lé dirétor, saurès qué, din moun païs, à Toulousou, les ténorsés soun d'empérurs et li bariton dé ·généralsés !... Ensi dounc, moussu Merly, lou darnié !!! (en français : *Bien !... Eh bien ! monsieur le directeur, sachez que, dans mon pays, à Toulouse, les ténors sont des empereurs et les barytons des généraux !... Ainsi donc, monsieur Merly, à la queue !)*

Et l'affiche fut rectifiée selon le vœu du ténor.

Jamais Merly n'a pardonné cette forfaiture à Cazaux !

LES ÉTUDIANTES

31 juillet 1885.

La fin juillet sonne l'émigration des étudiants vers leurs provinces. Le Quartier se vide jour à jour. Le Boul' Mich' a des aspects de Sahara. Les brasseries sont mornes. Le Luxembourg n'est plus hanté que par d'honnêtes smalas bourgeoises, tout heureuses de s'y esbattre familialement, les jours de musique, à l'abri des promiscuités douteuses ; et Bullier, où l'archet de Conor essaie en vain de galvaniser les quadrilles, pleure sur ses cavaliers seuls dépareillés.

Quelques jours encore, et « l'élite de la jeunesse française » aura pris son vol vers les quatre points cardinaux. Tous, reçus ou blackboulés aux examens, joyeux ou tristes, seront en train d'exécuter des variations plus ou moins senties sur le thème connu :

Où peut-on être mieux qu'au sein de sa famille ?

Les étudiants partis, que vont devenir les étudiantes ? Que vont-elles faire de leur cœur et de leur main pendant ces trois mois de veuvage forcé ? Imiteront-elles Calypso, qui ne pouvait se consoler du départ d'Ulysse, et resteront-elles, tout ce temps, aux terrasses des brasseries transformées en falaises, les bras tendus et les yeux tournés vers l'horizon derrière lequel a disparu le « petit homme chéri » cinglant vers Ithaque?

Comme je posais cette question à mon vieux camarade X..., un carabin de quinzième année :

— Des Calypsos?... Ah! bien oui! me dit-il en souriant dans sa barbe grise... Certes, ce sont de bonnes filles... et plus d'une, en accompagnant le « petit homme » à la gare, y est allée d'un pleur. sincère dans son gilet... Mais ces pleurs-là viennent d'une source qui se tarit vite!... Et puis, on se dit que le « petit homme » s'en va refaire une forte provision de « galette », ce qui fait prendre en patience cet exil momentané, et noie les tristesses du départ dans les souriantes perspectives du retour.

— C'est parfait!... Mais du pain?... Car on ne vit pas que d'espérance... Et c'est long, trois mois!

— Quel commerce n'a pas sa morte saison!... La nécessité rend les étudiantes industrieuses. Les plus huppées, celles dont le « petit homme » a le sac et l'indépendance, se font remorquer par lui dans quelque station à la mode de Bretagne ou de Normandie. Font-elles assez leur tête, celles-là!... Ah! ma chère!... Un mois avant, elles en ont plein la bouche de leur villégiature, faisant sonner haut, à propos de tout et de rien, la résidence choisie, affectant des petites mines compatissantes vis-à-vis des camarades que leur malechance attache au rivage parisien!... Dautres — que leurs familles, par une illusion généreuse, croient encore en état de sauver Orléans, et qui passent à leurs yeux pour être en service chez des bourgeois cossus ou dans quelque atelier, à tirer l'aiguille — prétextent du loisir où les condamne le départ du patron ou de la patronne pour les eaux, et vont se mettre au vert dans leur village. Et comme il ne faut pas éveiller les soupçons paternels, elles endossent leur toilette la plus simple et bourrent leur malle avec des robes fripées — des cadeaux de Madame, disent-elles — qu'on taille à nouveau pour faire une jupe à la petite sœur ou bien une casaque pour la vieille maman !

— Mais celles qui n'ont ni « petit homme » riche ni parents... crédules ?

— Ah ! pour celles-là, lisez la *Pall Mall Gazette!* Il y a là tout un abîme de compromissions intérimaires dont il ne faut pas sonder la ténébreuse horreur !... Toutes, du reste, font semblant de partir... C'est chez elles affaire d'amour-propre. Ainsi, pas plus tard qu'hier, une d'elles me disait : « Tu sais, mon petit, je vais à la mer la semaine prochaine ! » Et comme je lui demandais où, vers l'Océan, vers la Manche ou vers la Méditerranée ? « Je vais à Vichy ! » me répondit-elle ingénuement. Cette réponse, outre qu'elle dénotait des notions géographiques un peu vagues, prouvait à l'évidence que la pauvre fille n'était point des heureuses qui vont à la mer pour de bon, et que sa villégiature se passerait *intra muros,* comme, d'ailleurs, pour la plupart de ses pareilles.

— Et celles-là, les déshéritées, que font-elles de leur... congé trimestriel ?

— Ce qu'elles font ?... Elles ressuscitent — pour les malins qui, comme moi, restent à Paris durant la canicule — le vieux Quartier-Latin de Mürger... Elles nous aiment pour nous-mêmes...

— Vieux fat !

— Oui, mon bon, pour nous-mêmes !... Elles

partagent gaiement le modeste picotin que notre gargotier — le seul homme dont les illusions sur notre avenir (?) soient encore tenaces — s'obstine à nous fournir à l'œil... pendant trois mois, elles oublient qu'il existe des ronds de métal avec Napoléon III ou la République dessus, et doucement elles se laissent vivre, sans trop penser à ce « petit homme », qui, de temps à autre, leur envoie quelques variantes enflammées, et franches de port, de l'épître classique de Gustave Nadaud : *Je t'ai promis, petite folle*, etc.

— Eh ! mon gaillard, il n'y a pas, ce me semble, que des épines dans la vie de bohème... il y a des roses aussi...

— Qu'on effeuille dans les prix doux !... Ce sont des petits bénéfices, à nous autres les vieilles barbes du Quartier !... Mais il y a le revers de la médaille !... Lorsqu'on est trop connu, comme moi, on finit, ma parole, par avoir trop de bonheur !... Il y a des jours où j'ai l'air d'un pacha traînant son sérail à sa suite. Ces jours-là, je me regarde à la glace, et quand je vois cette couronne de neige autour de mon front dénudé, j'ai presque envie de jouer les Tircis !

— Gardez-vous en bien !... Si vous lâchiez pied, que deviendraient ces malheureuses ?

— Bast !... Un clou chasse l'autre ! A qui le tour ?... Si le cœur vous en dit !...

— Voulez-vous bien vous taire !

LA VIE PARISIENNE
EN VOYAGE

LES ILES DE LA MANCHE

JERSEY

Saint-Hélier, août 1885.

Chaque fois que je quitte Paris « pour de bon », c'est du côté de la mer que je me sens tout d'abord attiré. Non par pure fantaisie, mais par je ne sais quel irrésistible magnétisme. Tous ceux qui, comme moi, vivent, onze mois sur douze, dans le tumulte parisien, éprouvent cette nostalgie des espaces mornes et silencieux. C'est pourquoi, vendredi matin, j'étais à Granville, et, quelques heures plus tard, je prenais le paquebot pour Jersey. Il faisait un vent à décorner Sganarelle, et plus d'un voyageur à bord regrettait le temps où l'évêque d'Avranches, à marée basse, traversait, sur un petit pont de bois, l'étroit chenal qui séparait le territoire avranchin du territoire jersiais, ces deux joyaux de sa couronne pastorale.

Jersey n'est plus à découvrir; Guernesey non plus. Il y a longtemps que ces deux îles jumelles ont eu leur Cristophe Colomb et leur Vespuce, lesquels ont fait de nombreux petits. Pour ne parler que d'un seul, et du plus illustre, Victor Hugo, il a mis sur l'une et sur l'autre sa griffe géniale. Ces deux étapes de l'exil nous apparaissent, avec une vigueur d'eau-forte, à travers le double prisme de la Poésie et de la Prose où furent coulées, comme en un moule immortel, la *Légende des Siècles* et *Notre-Dame de Paris*. On ne les voit pas seulement, on les sent vivre. Elles représentent pour nous plus et mieux que ces oasis de verdure et de fleurs chantées par les Badeker et les Johanne ; elles représentent un coin de la patrie française, car la France est partout où rayonne son génie, et c'est de là que, de 1852 à l'année terrible, ont rayonné sur le monde les plus belles inspirations du génie français.

Aussi me bornerai-je à vous donner, au hasard de la plume, quelques impressions personnelles, à coudre tant bien que mal les notes jetées de-ci de-là sur mon carnet de voyage. Je suis en terre anglaise, la terre classique de l'humour ; ce serait le diable s'il ne m'en restait pas quelque chose au bout des doigt.

En dépit de la *Société contre l'abus du Tabac,* sur vingt Français, il y en a dix-neuf qui fument. Sur vingt Français qui passent la Manche, il y en a dix-neuf qui se disent, en se frottant les mains : « Je vais donc fumer un bon cigare ! » Fumer un bon cigare est le rêve de tous ceux qui, d'un bout de l'année à l'autre, se répandent en imprécations aussi vaines que légitimes contre la Régie. Il n'y a pas de Régie en Angleterre. Heureuse Angleterre ! Les meilleurs produits de la Havane y arrivent en franchise, sans être frappés de ces taxes draconniennes qui les rendent accessibles aux seuls nababs. Une fois là-bas, on va pouvoir se payer le luxe — et dans les prix doux — d'un puros authentique. Et l'on vit pendant tout le voyage dans une atmosphère de vapeur délicieusement ambrée. On en oublie jusqu'au mal de mer. Ne servirait-elle qu'à cela, il faudrait bénir cette illusion, car, hélas! c'en est une.

Saint-Hélier!... On — je dis « on », car la mésaventure est tout à fait impersonnelle, tout le monde y passe, comme sur le pont d'Avignon! — on prend à peine le temps de déposer sa valise à l'hôtel, et l'on s'élance par la ville à la recherche du cigare rêvé. Ce n'est pas le choix qui manque : il en est ici des débitants de tabac comme chez nous des marchands de vin, — on ne peut faire trois pas sans se heurter à leurs étalages. Et quels étalages! C'est une aveuglante mosaïque de boîtes bizarrement peinturlurées, où toutes les marques de la Havane se coudoient dans un indescriptible chatoiement de tous crus et de couleurs voyantes!... Il y a là tous les échantillons de cigares connus et inconnus, les gros, les petits, les moyens, le « panatellas » géant à côté de l' « opéra » minuscule, tous propres, cirés, lustrés, enrubannés, chargés de bagues comme les odalisques, et vous envoyant à travers la vitre toute sorte d'engageants et voluptueux parfums!... A qui donner la préférence?... Vous entrez dans la première boutique venue, et tout d'abord le boutiquier vous demande :

— Monsieur désire-t-il des cigares pour la rue ou pour l'appartement?

Et comme vous restez rêveur devant cette question saugrenue, le boutiquier reprend avec un sourire où perce un dédain tout britannique :

— On voit bien que monsieur est Français !...

L'Anglais est méthodique en ceci comme en tout le reste !... Dans la rue, il fume n'importe quoi, du papier, du chiendent, du varech ou de la paille... Pourvu que ça fasse de la fumée, il suffit... Noire ou blanche, autant en emporte la brise !... Mais chez lui, quand il digère, il lui faut des sensations plus délicates. un arome qui flatte en même temps son palais et son odorat... D'où la distinction qui vous offusque.

La théorie vous paraît un peu bien subtile et bien... anglaise. Mais, pour couper court à plus ample démonstration, vous demandez des cigares « d'appartement ».

Alors, le boutiquier vous tend, comme il vous tendrait un reliquaire, une boîte flamboyante, où sèchent une cinquantaine de cigares rabougris, d'une coloration douteuse, quelque chose d'innommable entre le *maduro* et le *claro* — coût : une livre — et, faisant claquer sa langue, il vous dit:

— Fumez ça... vous m'en direz des nouvelles !

Alléché par cette pantomime, vous rentrez à l'hôtel... Et là, commodément assis, à la terrasse ouverte sur la mer, vous vous recueillez dans l'attitude qui convient pour savourer un pur havane. L'allumette flambe... Horreur ! Le pur havane est un abominable mégot, puant, charbonneux, dont l'âcreté vous prend à la gorge, et d'où s'exhale une fumée noirâtre comme celle que crachent les locomotives !... Le rêve d'ambre est évanoui !

Parisiens, mes frères, vous voilà prévenus.

Quand vous partirez en voyage, faites vos provisions de cigares... à la Régie... Au moins, on sait ce qu'on emporte et on est fixé sur ce qu'on fume!

Un autre rêve du Parisien à l'étranger, c'est de rencontrer des compatriotes. Il est d'une réalisation facile à Saint-Hélier, où l'on se heurte encore à pas mal d'épaves de l'exil. Elles viennent échouer le soir au casino. Cet établissement — tenu par un ancien prix du Conservatoire, M. Georges Auvray, ci-devant directeur du concert Vivienne — est une construction modeste, mais assez gentiment aménagée, qui rappelle les intérieurs suédois dont nous avons vu de si curieux spécimens à l'Exposition universelle. On y fait d'excellente musique et on y donne de jolis bals, où la « société » jersiaise daigne étaler ses grâces, les hommes en habit noir et la fleur à la boutonnière, les femmes montrant de leurs charmes ce que la pruderie britannique en permet. Dans ma tenue un peu libre de voyageur, je faisais assez piteuse figure. Mais je me consolais en songeant que c'était comme une revanche non préméditée du sans-gêne où les Anglais se complaisent chez nous. Et j'éprouvais une maligne satisfaction à leur rendre — chez eux — leur... impolitesse.

J'ai fait au Casino l'agréable rencontre de notre confrère Félicien Champsaur et des peintres Feyen-Perrin et Raffaeli. Raffaeli s'est installé, pour deux mois, dans le pittoresque village de Goray, au bord de cette baie admirable, ensoleillée et poétique comme la baie des Anges. Feyen-Perrin habite, à Marine-Terrace, une petite maison voisine de celle où vécut quatre ans Victor Hugo. Quant à Félicien Champsaur, il bivouaque en étudiant dans une petite chambre ayant vue sur la mer, véritable campement de poète, et, aux heures de *farniente*, il s'imprègne de vie locale, avec l'arrière-pensée, j'imagine, de donner *Miss England* comme pendant à *Miss America*.

— Vous arrivez mal, me dit Feyen-Perrin. Pendant deux jours, il n'y aura rien à faire à Jersey pour un touriste.

— Bah !

— C'est demain dimanche et c'est après-demain le Holyday-Bank, jour de chômage pour tous les employés. Jusqu'à mardi, vous ne pourrez envoyer ni lettres ni dépêches et vous ne pourrez en recevoir.

— J'envisage sans effroi cette perspective.

— Oui, mais, jusqu'à mardi, l'île appartient à ces libérés du travail. Toutes les routes sont encombrées de mails, de breaks, de landaus ou de « wagonnets », brouettant des légions bruyantes d'excursionnistes. Saint-Hélier et sa banlieue sont transformés en un vaste champ de foire, avec jongleurs, équilibristes, clowns, minstrels et cirques, qui racontent au bon peuple crédule la légende héroïque des Anglais au Soudan. Le soir, les rues deviennent impraticables, le trottoir et la chaussée étant envahis par les filles qui fêtent à leur façon le Holyday-Bank, et qu'on laisse libres ici comme les chiens à Constantinople. Il n'y a pas de ville où la prostitution s'exerce avec cette impudeur. Dès que le gaz s'allume, King-street offre l'aspect de Hay-Market aux approches de minuit. Le *Pall Mall* trouverait ici de quoi faire aller joliment son commerce !

— Fâcheux contretemps !

— Attendez donc! Vous pousserez bien une pointe jusqu'à Guernesey?

— Certes!

— Alors, tout est pour le mieux. Tous les ans, à cette époque, cette île est le but d'un joyeux pèlerinage. Et, par exception, le bateau qui vous emmène le matin vous ramène le soir. Cela suffit, car, pour nous autres Français, tout Guernesey se résume dans Hauteville-house.

— Merci du renseignement. Demain je prendrai le bateau pour Guernesey. *All right!*

GUERNESEY

Août 1885.

Feyen-Perrin avait bien raison de dire que, pour nous autres Français, tout Guernesey se résume en Hauteville-house.

On m'avait vanté le pittoresque de cette île, sa végétation luxuriante, ses perspectives incomparables. De tout cela, je n'ai rien vu que la maison, désormais historique, où Victor Hugo vécut les longues années de l'exil.

Je défie tout homme ayant dans les veines une goutte du vieux sang gaulois d'échapper à cette fascination, de se dérober à cet hypnotisme. Les Anglais eux-mêmes ne s'en défendent pas. Hauteville-house est ici leur premier objectif; et j'ai vu mes compagnons de voyage se découvrir avec respect devant ces murs mélancoliques, dont les fenêtres closes ressemblent à des paupières éteintes, d'où la vie s'est envolée, mais où l'on sent palpiter « l'âme des pierres ».

Tout, du reste, prédispose à cet hommage quasi religieux. Les Guides locaux recommandent aux excursionnistes la maison du poète comme une sorte de monument national. C'est triste à dire, mais nous sommes moins soigneux de nos gloires que les Anglais ne le sont des gloires étrangères ; et je leur pardonne bien des choses en faveur du culte qu'ils ont voué — mettant leur admiration au-dessus de leurs rancunes — au chantre inspiré de *Waterloo*.

La première impression qu'on éprouve en mettant le pied dans l'île est une impression de regret. On regrette que Victor Hugo ne soit pas enseveli, mort, sur ce rocher où lui-même s'était enseveli vivant. C'était bien là la tombe rêvée pour ce *tenax propositi vir*, qu'Horace semble avoir prophétisé dans une ode célèbre, sous le grand ciel dont il avait compté les étoiles, en face de cet Océan dont il avait rythmé les tempêtes. Chateaubriand, si fièrement couché sur son granit de Saint-Malo, avait moins mérité cette suprême apothéose que son illustre contemporain. L'ombre auguste aurait eu là plus de dévots et de fidèles qu'elle n'en aura dans les caves mornes et froides du Panthéon. Il y a des solitudes qui remplissent le monde de leur majesté. Sainte-Hélène, veuve de son cercueil, rayonnera toujours au-dessus des Invalides.

Que va devenir Hauteville-house ? Les bruits les plus étranges circulent à cet égard dans la contrée. Le moins romanesque est celui d'après lequel la maison serait convertie en une sorte de Musée où serait reconstruite, période par période, l'existence de Victor Hugo, et où l'on organiserait des pèlerinages... laïques. Je vous donne la chose pour ce qu'elle vaut et telle qu'on me l'a contée. Il me paraît douteux, pour ma part, que les héritiers du poète aliènent ainsi le lot le plus précieux de son héritage, celui-là même où il a laissé le plus de lui, où on le sent le mieux se survivre. Je crois plutôt qu'ils mettront une sorte de superstition filiale à le garder tel qu'il l'avait créé pièce à pièce, et qu'ils y viendront quelquefois converser avec sa grande ombre et se retremper dans son glorieux souvenir. C'est, du moins, ce qu'indique la venue prochaine de Mme Lockroy, qu'on attend d'un jour à l'autre, à Guernesey, avec Georges et Jeanne.

Je ne connaissais pas Hauteville-house et je l'ai reconnue. Il n'y a pas de maison plus souvent décrite et dont la photographie, sous tous ses aspects et dans ses moindres recoins, soit plus populaire. Pendant ces dernières années surtout, où la personnalité du poète est devenue la proie des anecdotiers et des biographes, on l'a tellement dépeinte, croquée, cataloguée, inventoriée, qu'elle en est presque banale. Je ne m'attarderai pas à cette besogne de commissaire-priseur; et je m'en voudrais d'ajouter un post-scriptum aux pages exquises qu'Hauteville-house a tirées du cœur d'Auguste Vacquerie et qui font un si magnifique épilogue à son recueil original de *Profils et Grimaces*. Ces pages en tête, je me suis promené dans toute la maison comme dans un milieu familier, et, replié sur moi-même, j'ai remonté la pente fleurie des souvenirs.

Qu'ils lèvent la main, les hommes de ma génération — ceux dont les beaux vingt ans battaient leur plein vers 1860 — qui n'ont pas adressé leur hommage lyrique, — ode, élégie ou sonnet — à Victor Hugo, et qui n'ont pas, en échange, reçu de lui le baptême qu'il avait reçu jadis de Chateaubriand ! Qu'ils lèvent la main ceux qui n'ont pas gardé, comme une relique, dans quelque tiroir, la preuve écrite de ce parrainage ! En ce temps-là, j'appartenais encore à la grande famille universitaire, et j'initiais les jeunes Auvergnats — enfants alors, hommes aujourd'hui — aux aventures merveilleuses du *Pater Æneas*. Mais la douce poésie virgilienne me paraissait fade auprès de la mâle poésie de l'exil, résumée en ce vers unique :

Et s'il n'en reste qu'un, je serai celui-là !

Il me hantait, ce vers, il m'obsédait ; ces douze syllabes dansaient dans mon imagination avec une continuité cauchemardante. Si bien qu'une nuit j'en fis une médiocre paraphrase en alexandrins dont la seule excuse était d'être opulemment rimés, et qu'au réveil je les envoyai sans les relire — si je les avais relus, je ne les aurais pas envoyés — au solitaire d'Hauteville-house, avec cette épigraphe où le pédant montrait le bout de l'oreille : *Disjecti membra poetæ*.

Faut-il vous dire que j'eusse donné l'un de mes bras pour avoir une réponse ? Mais je n'osais l'espérer. Or, un matin, après ma classe, je reçus l'avis suivant : « Prière à M. Parisis de passer chez le directeur des postes pour affaire qui le concerne ».

J'eus comme un pressentiment vague qu'il y avait du Guernesey dans l'affaire, et, dix minutes plus tard, j'étais au rendez-vous.

Le directeur des postes me reçut d'un air rogue :

— Monsieur, me dit-il, j'ai là pour vous une lettre qui vient...

— De Guernesey? m'écriai-je.

— Précisément. L'adresse est de la main de Victor Hugo... — Il disait Ugo comme on dit Ugène! — Il n'y a pas à s'y tromper... D'ailleurs, nous avons le fac-similé de son écriture... S'il s'agissait d'une lettre ordinaire, vous l'auriez reçue directement... Mais ses dimensions et son poids me font craindre qu'il n'y ait sous l'enveloppe quelqu'un de ces infâââmes libelles où notre auguste souverain est outrageusement vilipendé !... Dans le doute, mes instructions sont formelles,.. Je n'ai pas le droit de rompre le cachet de cette lettre, mais j'ai le devoir de vous inviter à l'ouvrir devant moi!

Ah! le joli seau d'eau froide! A ce moment, je n'entrevoyais pas encore le journalisme comme un port de salut... L'enseignement était mon gagne-pain... En une seconde, j'eus la fâcheuse vision de ma carrière brisée, de mon avenir perdu, de ma famille en larmes!... Cependant, je payai d'audace... J'invoquai le secret des lettres, les privilèges de l'homme libre, les droits du citoyen, les immortels principes de 89 !... L'homme restait de marbre... Il m'interrompit :

— Si vous vous obstinez à ne pas vouloir ouvrir cette lettre, j'aurai le regret de l'ouvrir moi-même!

Il me vint alors une inspiration d'en haut.

— Monsieur, dis-je, si dure que soit la loi, je me résigne à la subir... Mais je désire, au préalable, soumettre le cas à M. le préfet.

— A votre aise.

Le préfet de Clermont était un excellent homme,

d'esprit très libéral, aux idées larges. Son fils était un de mes élèves, et, à ce titre, il m'honorait de quelque amitié. Je lui contai la chose. Il sourit et grommela :

— Ces poètes n'en font jamais d'autres !

Puis, sonnant un de ses secrétaires, il lui dit tout bas quelques mots. Le secrétaire sortit et revint, un quart d'heure après, apportant la lettre fatale. Comme j'avançais la main pour la saisir :

— Minute ! fit le préfet.

Et prestement il déchira l'enveloppe, d'où s'échappèrent, avec un bout de papier couvert d'une large écriture, deux liasses de livraisons imprimées menu : l'édition bijou de *Napoléon le Petit* et des *Châtiments*.

— Prenez votre lettre, me dit-il... moi, je garde le corps du délit !... Allez, et que jamais plus on ne vous y pince !

Je m'esquivai sans demander mon reste... Et, dans la rue, je couvrais la chère missive de baisers fous !... Moi aussi, j'avais le baptême !... Mais je regrettais les *Châtiments* et *Napoléon le Petit !*

Le lendemain, il y avait « petit-vendredi » chez la préfète. Ce soir-là, cette femme supérieure réunissait quelques intimes, et, dans ce salon choisi, on passait le temps à deviser des choses d'art et de littérature. La politique était sévèrement consignée.

Je m'arrêtai sur le seuil. On faisait cercle autour de la préfète, qui, de sa belle voix harmonieuse et chantante, disait des strophes dont je ne percevais, de loin, que le rythme fier et sonore.

Tout à coup, avec un geste superbe et d'un

accent énergique, elle lança ce vers qui, si long-temps, avait enfiévré mon cerveau :

Et s'il n'en reste qu'un, je serai celui-là !

La préfète donnait à ses invités la primeur de « mes » *Châtiments !*
On n'était pas si farouche que ça sous l'Empire !

A TRAVERS LA HONGRIE

DE PARIS A VIENNE

Vienne, 9 août 1885.

Tout le monde connaît le but du voyage de la délégation française en Hongrie et les raisons de sympathie réciproque qui l'ont déterminé.

Nous étions quarante, chiffre adopté, comme le disait plaisamment Ulbach, à cause de son caractère académique, M. de Lesseps, membre de l'Académie française, étant le chef de l'expédition, et M. Coppée, également de l'Académie française, son lieutenant en premier. Je passe les autres ; mais je veux tirer de pair le nom d'un jeune Hongrois presque héroïque, M. Attila de Szemeré — prénom oblige — qui, dédaignant la distance et bravant la canicule, est venu nous prendre à Paris, s'est fait notre fourrier tout le long de la route et sera notre cicerone pendant notre séjour à Buda-Pest. Si le cicerone est à la hauteur du fourrier, jamais touristes n'auront été pilotés avec plus de dévouement affectueux, d'intelligence et de zèle.

Avant le départ, M. de Szemeré nous a mis à chacun une cocarde à la boutonnière. Cette cocarde, en soie cerclée d'or, aux armes et aux couleurs de Hongrie, porte en exergue ces mots : « Les Magyars vous invitent aux fêtes de Buda-Pest, du 9 au 18 août ». C'est le signe auquel les Hongrois reconnaîtront leurs hôtes de France.

L'Orient-Express s'ébranle. A peine a-t-il dépassé le premier tunnel que de stridents appels de cloche retentissent dans les couloirs. C'est le dîner qu'ils annoncent.

On se presse, on se bouscule autour de l'étroite issue. Les tables sont prises d'assaut ; on s'arrache les couverts, les verres et les assiettes ; enfin on se tasse tant bien que mal. Mais, comme tout le monde se connaît, qu'il n'y a pas d'intrus, rien que des camarades, il n'y a pas de couples fâcheusement assortis.

Alors commence une scène indescriptible, quelque chose d'inouï, de fou, d'inénarrable. Le bruit des voix qui s'appellent et se répondent domine le bruit du train roulant à toute vitesse, comme le tumulte des flots en fureur domine celui de l'ouragan déchaîné. Vues de la route, ces six voitures dans leur élan vertigineux, avec ces ombres collées aux vitres, sous l'étincellement des flammes vacillantes, devaient donner l'illusion de quelque chevauchée fantastique.

Au dedans, tout à la joie. Il ne manque que la musique de Farhbach. Mais, à défaut du maître autrichien, on a des maîtres français. Il y a là Massenet, il y a Delibes, il y a Gouzien qui cultive la Muse légère. De cette collaboration naît une rhapsodie cocasse, sur laquelle les paroles viennent se plaquer d'elles-mêmes comme par une sorte de génération spontanée. Ce sera la *Marseillaise* du voyage.

Des hourrahs frénétiques saluent le dernier couplet. Puis, Clairin, en arabe, entonne le *chant du Muezzin*. C'est le couvre-feu. La fête finit dans les flots de champagne.

On sort à la queue leu leu pour regagner chacun son lit. Nous saluons au passage un couple qui n'est pas de la bande — attablé dans un coin du dining-room, et qui ne se plaindra pas de ne pas en avoir eu pour son argent.

— Ils sont gais, ces jeunes gens, dit tout bas la dame au monsieur, et très distingués !

— Oui, répond le monsieur à la dame, très distingués, mais un peu communs !

Avricourt. — Frontière allemande. Plus de chants, plus de cris, recueillement absolu. Il en sera de même jusqu'à la frontière autrichienne. C'est le mot d'ordre.

Simbach. — Première apparition du Danube. Tout le monde, aux croisées, entonne la valse de Strauss. On est en pays ami.

Lintz. — Le jeune prince Ferdinand de Saxe-Cobourg Gotha monte dans le train avec trois de ses officiers.

On dîne, nous dans la grande salle, le prince et ses officiers dans le petit salon qui précède.

Contrairement à celui de la veille, le dîner est exécrable et lentement servi. Par surcroît, des odeurs nauséabondes arrivent de la cuisine. Un loustic s'écrie :

— C'est le carrefour Graillon !

Delibes rend au maître d'hôtel sa truite qui pue la vase :

— J'aime mieux, lui dit-il, la rendre *avant!*

Le colonel Lichtenstein, que l'appétit mord aux entrailles, s'absorbe dans une muette et noire mélancolie.

— Dans quel corps sert donc le colonel ? demande à Clairin son voisin de table.

— Ça se voit bien, répond le peintre, il sert dans le cor... billard !

Au dessert, le prince de Saxe-Cobourg exprime le désir de saluer M. de Lesseps.

Après un échange de paroles courtoises, Son Altesse regagne son petit salon. Puis, revenant au bout de quelques secondes :

— Monsieur, dit-il, mes officiers sollicitent à leur tour la faveur d'être présentés au grand Français !

La présentation se fait dans les formes les plus cordiales ; et cet hommage, rendu si délicatement à notre chef de file, chatouille délicieusement notre fibre française.

Vienne. — M. Foucher de Careil, ambassadeur de France, oublie de nous recevoir sur le quai.

DE VIENNE A BUDA-PESTH

10 août.

J'entends le lecteur se dire, avec un sourire sceptique : « Ce Parisis est-il assez du Midi?... Comme il a l'emballement facile ! »

Eh bien! oui, je suis emballé ; et j'avoue cyniquement que je suis heureux de l'être. On a dit que le Français était né malin ; on aurait dû, pour compléter la ressemblance, ajouter : et gobeur. S'il a l'esprit tourné vers la blague, il a le cœur prompt à ressentir toutes les émotions grandes et généreuses. Ceci est l'excuse de cela. Quant à moi, depuis hier, je gobe, je gobe, que ç'en est une bénédiction ! Ils auraient bien ri, les bons petits camarades du boulevard, s'ils m'avaient vu pleurer comme une bête à bord du bateau sur lequel, depuis Szobb jusqu'à Buda-Pesth, nous avons descendu le beau Danube.

Que voulez-vous ? Je ne suis pas né sur les marches d'un trône, et je n'ai point l'habitude des triomphantes tournées, des fanatiques ovations dont les souverains seuls ont eu jusqu'à présent le monopole. Il faut pardonner à l'effarement naturel d'un « premier début ». D'ailleurs, ce n'est point de ma faute si ce voyage, commencé comme une simple excursion de plaisir, s'est changé tout à coup en une manifestation enthousiaste.

Mais il n'y a pas de paroles qui vaillent le simple récit des faits. Le voici donc dans sa sincérité brutale.

Samedi soir, 10 h. 30. — L'Orient-Express entre en gare de Vienne. On croyait trouver M. l'ambassadeur de France sur le quai ; on n'y trouve qu'un de ses secrétaires, M. Marchand. Si M. Foucher de Careil, pressentant l'accueil dont nous allions être l'objet en Hongrie, a craint d'engager la responsabilité gouvernementale, il a fait acte de diplomate trop craintif et trop avisé. Faut de la diplomatie, pas trop n'en faut. Si non, il a commis une impolitesse gratuite vis-à-vis de M. de Lesseps et de la délégation française. Je crois être, en disant cela, l'interprète de tous mes compagnons.

Dimanche matin, 4 heures. — L'Orient-Express nous débarque à Szobb. Le programme veut que nous entrions à Buda-Pesth par le Danube, et c'est là notre port d'embarquement. On y perd quelques heures, mais on nous promet de telles compensations, au point de vue pittoresque, que personne ne songe à protester.

Comme le bateau ne doit partir que dans deux heures, nous faisons d'abord une halte à la villa Luczenbacher, et là nous avons un avant-goût des émotions qui nous attendent. Une jeune fille, ceinte d'une écharpe aux couleurs françaises, souhaite, dans un petit speech très gentiment tourné, la bienvenue à M. de Lesseps. C'est la France qui reçoit la France : délicate façon de nous dire qu'en mettant le pied sur la terre hongroise les Français sont chez eux. On nous donne, dès le seuil, le *la*, la note dominante du voyage. Après quoi, notre compatriote distribue à chacun de nous un bouquet de roses, avec cette dédicace sur un bout de vélin aux coins dorés :

« Soyez les bienvenus dans ma seconde patrie ; permettez ce souhait à votre compatriote qui, en 1870, après la guerre, est restée orpheline, et, par bonté de messieurs et madame de Luczenbacher, a trouvé un asile dans ce pays.

« Anette Baille,
« Née à Lunéville, en France. »

Première larme, — des bonnes, celle-là. Nous montons à bord, ces chères fleurs à la boutonnière.

Tous les mâts sont pavoisés. Les trois couleurs hongroises mariées aux trois couleurs françaises flottent joyeusement dans les airs. Les officiers.

en grande tenue, nous reçoivent au haut de l'échelle ; l'équipage nous accueille par des « Eljen! » cent fois répétés. « Eljen ! » c'est le « Vivat ! » des Hongrois. Nous allons l'entendre si souvent, que nous en emporterons pour de longs jours le joyeux et fraternel écho dans nos oreilles.

Un coup de sifflet. Le bateau démarre. Là-bas, le soleil se lève et couvre le fleuve bleu d'une immense nappe d'or. Nous aspirons par tous les pores la pénétrante poésie de la valse de Strauss. Sur la droite, le vieux château de Visegrad, qui chante la gloire de Mathias Corvin, dresse sa fière silhouette. On vogue en pleine féerie.

Mais la réalité — une réalité bien douce — nous déborde. Sur les deux rives, toutes les populations sont massées. Les « Eljen ! » éclatent au milieu des détonations des pièces d'artifice. Les femmes agitent leurs mouchoirs, les hommes font flotter les trois couleurs, qui ne furent jamais à pareille fête, même lorsqu'elles firent le tour du monde. De la berge, on crie à pleins poumons : « Vive la France ! » Du bord, on répond, les mains tendues : « Vive la Hongrie ! » On s'embrasserait s'il n'y avait le Danube entre nous et ces braves gens. On regrette qu'il soit si large. Deuxième larme. Dites que je suis idiot, mais c'est comme ça.

En vue de Vacz, le bateau stoppe. La petite ville s'est levée tôt ; elle est toute entière aux fenêtres, l' « eljen ! » aux lèvres et le mouchoir aux mains. Une petite flottille, pavoisée aux couleurs françaises, évolue autour de nous. On dirait le Canal-Grande par un soir de fête. Dans une barque, plus grande et mieux ornée, la musique locale joue la *Marseillaise*. Chez nous les braillards, en abusant de cet hymne superbe, l'ont banalisé, presque profané. A l'étranger, il nous apparaît comme le fier symbole, l'âme chantante de la Patrie.

La barque nous accoste. Un homme monte à bord : c'est le maître d'école de Vacz. Il offre à M. de Lesseps une couronne bleu, blanc, rouge, avec flots de rubans assortis, et prononce, en excellent français, quelques paroles où vibre une sympathie si chaleureuse, que nous en sommes tous remués. Troisième larme. Dame! le brave Turr, qui n'est pourtant pas de France, et qui nous accompagne, est bien là qui pleure, lui aussi, dans son coin !

9 *heures*. — Voici Buda-Pesth. Ici nous entrons dans l'invraisemblable. Mais, vous savez, le vrai peut quelquefois... Les ponts gigantesques qui relient les deux villes croûlent sous le poids des curieux. Des deux côtés, les quais donnent l'illusion d'une fourmilière humaine. Les fenêtres offrent l'aspect des loges à l'Opéra, les jours de représentation gratuite. Les voleurs, s'il y avait des voleurs en Hongrie, auraient eu beau jeu ce matin-là. Toutes les maisons étaient vides.

On débarque. Ce n'est point aisé. La passerelle est prise d'assaut. Il faut à grand'peine se frayer un chemin à travers les sourires des dames et les poignées de main des hommes. « Eljen! Eljen! Vive la France! Vive la Hongrie! » De toutes parts, ces cris se croisent et se répondent, lancés par cent mille poitrines. La députation de la ville ayant à sa tête le comte Zichy, le vieil ami de la France, le maire de Pesth et le président de l'Exposition, sous-secrétaire d'Etat au commerce, nous reçoit les mains tendues, je pourrais dire les bras ouverts. Ces messieurs parlent ; M. de Lesseps, en quelques paroles pleines d'à-propos, se fait notre éloquent interprète. « Eljen ! Eljen ! » Des voitures nous attendent. Le Grand Français monte dans celle du comte Zichy, que conduit un cocher superbe, en costume national. Nous partons à sa suite. Tout Pesth nous fait cortège ; et c'est au milieu d'une mer de chapeaux et de mouchoirs joyeusement agités, dans une tempête de hurrahs enthousiastes, que nous atteignons l'hôtel de la Reine-d'Angleterre.

Chacun de nous a son garde du corps, qui s'est fait son ombre, et qui ne le lâchera pas jusqu'au départ. Moi, j'en ai deux : un Hongrois des plus aimables, M. Aymeric Hucsar, et le brave colonel Teleki, un des héros de la guerre de l'indépendance et de l'épopée garibaldienne, qui fut notre hôte à Paris pendant de longues années d'exil et qui, pour cette raison, adore la France. Cet excellent homme m'a pris, dès le début, en très vive affection ; il ne m'appelle que « Mon Français ». Moi, je l'appelle « Mon Hongrois »... et nous ne sommes pas quittes.

Je ne peux, après ce préambule déjà long, que vous résumer ces deux journées en quelques lignes. En vingt-quatre heures, nous avons eu trois banquets : un au Club des Gens de Lettres et des Artistes ; un autre, offert par les mêmes, à l'hôtel Frohner ; un troisième, enfin, dans les Caves centrales. A ce dernier, nous avons dégusté jusqu'à dix-huit espèces de vins ! S'il s'est glissé quelque pataquès dans cette relation écrite au sortir de cette séance bachique, vous saurez faire la part équitable des responsabilités.

Dois-je parler des toasts? Il faudrait mettre des rallonges à cette lettre. Je me contenterai de dire que MM. de Lesseps, François Coppée, Louis Ulbach, Yung, Ratisbonne, ont fait assaut d'éloquence avec les orateurs hongrois, dont Maurice Jokai, le romancier illustre, a été le plus applaudi. On a, dans ces trois meetings gastronomiques, consommé plus de paroles qu'on n'a bu de gouttes de Tokai. Et je vous jure que ce n'est pas peu dire.

Entre temps, on nous a donné, sur le théâtre de Bude, le régal d'une pièce du cru, le *Bonnet rouge*, où nous avons fêté Mme Blaha-Luisa, une artiste *di cartello* qui joue et chante comme Judic ; et celui d'une visite à l'Exposition, visite dont les Tziganes — des vrais — ont égayé les intermèdes.

Elle est ravissante, cette Exposition. Ce qui m'y a le plus charmé, c'est la section du travail national. Toute la Hongrie est là, vue à vol d'oiseau. On m'a montré les premiers travaux du jeune Munkacsy, alors qu'il était apprenti menuisier et ne prévoyait pas ses destinées futures. Ce sont deux espèces de coffres à bois, sur les panneaux desquels il a peint des guirlandes de roses. Ses premiers essais. Il a fait du chemin, le petit ébéniste, depuis cet embryon informe jusqu'au *Christ en croix*, qui figure à cette Exposition, dans la galerie des Beaux-Arts.

BUDA-PESTH

12 août 1885.

On comprend que cette relation ne peut avoir que le caractère de notes prises au vol dans l'effarement d'une réception comme aucun souverain adoré de son peuple — au temps préhistorique où les peuples adoraient leurs souverains — n'en eut de pareille.

Vous vous rappelez ce joli dessin de Cham : Gambetta devant la statue de Louis XIV à Versailles, — et l'immortelle légende : *Et moi aussi, j'ai joué le rôle en province !*

Eh bien ! quand nous serons rentrés de cette excursion au pays du rêve, nous pourrons dire, nous qui pourtant ne sommes pas des tribuns : *Nous aussi, nous avons joué le rôle en Hongrie !*

Mais reprenons dans l'ordre.

Lundi soir. — C'est l'apothéose de François Coppée et d'Abraham Dreyfus, dont les œuvres faisaient les frais de cette belle représentation au Théâtre-National. Nos deux compatriotes ont été traînés, à six reprises différentes, sur la scène, acclamés, bombardés de fleurs par toute une salle en délire. Après le *Mariage forcé*, comme on était en train, on a redemandé Molière ; mais il s'est modestement dérobé.

Troupe excellente, dont l'étoile est Mme Markus Pulszky, comédienne exquise en même temps que gentlewoman accomplie, et femme du jeune député au Parlement hongrois, directeur de la Galerie nationale, qui s'est multiplié pour nous faire les honneurs de Buda-Pesth. A Buda-Pesth, les Pulszky sont légion, mais une légion d'élite, et le père, inspecteur général des musées, député comme son fils, est un des plus grands historiens dont la Hongrie s'honore.

C'est Mme Pulszky qui nous reçoit, après le spectacle, dans la magnifique rotonde du Musée National, où la Société des Gens de Lettres et des Artistes hongrois nous offre une fête de nuit. Je vous renvoie aux *Mille et une Nuits* pour trouver un cadre analogue, avec, en plus, la lumière électrique qui n'existait pas au temps du farouche Schariar et de la belle Shéhérazade. Au dedans, toute la belle société de Pesth ; au dehors, toute la population échelonnée le long des grilles, et accompagnant de ses « Eljen ! » et de ses « Vive la France ! » la musique endiablée des Tziganes. Après un souper de trois cents couverts, princièrement servi, l'orchestre attaque une czarda. Alors commencent, pour se prolonger jusqu'à l'aurore, ces danses étranges, voluptueuses, tout imprégnées de sensualisme oriental, qui décuplent les enivrements et les sensations de la valse.

Les dames hongroises y défient les cavaliers français, qui, excités par l'irrésistible puissance du rythme, se mettent de la partie. Une jeune fille prend le bras de M. de Lesseps et l'entraîne à sa suite dans la ronde vertigineuse. On fait cercle autour de ce couple original qui réalise si bien l'axiome : « Les extrêmes se touchent », on applaudit aux quatre fois vingt ans, si crânement portés, de M. de Lesseps, qui, toujours frais, souriant et dispos, après cet orageux exercice, dépose sur le front de sa jolie danseuse un baiser insuffisamment paternel. Eljen ! Eljen !

Comment dormir après cela ? D'ailleurs, on n'en a pas le temps, car, à l'aube, on nous éveille, pour nous donner le régal d'une promenade matinale sur le Danube.

Mardi 11 *août*. — Sur le parcours, on visite le château royal et les jardins, d'où l'on embrasse le plus prodigieux des panoramas. Cette excursion a mis tout le monde en appétit, et nous faisons grand honneur au déjeuner que la ville de Buda-Pesth a fait servir à notre intention dans les belles salles de la Redoute.

Est-il besoin de dire que les toast ont sévi ? De ce déluge de mots, je n'ai retenu que la spirituelle péroraison de M. de Lesseps.

« Messieurs, a-t-il dit, je vais être père une fois encore dans quelques mois. Si c'est un garçon, en souvenir de ce voyage, je lui donnerai le nom d'Etienne ; si c'est une fille, celui de Giselle. Je fais des vœux pour avoir deux jumeaux ! »

Jeune homme, va !

Immédiatement après le déjeuner, nous remontons en bateau pour aller à l'île Marguerite. L'île Marguerite est la propriété personnelle de l'archiduc Joseph, le plus populaire des princes de la famille impériale parmi les Hongrois. C'est l'île enchantée de Fénelon, une oasis de verdure et de fleurs, délicieusement enlacée dans les deux bras du Danube. Et nous sommes fiers de la Grenouillère ! Oh ! malheur !

Dans la partie la plus touffue de l'île, s'élève, ombragé par des platanes géants, le pavillon de Son Altesse Impériale et Royale. C'est là que nous attend un dîner exquis, que Son Altesse a fait servir dans l'immense galerie du rez-de-chaussée, en l'honneur des hôtes de France, mais que, par suite d'un deuil de famille, elle n'a pu présider.

Le décor est charmant : à l'extérieur, toute la population de Buda-Pesth, en habit des dimanches ; à l'intérieur, accoudés au balcon circulaire, une théorie d'élégantes et belles dames regardant manger les hôtes de la Hongrie. Dans un salon annexe, une *bande* de Tziganes, la plus renommée du pays, nous dit-on, remplit les intermèdes des divers services. Par bonheur, les toasts ne troublent pas notre plaisir de dilettanti. Seul, M. Foucher de Careil, notre ambassadeur, qui nous a rejoints, porte, en excellents termes, la santé de l'archiduc et de la nation hongroise. Eljen ! Eljen !

Le soir, représentation à l'Opéra-Royal. *Coppélia*, les *Scènes pittoresques* et le dernier acte d'*Hérodiade*. C'est l'apothéose de Delibes et de Massenet. Chacun, à son tour, conduit l'orchestre ; chacun, à son tour, est acclamé, rappelé, traîné sur la scène, comme l'ont été la veille Coppée et Dreyfus, avec aggravation de couronnes aux couleurs des deux pays. Delibes, exultant, disait dans sa joie naïve : « Jamais je n'ai ressenti pareille ivresse ! Je voudrais que tous mes amis fussent là pour la voir ! »

A la sortie, la foule massée aux abords du théâtre, comme les Parisiens aux abords de l'Opéra, les soirs de bal, nous escorte jusqu'à l'hôtel de la Reine-d'Angleterre. Les voitures ont de la peine à se frayer un chemin à travers cette houle tumultueuse et grondante. Eljen ! Eljen !

Mercredi 22 août. — Le programme est quelque peu modifié. La veille, nous nous étions demandés ce que nous pourrions bien faire pour reconnaître l'hospitalité somptueuse dont nous avions été l'objet pendant quelques jours. Il fallait une manifestation qui fît vibrer la plus sensible des fibres hongroises. Nous nous décidâmes pour un hommage solennel à la statue de Petœfi, le grand poète national.

On commanda chez la première fleuriste de Pesth une gigantesque couronne ; on pria M. de Lesseps de prendre la parole au nom de tous et Coppée de dire quelques vers. Les autres porteraient la couronne, pour que chacun eût sa part dans ce meeting de la reconnaissance.

A dix heures précises, le cortège se forme au kiosque Hanzl, et se met en route, MM. de Lesseps, Coppée et Louis Ulbach en tête, le reste de la délégation, les brancards sur l'épaule ; une double haie de gardes municipaux à cheval contient la foule qui moutonne comme une mer sur les deux trottoirs. Les fenêtres sont noires de curieux, qui, le mouchoir déployé, nous acclament au passage. On sent que cette manifestation touche au plus profond du cœur du peuple hongrois. Nous avons frappé juste.

Nous voici devant la statue. M. de Lesseps monte sur le piédestal et prononce quelques paroles vibrantes. Eljen ! Eljen ! Coppée lui succède et dit, d'une voix qu'on ne lui soupçonnait point, les belles strophes dont voici le texte :

A PETŒFI

Comme en quittant la bonne et généreuse hôtesse,
Qui lui fit place au feu dans la froide saison,
Un pauvre voyageur, soudain pris de tristesse,
Baise au front longuement l'enfant de la maison,

Ainsi nous, les Français, hôtes de la Hongrie,
Vers toi, des fleurs en main, nous sommes accourus,
Soldat-poète, ô fils si cher à ta patrie,
Qui pour elle chantas et pour elle mourus.

Oh! brûler de génie et périr à la guerre!
Se dresser en airain, n'avoir pas de tombeau!...
Mais je ne te plains pas et t'envie, ô mon frère!
Nul sort plus que le tien n'est héroïque et beau.

A l'endroit où — le nombre écrasant ton courage —
Tu mourus, pour entrer dans l'immortalité,
Aujourd'hui, j'en suis sûr, pousse un rosier sauvage,
Poète de l'amour et de la liberté!

Un sauvage rosier, où vit encore ton âme!
— Et, quand, auprès de lui passent deux fiancés,
Ta fleur que l'amoureux donne à la jeune femme
Rend plus doux leurs serments et plus chauds leurs baisers,

Et quand par les beaux soirs, le rossignol s'y pose,
— Le rossignol, ce libre et pur chanteur ailé, —
Il est comme enivré du parfum de ta rose
Et chante éperdûment sous le ciel étoilé.

« Eljen! Eljen! » Une dame détache le bouquet de son corsage et le lance au poète qui le dépose aux pieds de Petœfi. « Eljen! Eljen! » M. Pulszky père apparaît à son tour et pousse à pleins poumons le cri de « Vive la France! » que dix mille poitrines répètent à l'unisson. Un artiste du Théâtre National déclame en hongrois les vers de Coppée. Des chœurs de jeunes gens entonnent l'hymne national

On hisse la couronne. « Eljen ! Eljen ! Vive la France ! Vive la Hongrie ! »

A l'issue de cette belle cérémonie qui laissera dans tous les cœurs un impérissable souvenir, nous allons en corps faire quelques visites officielles : chez le comte Zichy, chez le maire de Buda-Pesth et chez M. Pulszky. De là, nous nous rendons chez le Nadar local, qui photographie en groupe toute la délégation française. C'est un souvenir que nous voulons laisser aux gens de lettres et artistes hongrois, hier nos hôtes, aujourd'hui nos amis.

Le soir, dernier banquet au restaurant Dubos, dans les jardins de l'Exposition. C'est la municipalité qui nous traite. Nombreux toasts de la fin, je pourrais dire de l'étrier. Mes compagnons m'ont confié l'honneur, dont je suis très fier, de parler au nom de la presse française. Ma modestie seule m'empêche de reproduire cet éloquent morceau.

A dix heures, nous quittons Pesth. Pendant huit jours, nous allons parcourir la montagne et la plaine hongroise, de Dobsina jusqu'à Szegedin, où l'on nous promet des merveilles. Les bureaux de poste et de télégraphe sont très rares sur la route, à ce qu'il paraît. Si vous ne recevez que rarement de mes nouvelles, n'en tirez aucune conjecture fâcheuse.

LA MONTAGNE HONGROISE

Tàtra-Füred, 14 août 1885.

Je date ces lignes d'une petite station balnéaire, située aux pieds mêmes des Carpathes, à l'extrême frontière septentrionale de la Hongrie. Tàtra-Füred est un bain qui rappelle Luchon par l'incomparable beauté du site et Trouville par son animation mondaine.

Ah! l'adorable voyage depuis Pesth jusqu'à ce petit coin de Paradis! Les souverains seuls voyagent avec de pareils raffinements de confortable, et tout le monde ici semble avoir conspiré pour nous donner jusqu'au bout cette princière illusion. Le directeur des chemins de fer du Nord avait réservé pour la délégation française cinq wagons spéciaux, où l'on nous a répartis deux par deux dans des compartiments de six personnes. Et comme si cette délicate attention ne suffisait pas, ce galant homme a poussé la courtoisie jusqu'à faire route avec nous.

Il est dix heures du soir quand nous quittons Buda-Pesth. Foule énorme aux abords de la gare ; à l'intérieur, même affluence. Il semble que toute la ville s'en aille en émigration. Par toutes les issues ouvertes, le flot tumultueux déborde sur les quais. On se complimente, on s'embrasse. Enfin, le train s'ébranle dans un concert formidable d'« Eljen ! », de « Vive la France ! », de « Vive la Hongrie ! », dans le froufrou de mouchoirs qui flottent au-dessus de cette mer de têtes découvertes. Bientôt, les dernières flammes de gaz n'apparaissent plus que comme de pâles étoiles, et la ville où nous laissons, avec un peu de notre cœur, de si inoubliables souvenirs, s'enfonce dans la nuit.

Voici le grand silence des campagnes. Et chacun, en s'accommodant de son mieux sur sa banquette moelleuse comme un lit, murmure à part soi : « C'est fini, les ovations, au moins jusqu'au jour !.. Je vais donc pouvoir dormir quelques heures tranquille ! »

Chimère ! Illusion ! A peine avons-nous la tête sur l'oreiller, qu'au dehors de vagues clameurs retentissent. Croyant à quelque sinistre, nous nous précipitons aux portières, quelques-uns dans le simple appareil. Et que voyons-nous ? Une grande maison blanche, tout illuminée, comme pour une fête, et tout enguirlandée de feuillages. Le train a fait halte dans une gare dont le nom m'échappe, mais qu'on me dit être le Versailles de Buda-Pesth. Sur le quai deux ou trois cents personnes : il y a là le bourgmestre, les membres de la municipalité, des officiers en tenue, des femmes en toilette, des ouvriers et des paysans en habits des dimanches. Ces braves gens ont appris par les journaux le passage de la délégation française, et ils ont voulu veiller jusqu'à cette heure indue pour la saluer au passage. On met pied à terre, dans le négligé de voyageurs qu'on vient d'arracher au sommeil. M. de Lesseps lui-même, qui, par bonheur, ne dort pas encore, fait comme nous, et le bourgmestre lui débite, en excellent français, un petit discours qui peut se résumer ainsi : « Vous retrouverez parmi le peuple des campagnes les mêmes sympathies et les mêmes effusions que parmi les peuples des villes. Et leur expression, pour être plus naïve, n'en sera ni moins sincère ni moins spontanée. »

M. de Lesseps répond quelques paroles avec cet à-propos et cette bonhomie qui font de lui le plus étonnant des leaders familiers, et serre la main du bourgmestre. Le train repart. Une heure après, même cérémonie, avec notre chef de file et quelques délégués en moins. Dame ! il y a des limites aux forces humaines. Cette fois le bruit des pièces d'artifice se mêle au vacarme des acclamations. Et c'est ainsi jusqu'à l'aurore ! Adieu ! mes beaux rêves morphéens ! Bast ! ce sont là des insomnies auxquelles on s'abonnerait volontiers.

En approchant de Dobsina, nous entrons en plein pays de Tziganes, les vrais, ceux qui ne font pas de musique, mais qui font les grands chemins. Ils bivouaquent des deux côtés de la route accroupis autour de leurs sordides chariots attelés de rosses apocalyptiques. Ces fils de l'Orient, dont le teint bistré trahit l'origine, sont drapés dans leurs haillons comme don César dans ses loques, et les belles filles, à demi nues, regardent passer le train qui file à toute vitesse, avec leurs grands yeux de gazelles effarouchées.

C'est M. le comte Andrassy, frère de l'ancien ministre, qui nous reçoit à la gare de Dobsina. Ce grand seigneur nous souhaite cordialement la bienvenue et nous invite à monter en voiture pour gagner la ville distante de quelques kilomètres. Tous les équipages de la contrée ont été mis en réquisition. On s'y entasse pêle-mêle. Et fouette cocher !... Vous ne pouvez imaginer rien de plus pittoresque que ce défilé de carosserie disparate, dont quelques échantillons sont centenaires, berlingots, berlines ou chars-à-bancs, le long d'une route poudreuse, entre une double haie de villageois en costumes caractéristiques, les uns vociférant en un dialecte inconnu, les autres agitant des lambeaux d'étoffe tricolore, usés, défraîchis, peut-être contemporains des guerres héroïques du premier Empire.

Un déjeuner somptueux nous attend dans une grande salle de la mairie. La corporation des mineurs, ses insignes au poing, est échelonnée dans le vestibule, comme aux Tuileries les Cent-Gardes. Les plus belles jeunesses de l'endroit ont réclamé l'honneur de servir, de leurs blanches mains, les envoyés de France. Je vous laisse à penser si, avec des Hébés pareilles, on fait honneur au nectar du comte Andrassy.

Il convient, du reste, de faire provision de chaleur pour visiter la Grotte de Glace, qui rivalise avec tout ce que la Suisse offre de plus curieux et de plus célèbre en ce genre. Pour la description, je vous renvoie aux Guides spéciaux. Mais je doute fort qu'aucun des collaborateurs de Bœdecker ou de Joanne l'ait jamais vue comme on nous l'a présentée.

La grotte — je devrais dire les grottes, car il y en a plusieurs étages — était brillamment illuminée *à giorno*. Partout des bougies, partout des lampes, réparties avec une rare science de l'effet. On se serait cru dans un palais de cristal ; et nos silhouettes, se découpant sur les parois étincelantes, faisaient l'effet d'ombres chinoises. Si quelque profane s'était glissé derrière nous, sans savoir, il aurait pu nous prendre pour les ouvriers de quelque œuvre ténébreuse, pour des francs-maçons procédant à leurs mystères ou pour les membres d'une vente de carbonari.

Dîner dans une auberge voisine de la grotte. Cent couverts. Pas d'incidents. Au dessert, un indigène fait le tour des tables, offrant à chacun de la pommade hongroise, dans un petit pot, et l'invitant à se cirer les moustaches. C'est peut-être un usage local ; on s'y conforme. A l'heure où j'écris, je n'ai pas encore pu me dépommader.

Les voitures sont attelées. En route ! Il y a loin de Dobsina, que nous quittons, à Tàtra-Füred, le terme de l'étape. Voici la montagne. A l'horizon, par delà les premières cimes que nous allons gravir et les vallées profondes où nous allons descendre pour gravir encore des cimes nouvelles, les Carpathes dressent leurs grandes masses bleues. Salut, Carpathes !

C'est le bout du monde, et c'est la patrie. Tout, dans ce coin perdu, nous le rappelle : un drapeau français qui flotte aux fenêtres de quelque ferme isolée, comme oublié par le César qui laissa l'empreinte de sa botte sur tous les chemins de la vieille Europe asservie, — le salut cordial de quelque vieillard à cheveux blancs ou de quelque belle fille aux lèvres rouges. Comme si quelque génie allait devant nous en éclaireur, annonçant aux bourgades notre venue prochaine, dans toutes celles où nous passons tout le monde est aux portes, aux fenêtres, par les rues, des vivats plein la bouche et des fleurs plein les mains. Il avait bien raison de dire, le bourgmestre, cette nuit : « Vous retrouverez chez le peuple des campagnes le même accueil que chez le peuple des villes ». Il y a des endroits où l'enthousiasme campagnard prend un caractère quasi superstitieux.

J'ai vu des vieilles femmes croiser dévotement leurs mains sur la poitrine, avec des regards attendris, et des petits enfants faire le signe de la croix. On m'aurait dit ces choses il y a quinze ans, j'aurais refusé d'y croire, et j'aurais ri, comme sans doute vous riez vous-mêmes. Et pourtant c'est comme cela. Je défie le sceptique le plus endurci, le boulevardier le plus gouailleur, de n'être pas remué jusqu'aux entrailles par ces hommages naïfs qui, passant par-dessus nos têtes, s'en allaient vers la France. D'ailleurs, si ma caution vous paraît suspecte, lisez les feuilles hongroises, qui, chaque jour, consacrent à notre excursion plusieurs colonnes, et vous verrez que je suis encore au-dessous de la vérité.

A Popratt, courte halte. Popratt est le chef-lieu de la circonscription que M. Charles Pulszky, notre infatigable cicérone, représente au Parlement. Ici, la manifestation change de caractère. Les fleurs se mettent de la partie. On a dépouillé tous les jardins pour nous faire fête. Une averse de bouquets, lancés par les plus jolies mains du monde, pleut dans nos voitures qui ressemblent à des reposoirs. La fête de la Presse au bois de Boulogne ne donne qu'une faible idée de cette orgie florale.

Nous atteignons Tàtra-Füred à la nuit. L'entrée se fait sous un arc de triomphe de verdure où les couleurs françaises se marient aux couleurs hongroises. Il y a des lampions à toutes les fenêtres. Grâce !... c'est trop !

Ce matin, nous devions monter aux cascades qui jaillissent d'un des plus hauts pics des Carpathes.

Une brume épaisse ne l'a pas permis. Nous avons remplacé ce numéro du programme par quelques visites, entre autres, chez le comte Géza Zichy, neveu de notre amphitryon de Buda-Pesth, et chez le comte Tisza, frère de l'illustre ministre, qui loge M. de Lesseps. Notre chef de file est en train de lire une lettre de sa femme, qui se termine ainsi : « Je suis très heureuse que tu fasses ce voyage aussi gaiement; il faut bien que jeunesse se passe ! »

Dans l'après-midi, quelques-uns d'entre nous se rendent chez la comtesse Forgasch, où le comte Zichy, quoique privé d'un bras, joue du piano comme Liszt, son compatriote. J'avais eu le rare plaisir de l'entendre, en 1879, dans une soirée du *Figaro*. Il se produit quelquefois en public, mais seulement au bénéfice des pauvres. Il leur a déjà gagné plus de 1,200,000 francs.

La comtesse nous a montré l'original d'une dépêche que la comtesse Zyraky, une des plus grandes dames de Pesth, a reçue de Rome, il y a quelques jours. Sa fille lui mandait : « Jaunisse passée. Pas de fièvre. Entièrement guérie. » Le télégraphiste a télégraphié : « Jeunesse passée. Pas de lièvre. Enterrement garni ». Comme à peu près, c'est roide.

Le soir, banquet monstre. Plus de deux cents personnes de Tàtra-Füred et des environs avaient sollicité, comme un honneur, d'y être admises, en payant leur écot. Beaucoup de jolies femmes. Toast très heureux et très applaudi du colonel Lichtenstein : « A la Hongrie, où tous les hommes sont soldats, où toutes les femmes sont belles ! »

Après le banquet, bal terminé comme l'autre soir à Pesth, par une czarda vertigineuse.

Deux heures du matin. A sept heures, nous partons pour les lacs, et de là nous filons directement sur Arad.

LA PLAINE HONGROISE

Szentes, mercredi 19 août 1885.

Voilà trois jours que nous roulons, tantôt en voiture, tantôt en chemin de fer, descendant vers la plaine hongroise comme nous étions montés vers la montagne. Pendant ces trois jours, c'est à peine si nous avons eu le temps de dormir. Quant à faire de la copie, il n'y fallait pas songer.

En Hongrie, c'est comme chez Nicolet : de plus fort en plus fort. Devant les manifestations inouïes dont nous sommes l'objet, et qui, à chaque étape, prennent une intensité nouvelle, on se demande si l'on est pas en proie à quelque vertige, à quelque hallucination du cerveau fatigué, comme le corps, par cette course sans trêve ni merci. Et j'en arrive, pour ma part, à ne plus oser écrire ce que je ressens, de peur d'être taxé d'exagération gasconne. Tout ce que j'écris n'est pourtant que l'ombre pâle de la réalité. J'en appelle à tous mes compagnons de voyage, à ceux-là surtout qui se contentent de le vivre et qui gardent pour eux seuls la virginité de leurs sensations. J'en appelle aux feuilles hongroises qui, chaque jour, en font leur premier Buda-Pesth, comme ils feraient d'une tournée princière, et qui, toutes, rendent hommage à ma sincérité en reproduisant ces notes hâtives.

Et maintenant, à moi mon carnet. Il va falloir y pratiquer des coupes sombres pour mettre à jour mon récit. Je me bornerai donc aux détails caractéristiques et pittoresques.

Vous ai-je dit que, depuis notre entrée en campagne, nous voyagions en train spécial? C'est une gracieuseté de M. Tolnay, le directeur des chemins de fer de l'Etat qui, du reste, fait partie de la caravane. Avec les lignes, les vagons changent ; seule, la locomotive ne change pas. Il semble qu'elle fasse partie de la délégation dont elle est l'emblème, avec ses guirlandes d'étoffes tricolores, son pavoisement de bannières françaises qui, à chaque station, s'augmentent de nouveaux trophées. Sur la lanterne placée à l'avant de la machine, est un transparent où sont écrits ces mots : « Vive la France! » Et tout autour alternent des cartouches avec cette devise : « Tous à vous ! » La nuit, ce transparent et ces cartouches sont éclairés d'une flamme rouge qui jette des lueurs pourprées sur la campagne environnante. On a voulu symboliser par là le génie de la France rayonnant sur la Hongrie.

Samedi. — Nous quittons Tàtra-Füred avec un soleil radieux. A Tàtra-Museum, la fête des fleurs commence. Des jeunes filles en blanc nous bombardent à coups de bouquets. Il en pleut dans nos voitures. Je passe sur les « Eljen ! Eljen ! ». A Poprad, où nous descendons pour visiter au passage le célèbre lac de Csorbas, le préfet et le député du Comitat nous souhaitent la bienvenue. Décor admirable. Sur un tertre, à gauche de la station, sont groupés trois ou quatre cents Slovacs, qui, les chapeaux au bout des bâtons, poussent de sauvages et frénétiques clameurs. Sous leurs accoutrements pittoresques, qui rappellent la tenue de nos paysans bretons, on dirait une bande chouanne. Quel joli tableau pour Le Blant, le peintre attitré de la chouannerie !

En route pour le lac. Autour de la montagne abrupte, la cavalcade se déroule comme un serpent gigantesque. Au sommet, un cri d'admiration, jailli de mille poitrines, salue ce paysage enchanteur, beau comme notre lac de Gaube, avec je ne sais quelle mélancolique poésie du Nord en plus. Dans un chalet qui domine cette cuvette magique, M. Szentivany nous offre un déjeuner dont Bignon ne désavouerait pas l'ordonnance. Les toasts font rage, comme il sied. Un prêtre — car ici les prêtres sont toujours de la partie — boit à la propagation de la langue française dans les écoles hongroises. Des Tsiganes égaient les intermèdes. Le chef de cette bande est un beau vieillard à barbe blanche, qui ressemble trait pour trait à Madier de Montjau. Tilinko — c'est son nom — est le fils de Tinnipanni, la tsigane de Racocksy, celle-là même à qui l'on doit la marche fameuse, immortalisée par Berlioz. Il appelle M. de Lesseps « jeune homme » et, du haut de sa quatre-vingt-dixième année, qu'il est près d'atteindre, il regarde avec un léger dédain les quatre-vingts ans de notre Grand Français.

Tilinko n'est pas la seule curiosité de Csorbas. Il y a aussi le fou national, — c'est ainsi qu'on nomme un paysan improvisateur, une sorte d'aède villageois, qui, dans des poèmes de sa façon, prêche aux enfants de la contrée l'amour de la patrie et l'amour de la France. Pas si fou qu'on veut bien le dire, ce fou national! C'est un genre de folie que j'aimerais voir s'acclimater chez nous.

Dès ce moment, l'enthousiasme va *crescendo*. A Kassa, nous avons toutes les peines du monde à traverser la foule pour gagner le buffet, où nous attend une collation légère. Cette nuit encore, il faut faire notre deuil du sommeil. Quand la Hongrie veille, il serait malséant de dormir.

Dimanche. — Le flot monte. A Szolnok, il déborde; à Csaba, il nous submerge. Des dames et des jeunes filles montent dans nos compartiments et les ornent de fleurs. Parmi les plus gracieuses on nous montre les demoiselles Gillinsky, filles du député du Comitat, et cousines du peintre Munkacsy. Ici la plaine commence avec ses horizons infinis et ses espaces incommensurables, qui donnent, sous l'ardent soleil, la sensation d'un Sahara, mais d'un Sahara fertile à miracle et tout étoilé d'oasis délicieuses. Nous entrons dans l'Alfed. A partir de là, M. Jules de Horvath prend la tête de la caravane. M. de Horvath est un gentleman d'une distinction et d'une aménité rares, dont la noblesse, comme celle de M. Attila de Szémèré, remonte aux premiers rois de Hongrie. C'est à son initiative que nous devons les émerveillements des deux journées qui vont suivre.

Dix heures du matin. Arad, vingt-quatre heures d'arrêt. On ne peut rien imaginer de comparable à la réception qui nous est faite, et je me déclare impuissant à la décrire. Figurez-vous, dans un cadre moins vaste, la rentrée des troupes après la campagne d'Italie, et vous en aurez une idée. Au sortir de la gare, nous sommes littéralement portés dans nos voitures, où les fleurs remplacent les coussins et les tapis, et c'est à travers une foule évaluée à 50,000 personnes et contenue par un double cordon de troupes que nous nous rendons à l'Hôtel de Ville, où le bourgmestre nous souhaite la bienvenue. Après un déjeuner exquis à l'usine de M. Neumann, nous nous rendons en pèlerinage au monument des treize martyrs. Toute la ville nous fait cortège; et c'est un spectacle sans pareil que celui de cette procession monstre allant, à travers la plaine, vers le tertre où furent immolés les héros de l'indépendance hongroise.

Le décor est d'une grandiose simplicité. Au milieu d'un immense champ de maïs, s'élève, sur un socle de pierre, où l'on accède par quelques marches, une petite colonne de granit. C'est à cette place même que furent *pendus* — des soldats! — les treize victimes du droit, de qui François-Joseph disait cyniquement : « Il n'a pas *dépendu* de moi qu'ils ne fussent pas exécutés ». Sur la dernière marche, se tient debout un vieux brave de 1848, avec le drapeau national voilé de crêpe; sur la dernière, un compagnon d'armes des martyrs; devant lui, M. de Lesseps; tout autour, la délégation; partout, la foule, dont les têtes émergent des maïs géants; tous les fronts sont découverts, malgré le soleil qui plombe.

Le compagnon d'armes des martyrs prononce une courte allocution, qu'il est contraint d'abréger, tant l'émotion le tient à la gorge. M. de Lesseps lui répond en quelques paroles d'un beau souffle, et dont on ne saurait trop louer le tact délicat. Un poète du cru récite quelques strophes patriotiques. Un chœur de jeunes gens entonne un chant mélancolique. Avec une agilité de jeune homme, le Grand Français monte au monument, y dépose le bouquet qu'il porte à sa boutonnière, et se retire à reculons, en faisant le signe de la croix. Toute la délégation s'élance à sa suite. L'émotion est à son comble. De grosses larmes coulent le long des joues du vieux porte-drapeau. Un immense « Eljen ! » monte dans les airs, et les cris, mille fois répétés, de : « Vive la France ! » se mêlent aux cris, mille fois répétés, de : « Vive la Hongrie ! »

C'est la note dominante de la journée. Je passe sur la visite aux caves Domany, où l'on nous montre un des plus grands foudres connus, le rival de celui d'Heidelberg, et sur le banquet à la Croix-Blanche, où Louis Ulbach porte le toast à Victor Hugo, parmi l'ivresse générale. Et j'arrive à la délicieuse surprise que nous ménageait la fin de cette journée.

Voici la nuit. Comme par magie, tout Arad s'illumine. Pas une fenêtre noire. De la base au faîte, l'Hôtel de Ville est en feu. Un tramway minuscule nous emporte au Bois de la ville, où la fête populaire est déjà commencée. Ce Bois, avec son éclairage féerique, est comme une réduction-Collas de notre Bois de Boulogne, le soir de la Fête des Fleurs, avec plus d'intimité, une intimité de 40,000 personnes, au bas chiffre. Nous aussi nous avons notre 14 Juillet... et ce sont nos hôtes qui paient les violons.

Et en avant la czarda ! Sur toute la surface du bois, à la lueur des torches et des lanternes vénitiennes, c'est un trémoussement fantastique de robustes paysans en costumes pittoresques et de jolies paysannes aux atours voyants, aux tresses enrubannées, à la coiffure pailletée d'or qui vous a je ne sais quel air sacerdotal. Une d'elles enlace M. de Lesseps et l'entraîne dans le tourbillon. Chacun de nous empoigne sa chacune, et en avant la czarda ! Tandis que, près de là, sur une vaste pelouse, les Roumains se livrent aux épileptiques déhanchements du *Kalauger*. Il y a de la nuit de Valpurgis dans ce sabbat chorégraphique.

Vers onze heures, les plus charmantes dames d'Arad escortent M. de Lesseps jusqu'à son hôtel. Comme il gagne sa chambre, une servante de la maison le salue en excellent français :

— On m'a raconté, monsieur, que vous aviez beaucoup d'enfants, lui dit-elle.

— En effet, ma petite, j'en ai quinze... Et ce n'est point fini !

— Alors, pourquoi que vous ne m'en avez pas fait un ?

Cet argument *ad hominem* a beaucoup diverti notre chef de file.

Lundi matin. — Départ pour Mezohegyes. En impresarios habiles, les organisateurs de notre excursion ont su ménager les contrastes. Pour nous remettre de tant d'émotions violentes, ils vont nous offrir des émotions d'un ordre plus tempéré. Merci, mon Dieu !

Mezohegyes est le haras le plus important en même temps que l'établissement agricole modèle de la Hongrie. C'est le colonel Ehrnberger, commandant militaire, et M. Jules Gluzck, directeur des domaines, qui nous en font les honneurs au nom de S. Exc. le ministre de l'agriculture et du commerce. On ne peut rêver des hôtes plus empressés et plus accomplis.

Le clou de la journée, ç'a été la promenade à travers cette exploitation magnifique, dont nous n'avons malheureusement pas l'équivalent en France. Je ne parle pas de l'exhibition des chevaux, car je suis un profane à cet égard-là. Mais il m'a paru que les spécialistes y prenaient un très vif plaisir. On a surtout beaucoup admiré les Nonius, les descendants directs du cheval de Napoléon Ier. Robert Milton eût savouré là des joies de dilettante. Pour moi, j'ai plus particulièrement goûté le spectacle de ces quinze cents bœufs, attelés par couples et rangés en ordre de bataille, avec les piqueurs au port d'armes, près des instruments de labour, dans l'attitude du cavalier à pied ; et surtout ces étonnantes fantasias de chevaux en liberté, pourchassés et ramenés à grands coups de fouet par leurs chicos à la botte molle, aux larges braies flottantes. Les peintres de la bande étaient dans le ravissement. Juchés dans la capote de leur voiture, Clairin et Tony-Robert Fleury bourraient leur album d'esquisses rapides ; tandis que Félicien Rops se lamentait, le bandeau sur l'œil gauche, qu'un coup d'air avait mis hors de service pour une quinzaine de jours.

Je me suis laissé dire que cette petite fête coûtait à l'Etat 10,000 florins. Un seul détail montrera que cette estimation n'a rien d'invraisemblable. On avait, en vue de notre visite, installé la lumière électrique dans tout le parc. En outre, tous les éléments des deux repas exquis, sans compter les lunchs, qu'on nous a servis pendant notre séjour, venaient de Buda-Pesth, avec un personnel de vingt garçons tous au fait de la langue française. On voit que nos hôtes font royalement les choses, et ils y mettent autant de délicatesse que de prodigalité. Nous sommes, à ce qu'on m'a dit, les premiers étrangers à qui l'on ait offert le luxe de cette incomparable mise en scène, et nous serons les derniers. N'est-ce pas le dernier mot du raffinement sympathique ?

Mardi matin. — On quitte Mezohegyes de bonne heure, car on doit coucher le soir à Szentes. Les kilomètres vont vite. En chemin, nous visitons une des propriétés du comte Karoly, ambassadeur d'Autriche-Hongrie à Londres. Cette propriété, la moins considérable de celles que possède ce grand seigneur, contient vingt mille hectares et compte dans ses limites 3,600 habitants. On n'a pas idée en France d'une pareille exploitation terrienne. C'est la deuxième édition des merveilles de Mezohegyes. Par malheur, grâce à l'implacable sécheresse qui règne ici comme chez nous, le tour du domaine s'accomplit dans un tourbillon de poussière noirâtre, et nous arrivons au château faits comme des charbonniers ou des chauffeurs. Mais on a prévu le cas — on prévoit tout dans ce pays chananéesque. Quarante cuvettes nous attendent, et nous procédons en commun à des ablutions consciencieuses, parmi les éclats de rire de la troupe nomade dont rien n'altère la belle gaieté. Puis, nous attaquons avec la même conscience le déjeuner pantagruélique dont le régisseur, en l'absence du comte, actuellement à son poste, nous fait courtoisement les honneurs.

Une heure après, nous sommes à Szentes, mais dans un tel état que, dans l'impuissance où je suis de coordonner mes impressions, je recours au style télégraphique :

« Ici la réception tient du fanatisme.

« Près de la ville, la délégation française était attendue par cinquante jeunes gens à cheval, portant des drapeaux tricolores et précédant un cortège de quarante voitures auxquelles se mêlent les voitures des citadins venus au-devant de nous. Cinquante mille personnes font la haie et crient : *Vive la France !* On arrête les chevaux pour nous serrer les mains et nous jeter des fleurs. Toutes les rues sont pavoisées et décorées d'arc de triomphe superbes. C'est un enthousiasme indescriptible.

« Sur une estrade splendidement décorée, le maire nous souhaite chaleureusement la bienvenue. M. de Lesseps répond, et une acclamation formidable retentit.

« Ce soir, dîner de six cents couverts suivi d'un bal.

« C'est trop ! Grâce ! Grâce ! »

Mais ces Magyars sont impitoyables ! Il nous faut vider la coupe de l'apothéose jusqu'au fond ! A moi le télégraphe !

« En route pour Szegedin !

« Depuis l'embarquement sur le paquebot, à Szentes, la descente de la Tisza est féerique. Partout les stations sont pavoisées ; arcs de triomphe, ovations enthousiastes.

« A Szegedin, les canotiers viennent au-devant

de nous dans leurs coquettes embarcations aux couleurs françaises, et les dames qui tiennent le gouvernail portent l'écharpe tricolore en sautoir. Les quais sont noirs de foule et le débarquement est presque impossible, vu l'affluence énorme et les démonstrations. On fait des ovations à M. de Lesseps et à M. Gouzien, très populaire ici depuis la distribution des secours. Traversée triomphale de la ville avec une escorte de gardes municipaux à cheval et sous une pluie de fleurs. Partout des drapeaux, des bannières aux couleurs hongroises et françaises. Tout Szegedin est dehors. Ce sont des émotions inoubliables.

« Le soir, dîner monstre à l'Hôtel de Ville.

« Au dessert, le signataire de ces lignes porte le toast suivant :

« Messieurs,

« Mon vieux camarade Armand Gouzien ne m'y aurait pas si gracieusement invité, que je considérerais comme un devoir, un devoir bien doux, de porter ici la parole, non pas en mon nom personnel, mais au nom du journal que je représente et auquel toutes vos sympathies sont acquises — le *Figaro !*

« Il y a, messieurs, entre Szeged et le *Figaro*, comme une chaîne de fraternels souvenirs, quelque chose de solidaire et d'intime, qui me fait trouver à l'accueil de votre ville un charme plus spécial, plus profond, plus pénétrant qu'à l'accueil des autres villes dont nous venons d'être les hôtes fêtés et choyés.

« C'est que, messieurs, si la chair, le sang, l'âme

et le cœur de la Hongrie sont partout où nous avons passé, où nous avons été reçus comme des amis, comme des compatriotes, comme des frères, — pour moi, c'est ici, c'est à Szeged, que bat plus tendrement le cœur de la Hongrie !

« Tout à l'heure, comme nous arrivions en vue de Szeged, nous avons éprouvé, messieurs, une bien douce surprise. Nous croyions trouver une ville en reconstruction, à peine échappée de ses ruines ; nous trouvons une ville construite, réalisant la fable ancienne du Phénix et les miracles modernes de la génération spontanée ! Et c'est avec une joie ineffable que nous avons salué la ville ressuscitée ! Et, comme il y a toujours un peu d'égoïsme au fond de toute joie humaine, il s'y est mêlé quelque orgueil : l'orgueil de pouvoir nous dire que nous avons été, pour une modeste part, les ouvriers de cette résurrection et que nous y avons apporté notre petite pierre !

« Ce sentiment, messieurs, est la meilleure récompense du peu de bien que nous avons pu faire et du faible concours que nous avons pu vous prêter. Ne parlez donc plus, comme vous le faites, de reconnaissance. Désormais, nous sommes quittes, ou plutôt c'est nous qui maintenant sommes vos débiteurs ! Votre dette, à vous, vous l'avez payée avec la monnaie du cœur, monnaie bien rare par le temps qui court ! Et il est bien consolant de voir que, dans ce grand pays où fleurissent toutes les indépendances, la seule qui ne puisse germer, c'est l'indépendance du cœur !

« Savez-vous, messieurs, pourquoi, tous tant que nous sommes ici, nous vous garderons une éternelle et profonde reconnaissance ? C'est que vous nous avez guéris de cette défiance mauvaise qui s'est emparée de nos âmes au lendemain de malheurs inoubliables, mais non pas irréparables, Dieu merci ! Depuis cette date cruelle, il est de mode, même en France, de dire, sinon de penser : « Il n'y a plus de France ! *Finis Franciæ !* » Eh bien ! ce n'est pas vrai ! Depuis huit jours, vous nous en fournissez le magnifique et fortifiant témoignage ! L'hommage si touchant que vous rendez à notre noble et cher pays dans la personne de quelques-uns de ses fils, est la preuve manifeste qu'il est toujours vivant, et bien vivant ! Ce voyage sera pour nous le plus énergique et le plus fécond des *Sursum corda !* Pour cette ère de reconfort qui s'ouvre devant nous, grâce à vous, soyez bénis, messieurs, et soyez remerciés !

« Donc, messieurs, je bois à la Szeged nouvelle ! Et, en buvant à Szeged, je bois à la Hongrie régénératrice, qui nous a rendu, avec notre légitime fierté, notre droit à l'espérance ! »

« Tonnerres de bravos, cris, larmes, trépignements, embrassades ! C'est l'épilogue de cet admirable voyage dont rien n'effacera le souvenir. »

LA FIN DU RÊVE

Buda-Pesth, 2 août 1885.

Fini, le beau rêve triomphal ! Nous rentrons dans la réalité. Mais nous y rentrons comme ces dieux de la mythologie scandinave, qui, chassés du paradis d'Odin et descendus parmi les hommes, emportent dans leur exil, avec un amer regret, l'inoubliable et consolant souvenir de la patrie céleste.

Après mes télégrammes de Szentes et de Szeged, il serait superflu de revenir sur la réception délirante dont nous avons été l'objet dans ces deux villes. Mais, entre cette réception et les précédentes, il y a des nuances que je dois indiquer.

Szentes, la plus hongroise des cités hongroises, est habitée tout entière par des paysans. Ici l'amour de la France — car c'est à la France que s'adressaient les hommages dont nous avons été, pendant quinze jours, les heureux usufruitiers — n'est pas une affaire de commande, un sentiment superficiel ; il a poussé de profondes racines dans le cœur du pays ; il fait partie, en quelque sorte, de l'éducation nationale.

A Szeged, cet amour emprunte à la reconnaissance un caractère plus significatif encore, très attendrissant et très familial dans son ardente expression. Il a pris, en ce qui concerne le *Figaro*, des formes si particulièrement gracieuses, il s'est affirmé d'une façon si personnelle, que maintenant les rôles sont renversés et que la créance de ce journal s'est changée en une dette. Heureusement qu'il est de bonne paie.

C'est là, du reste, la note dominante de ce voyage en Hongrie. En voulez-vous la preuve formelle ?

Le 4 août, M. Charles Piat, un de nos compatriotes, arrivait, mourant, à Hagy-Banya, petite ville située au nord de la Transylvanie. Il n'y avait dans ce pays perdu qu'un Français, M. Barthélemy, ingénieur du plus grand mérite. Cet excellent homme ouvrit sa maison au pauvre diable qui, huit jours après, y rendait le dernier soupir. Or, le matin des obsèques, une superbe couronne fut envoyée au nom de l'*Hagy-Banya ès Vidèke*, l'organe local, à la maison mortuaire. Toute la ville, le bourgmestre en tête, suivit le convoi, le long duquel les pompiers en tenue, le drapeau voilé d'un crêpe, la torche enflammée à la main, firent la haie. Les gens de lettres présents, ayant su par M. Barthélemy que le défunt avait collaboré passagèrement au *Figaro* — M. Piat nous adressa jadis quelques correspondances de Vienne — tinrent à honneur de porter le cercueil à bras jusqu'au cimetière. Sur la tombe, un rédacteur du journal se fit l'interprète du sentiment public dans une improvisation qui se terminait ainsi : « Pendant que la ville de Buda-Pesth fait un accueil triomphal aux hôtes envoyés par la *grande nation* (sic), c'est pour nous un devoir de rendre un hommage suprême à cet autre Français, mort ici, comme en exil, et de donner à son ombre l'illusion de la Patrie et de la Famille absentes ! » Et le lendemain, l'*Hagy-Banya ès Vidèke* écrivait, dans une notice biographique consacrée à M. Charles Piat : « Un enfant de la

France est mort chez nous. L'humanité perd un travailleur ! »

Voilà comment on nous aime là-bas !

Les Allemands feignent de ne pas croire au platonisme de cet amour. Ils dénaturent le sens du voyage, et s'ingénient à le transformer en un acte politique, sans considérer que la délégation française ne comptait pas un seul homme politique dans ses rangs. L'un d'eux montre naïvement le bout de l'oreille. Il écrit :

« Nous aussi, nous irons en Hongrie, si cela nous plaît. Mais nous irons avec *notre* argent ! »

A quoi l'un de nos confrères de la presse hongroise riposte :

« Si vous venez en Hongrie, ce ne sera pas, comme vous le dites, avec *votre* argent, mais avec l'argent que vous aurez emporté de France ! Si vous venez en Hongrie, ni pour argent ni pour or, vous n'y recevrez l'accueil qu'y ont reçu nos amis les Français. Vous y serez comme des touristes, non comme des hôtes ! »

C'est une des moralités du voyage, et ce n'est pas la moins consolante.

BOMBONNEL ET JOSÉPHINE

3 septembre 1885.

C'est une affaire d'entraînement que les voyages. A peine rentré de cette magnifique excursion en Hongrie, j'ai mis le cap sur le paradis algérien. Mais j'ai pu, cette fois, savourer les délicieuses émotions du déplacement sans en ressentir les fatigues. Car j'ai passé la mer, le ventre à table, sans bouger de mon fauteuil, à la façon de Xavier de Maistre ou d'Alfred de Musset ; et vous allez en faire autant, sans bouger du vôtre.

Bombonnel était, hier, de passage à Paris. Ce nom est aussi populaire en France que les noms de Jules Gérard et de Chassaing, ses émules. Mais il s'impose à nos sympathies plus encore qu'à notre admiration ; car, s'il est synonyme de courage, il est encore et surtout synonyme de patriotisme.

On aime à se souvenir qu'en Bourgogne, pendant l'année terrible, Bombonnel traita les Prussiens comme il traitait les lions et les panthères en Algérie. C'est ce Bombonnel-là que j'avais à cœur de connaître. Un de nos amis communs m'a procuré ce plaisir.

L'imagination hausse toujours les hommes à la taille de leur exploits. Je me faisais de Bombonnel l'idée d'une sorte de colosse, taillé en pleine chair, quelque chose comme l'Hercule de Némée, ou, pour chercher une analogie plus moderne, comme un jumeau de ce brave Pertuiset, qu'on voit le soir, souriant dans sa force, étaler devant Tortoni son athlétique carrure. Aussi n'ai-je pu réprimer un geste de surprise, je dirais presque de déception, en me trouvant face à face avec un petit homme, pas plus haut que ça, sec, maigre, timide, trop à l'aise dans sa redingote à la propriétaire, aux basques trop longues, aux manches trop courtes, comme un parfait tabellion de comédie. Mais il m'a suffit de le regarder pour me convaincre une fois de plus que l'air ne fait pas la chanson, ni l'habit le moine. A ce corps malingre, fagoté comiquement, s'adapte une véritable tête de chat-tigre, trouée de petits yeux où brille une flamme féroce et garnie, aux coins des lèvres, de deux touffes de poils terriblement hérissés. Entre deux êtres qui vivent côte à côte, il s'établit à la longue une ressemblance non seulement morale mais physique. A force de se mesurer de l'œil avec les fauves, Bombonnel a fini par leur ressembler. Je me figure volontiers que la première impression des panthères, lorsqu'elles se trouvent nez à nez avec leur adversaire, doit être celle-ci : « Tiens ! voilà quelqu'un de la famille ! » Quant à la seconde, il ne leur a jamais laissé le temps de la formuler.

Une fois pourtant... ah ! cette condescendance faillit lui coûter cher ! il venait de tirer une énorme panthère et, la croyant morte, il s'apprêtait à faire les constatations... légales. Soudain la bête, blessée grièvement, mais non pas foudroyée, se redresse, terrible, et, d'un bond formidable, s'élance sur lui. Il y eut là, pour Bombonnel, quelques secondes d'une angoisse que nulle parole humaine ne saurait rendre. Ce fut un atroce enlacement, un gigantesque corps à corps, un homérique duel, sous le ciel bleu, sans autres témoins que les étoiles. Le monstre soufflait le feu par les naseaux ; et tandis que ses griffes mordaient le patient aux épaules, émiettant ses chairs, broyant ses os, sa gueule, grande ouverte en un avide rictus, aspirait voluptueusement cette proie humaine ; et, à chaque aspiration, quelque chose d'elle s'enfonçait dans le gouffre béant, le crâne d'abord, puis les yeux, puis le nez, puis la bouche... puis les deux horribles mâchoires se refermèrent autour du cou comme les deux branches d'un étau... puis... mais je laisse Bombonnel achever ce tragique épisode :

« Si critique que fût la situation, nous dit-il avec cette lucidité que donne la vision nette de la mort, je m'en rendais parfaitement compte, et j'eus la force, après avoir recommandé mon âme à saint Hubert, de murmurer entre mes dents :

« — Cette fois, par exemple, je suis f...ichu ! »

« J'étais sauvé ! Le monstre, *qui n'avait jamais entendu parler dans sa gueule*, détendit un peu son étreinte... Je profitai de cette *faute* pour dégager brusquement ma tête de ses terribles crocs, et, de mon bras meurtri, saisissant mon couteau qui, dans la lutte, était venu providentiellement à portée de ma main, je le lui plantai dans la gorge !... Il me sembla qu'un flot de lave brûlante inondait ma face convulsée... C'était la panthère qui rendait ce qui lui restait de sang dans un râle suprême !... Ses pattes énormes se roidirent, et, avec l'inertie du cadavre, elle s'en alla rouler au fond du ravin !...

Quant à moi, que ces émotions avaient épuisé, je roulai sur le bord, évanoui ! »

Lorsqu'il s'éveilla de cet évanouissement, il avait la boîte du crâne brisée, l'œil gauche hors de l'orbite, le nez et les joues en compote, les dents en bouillie, tous les membres en capilotade. Sa guérison fut un vrai miracle, et son rentoilage — je ne trouve pas d'autre mot — un chef-d'œuvre de mosaïste, patient et convaincu. Après quarante ans de ce travail d'art, il ne reste plus de trace, sauf un je ne sais quoi de profond et de vague dans le regard, où se reconnaissent ceux qui ont vu l'Infini de près.

Aujourd'hui, il y a comme une trêve consentie de part et d'autre, entre Bombonnel et les fauves. Sa terrible carabine a fait autant de victimes qu'il avait perdu de dents et compté de blessures sur son corps. Cela suffit à sa vengeance. Au lieu d'attenter aux jours de ses vieux ennemis, il entretient avec eux les meilleures relations de bon voisinage et pousse même l'oubli des injures passées jusqu'à les aider à vivre. Il leur fournit chaque jour une copieuse ration de bourricots, que ses pensionnaires viennent consommer sans défiance, à deux cents mètres de son domicile, au piquet où leur bienfaiteur les a liés de sa propre main. Et, par un revirement étrange, cette maison, qui fut jadis leur charnier, est aujourd'hui leur restaurant.

La grande maîtresse de ce restaurant, c'est Joséphine, la bonne à tout faire de Bombonnel, à la fois femme de charge, intendante et cordon-bleu. Ce qu'il y a de plus curieux dans Bombonnel, c'est Joséphine.

Joséphine est de Dijon comme Bombonnel. Elle

s'est vouée à son service à la suite de grands chagrins de famille. C'est une solide gaillarde de six pieds à qui le ciel a prodigué les avantages physiques dont il s'est montré si avare vis-à-vis du « patron ». L'accord s'est bientôt fait entre elle et les fauves. Aussitôt qu'ils l'ont vue, ils ont reconnu leur maître, et ne s'y sont point frottés. Elle les traite, d'ailleurs, par le mépris. Si quelqu'un d'entre eux, en veine de familiarité, se hasarde jusque sous les murs de l'habitation, elle lui jette son eau de vaisselle à la face. Et le téméraire s'éloigne, baissant la queue et couvert de confusion.

Joséphine a des procédés culinaires qui lui sont tout à fait personnels. Les cuisiniers du commun tuent les volailles en leur tordant le cou; elle les tue à la carabine. Et, si grande est son adresse, qu'elle les touche toujours à l'œil gauche. Paf! ça y est!

Une des joies de Joséphine, c'est d'aller voir manger ses pensionnaires. C'est un régal qu'elle se paie de temps à autre avec son maître. Quand la nuit vient, ils s'installent tous les deux non loin du piquet où se débat la triste rosse vouée au sacrifice sanglant. Et quand un des convives, dans l'ivresse du repas, offre une cible propice, Joséphine, prise d'une ardeur guerrière, met la main à la carabine, qu'elle porte toujours avec elle, comme d'autres portent un bâton, et se penchant à l'oreille du maître :

— Par grâce, supplie-t-elle, laissez-moi tirer celui-là !

Mais lui, miséricordieux et grave :

— Ma fille, répond-il, laissons vivre ces nobles créatures du bon Dieu !

Paix aux doux sur la terre et félicité dans le ciel !
Quand il gisait sur son lit de douleur, à la suite du duel à mort que j'ai raconté plus haut, Bombonnel fit vœu, s'il revenait à la vie, de mettre tous les jours un sou dans une tirelire, et de consacrer par testament la somme totale à la confection d'une statue de saint Hubert, qui serait érigée sur sa tombe.

La tirelire contient aujourd'hui 750 francs. Bombonnel vient d'entrer dans sa soixante-douzième année. Il est assez vert pour doubler cette somme.

GRAND'MAMAN

9 septembre 1885.

C'est, je crois, Emmanuel Gonzalès qui publia jadis les *Anges du Foyer*.

S'il en donne une nouvelle édition, il y pourra joindre un nouveau chapitre — le plus pathétique, le plus attendrissant, car il aura jailli non du cerveau d'un romancier, mais des entrailles mêmes de la vie réelle.

J'ai conduit hier matin — moi dixième, hélas ! — à sa dernière demeure une pauvre vieille femme dont l'existence tout entière tient dans ce seul mot : héroïsme. Il n'y a pas eu de discours sur sa tombe; nul, sauf moi peut-être, ne parlera d'elle; avant la fin du mois, ses rares amis — je vous ai dit que nous étions dix derrière son cercueil — l'auront oubliée ! Et pourtant elle est la plus magnifique incarnation de ces martyrs ignorés de la vie bourgeoise, morts à la peine, après des luttes poignantes, pareils à ces soldats qui tombent, au milieu de la fumée, sur le champ de bataille, Cids anonymes, dont personne n'a vu, pour la redire, l'obscure et glorieuse épopée.

Du moins, je veux redire, l'ayant vue de mes yeux, celle de la sainte créature, car il n'en est pas, à mon sens, qui prouve mieux l'incroyable puissance de la volonté, soutenue, virilisée, centuplée par la « folie » maternelle.

Après de terribles revers de fortune, Mme X..., un beau matin, se trouva, par suite de la mort presque simultanée de son fils et de sa bru, l'unique soutien de ses trois petites-filles, dont l'aînée vient d'atteindre ses vingt ans.

Il ne lui restait, pour toute ressource, qu'une rente viagère de trois mille francs, payable en deux termes : le 5 mars et le 5 septembre.

Pendant une dizaine d'années, tout alla bien. Mme X... tenait le ménage, et les fillettes — des fées — tiraient vaillamment l'aiguille sous son œil attendri. C'était presque l'aisance. Pas de dettes, et quelques bonnes obligations au fond du tiroir. Et le soir, à la clarté pâle de la lampe, entre deux chapitres de l'*Imitation* que l'aïeule lisait à ses petits anges penchés sur le métier, on pouvait faire de jolis rêves d'avenir, et point trop chimériques.

La réalité brutale devait bientôt reprendre ses droits. En essayant d'atteindre sur une étagère un bibelot hors de la portée de sa main, Mme X... perdit l'équilibre. La commotion qu'elle en ressentit fut telle qu'elle dut s'aliter. « C'est l'affaire de quelques semaines ! » disait le vieux docteur, un ami de la vieille. Les semaines se passèrent et les mois ; et le mal empirait toujours. Les fillettes, transformées en garde-malades, avaient laissé là l'aiguille et le métier. Il fallut, pour manger, vendre les obligations une à une. Sans cette pauvre rente viagère, la faim, l'horrible faim, se serait assise à ce foyer douloureux !

Au milieu de ses atroces souffrances, qu'elle supportait avec une résignation chrétienne, Mme X... n'avait qu'une seule préoccupation :

— Seigneur, murmurait-elle, frappez-moi, torturez-moi, martyrisez-moi, mais ne m'appelez pas à vous !... Que je vive, Seigneur, pour que je continue à toucher ma rente !

Il y a de cela huit jours, à l'aube, elle défaillit. Il lui sembla que la mort était proche. Elle eut peur. Si Dieu la prenait, qu'allaient devenir les « petites » ! Trois enfants, seules, sans ressources, sans asile, livrées à toutes les angoisses, à toutes les suggestions mauvaises de la solitude et de la faim !... Si, du moins, elle pouvait vivre jusqu'au 5 septembre ! Après, le Ciel y pourvoirait !

On était au 1er septembre !

Lorsque, quelques heures plus tard, le médecin arriva, Mme X... éloigna ses petites-filles. Puis, demeurée seule avec son vieil ami, l'attirant près d'elle, et les yeux dans les yeux :

— C'est bien fini, n'est-ce pas ? dit-elle.

— Fini !... En voilà bien d'une autre ! s'écria le docteur, s'efforçant de sourire... Vous nous enterrerez tous !

— Ne raillez pas, mon ami, l'interrompit-elle en lui mettant la main sur la bouche... C'est un blasphème en un pareil moment !... Si la mort est proche, comme je le crains, vous savez quels devoirs elle m'impose. Je vous somme de me dire la vérité !

Devant cette mise en demeure, le docteur courba tristement la tête. Et, d'une voix étranglée par l'émotion :

— Si vous avez quelques dispositions à prendre, hâtez-vous !

— Combien de temps ai-je encore à vivre ?

— Deux jours au plus !..

— Deux jours, oh ! mon Dieu !... Et c'est le 5 septembre seulement que je touche ma rente !... Je ne peux pas mourir avant de l'avoir touchée !... Il me faut trois jours de plus, trois pauvres petits jours !.. Il me les faut, docteur !.. Je les veux !.. Je les aurai !

Là-dessus, la mourante se dressa sur ses oreillers, à demi droite... Elle défendit qu'on lui parlât, qu'on s'approchât d'elle, qu'on fît dans sa chambre le moindre bruit capable de distraire son attention, tournée tout entière vers ce but unique : vaincre la mort !

Et, le regard fixe, elle demeurait immobile, cramponnée à ses couvertures, économisant son souffle, offrant tous les symptômes de la catalepsie. La contraction de ses traits amaigris trahissait seule l'immense effort de cette volonté surhumaine.

Le 3 septembre, croyant lire sur le visage du vieux docteur une certaine surprise de la voir encore de ce monde, elle eut le courage de sourire en murmurant :

— Je vous ai bien dit que j'irais jusqu'au 5 !... Comme cela, les enfants profiteront du semestre.

Le jour suivant, elle lutta de toutes ses forces contre le sommeil qui pesait lourdement sur ses paupières. C'est traître, le sommeil !... Elle refusa toute nourriture, ne se soutenant qu'avec quelques gouttes d'eau sucrée.

Elle parut, enfin, l'aurore du 5 septembre !

Quand les premiers rayons filtrèrent à travers les persiennes, une violente agitation s'empara de Mme X... Le sang empourpra ses pommettes pâlies.

Son œil vitreux ne quittait pas la pendule. On l'entendit murmurer :

— Encore quelques heures, ô mon Dieu !

Comme midi sonnait, un clerc de notaire apporta les quinze cents francs, dont elle-même voulut lui remettre le reçu préparé longtemps à l'avance.

Puis elle étala les quinze billets sur ses couvertures, les palpa d'une main fébrile, et, respirant avec force, elle dit :

— Je puis mourir !

Le lendemain, quand les petites filles vinrent recevoir sa bénédiction matinale, elles s'écartèrent du lit avec un cri de terreur....

Grand'maman était morte !

L'OISEAU S'ENVOLE !

12 septembre 1885.

Dans quelques heures, la diva Judic aura dit sa dernière chanson... sur la terre de France.
La chanson du bord !

> Vogue, Transatlantique,
> Au pays des dollars !

L'oiseau s'envole !... comme chante, dans *Paul et Virginie*, le vieux nègre. Il s'envole... Il est envolé !

Mais tranquillisez-vous !... Comme les hirondelles, ses sœurs en émigration, elle reviendra, la fauvette voyageuse !

Que de larmes, ce soir, quand il a fallu quitter le nid tout capitonné d'ouate — ce nid construit paille à paille avec son bec industrieux et gazouilleur — et sa chère couvée ! Le nid, qu'importe ! Le bec est encore vaillant, grâce à Dieu ! et prêt à refaire le miracle d'Orphée édifiant, avec des chansons, les murs de Thèbes ! Mais les petits, qui, jusqu'à ce jour, avaient vécu douillettement pelotonnés sous son aile, et que va meurtrir le froid de la solitude, une fois son aile déployée vers les fuyants horizons ! quel crève-cœur et quelles angoisses ! Aussi n'a-t-elle pas eu le courage —

est-il une mère qui la blâmera ? — de les prolonger jusqu'à la minute suprême ; et s'est-elle séparée d'eux au bord du nid, jalouse de leur épargner cette horrible sensation du néant que donne la mer à ceux qui restent, et cette demie-heure de torture — un siècle ! — où, du pont du paquebot à la jetée, on se regarde, on se fait des signes, on se sourit, les yeux pleins de larmes et la gorge pleine de sanglots, sans pouvoir s'embrasser, se parler ni s'entendre !

C'est l'exil qui commence, pour elle et pour eux. Elle s'en va, vers des cieux inconnus, tenter l'énigmatique fortune ; eux s'en vont, en Angleterre, compléter leur éducation, le petit homme dans un collège, la petite femme dans un couvent ! Cette mer qui les sépare est encore un lien qui les unit, puisqu'ils vont la passer, eux comme elle ! Et ce n'est point le seul : tandis qu'eux apprendront l'anglais chez John Bull, elle l'apprendra chez Jonathan. Et quand les oiseaux voyageurs auront rallié la volière de la rue Nouvelle, c'est dans la langue de Walter Scott et de Cooper qu'ils roucouleront la douce romance :

Bonheur de se revoir !

Elle n'a pas désempli toute la journée, la volière de la rue Nouvelle. Les ornithologistes les plus distingués s'y étaient donné rendez-vous. Il faut citer en première ligne M. Bertrand, le directeur des Variétés, qui, pendant deux heures, a réessayé sa puissance de « charmeur » sur son infidèle fauvette aux œufs d'or. Le rossignol Dupuis et le coucou Baron y sont aussi venus ensemble évoquer les tendres souvenirs de *Lili*, de la *Femme à papa*, de la *Roussotte* et de *Nitouche*. Je ne parle que pour mémoire des pierrots américains, de l'espèce dite reporter, qui se sont abattus, comme des sauterelles curieuses, sur son grillage doré... Il a dû gémir, cette nuit, le câble transatlantique !

Que sortira-t-il pour l'avenir de cette tentative de réapprivoisement dirigée par l'oiseleur des Variétés contre la fauvette fugitive? *Chi lo sa?* La fauvette a bien juré ses grands dieux qu'elle ne roucoulerait plus, plus jamais, dans une cage française !... Mais, vous savez, serment de fauvette, et de jolie fauvette, c'est comme plaisir d'amour, musique de Martini !

Ces dettes de cœur une fois réglées, Judic a bouclé ses malles qu'elle avait passé la nuit à faire elle-même ! Et ce n'est pas trop d'une nuit, croyez-le bien, pour aménager savamment, à l'épreuve du roulis et du tangage, soixante-cinq robes et soixante-cinq chapeaux, oui, mesdames ! Ce chiffre n'a rien d'exorbitant si l'on songe qu'étant donné son répertoire, il y a dix ou douze femmes dans Judic, et que chacune a sa garde-robe à part. Cinq toilettes par incarnation, c'est juste de quoi ne pas avoir l'air minable. Les perruques atteignent le même chiffre. Soixante-cinq perruques, miséricorde?... Ni plus ni moins. Mais qu'est-ce que soixante-cinq perruques pour dix ou douze personnes, alors que ce macabre duc de Brunswick en avait trois cent soixante-cinq pour lui tout seul !

Partie ce soir pour le Havre à six heures trente, Judic couchera cette nuit à Frascati, où ses appartements ont été retenus, et demain dimanche à midi sonnant, elle pourra redire les strophes mélancoliques de Marie Stuart :

> Adieu, charmant pays de France !

C'est *le Saint-Simon* qui porte Judic et sa fortune future. N'y a-t-il pas comme une curieuse prédestination dans ce fait : l'artiste qui peut-être prêta le plus à la chronique française prenant passage sur un paquebot placé précisément sous l'invocation du premier chroniqueur français ? Et cette rencontre n'a rien de prémédité ; on peut presque dire qu'elle est fatale ; car Judic a dû s'embarquer successivement à bord de *la Normandie*, de *l'Amérique* et du *Canada*. Je ne puis m'empêcher d'y voir un heureux présage. Elle a, du reste, toutes les veines, la diva ! Elle devait partir le 12, elle part le 13 ! Si c'eût été, par surcroît, un vendredi ! Je dis cela, sachant que Judic, comme son illustre maître Jacques Offenbach, a la superstition... inverse.

Un superbe paquebot que *le Saint-Simon* — 112 mètres de long sur 12 de large — commandé par M. H. Durand, un des meilleurs capitaines de la Transatlantique, vieux loup de mer qu'on dirait échappé d'un roman de la Landelle. M. E. Pereire a voulu que la diva n'eût pas à regretter à bord le confortable du foyer. Il a fait aménager pour elle la cabine destinée à l'agent des postes, la plus vaste et la mieux pourvue d'air et de lumière. On y voit et on y respire par une infinité de hublots, et on peut s'y mouvoir à l'aise, car elle mesure 14 pieds en longueur, 10 en largeur et 7 en élévation.

> Que de chambres parisiennes
> Ne pourraient pas en dire autant !

Cette bonbonnière, tout en acajou, contient un lit très vaste, un canapé, des sièges hauts et bas, une toilette aussi bien fournie que celle de Niniche — le nécessaire de la vie sur le continent — et un bureau de chef de division, presque de ministre — le superflu de la vie à bord. Un piano ferait bien mieux l'affaire ; mais il est dans le grand salon, et le grand salon et la cabine de Judic sont porte à porte.

La diva n'emmène que sa femme de chambre et ses deux toutous, Jacques et Marquise, qui jouent dans son existence le rôle de Jacques Ier et de Jacques II dans celle d'Alexandre Dumas. Aussi faut-il voir comme elles sont choyées, ces bêtes ! Elles ont leur malle à part, toute capitonnée de satin. Jacques, au besoin, se passerait de ces gâteries. Mais Marquise est une personne d'âge comme l'indique le surnom de « douairière » qu'elle tient de sa maîtresse. Songez donc, elle a seize ans ! C'est presque le centenaire des petits griffons d'Ecosse !

Si la traversée est heureuse, Judic débutera dans *Mamzelle Nitouche*, le 1er octobre, à New-York. Donc, bonne mer et bonne brise ! C'est le double souhait que nous faisons tous de grand cœur, nous qui lui devons tant d'heures et de jouissances exquises. Car lorsqu'une artiste comme elle nous quitte, il semble que ce soit un peu de nous qui s'en va.

TRIBU D'ARTISTES

18 septembre 1885.

J'ai reçu hier matin une lettre portant le timbre de Varsovie.

Cette lettre disait :

« Mon cher Parisis, je tiens à vous informer avant tout le monde du changement heureux à la veille de se produire dans mon existence et dans celle d'une personne à qui vous attachent des liens d'une sympathie déjà ancienne.

« Mlle Joséphine de Reszké quitte définitivement le théâtre, bien qu'elle soit en pleine possession de ses admirables facultés vocales, comme vous avez eu l'occasion de le constater vous-même, il y a quelques mois.

« Elle quitte le théâtre... pour se marier, et celui dont elle a fait choix et qui n'ose encore croire à son bonheur, c'est votre serviteur et ami, Léopold de Kronenberg. »

En m'envoyant la nouvelle de son mariage, mon serviteur et ami Kronenberg ne se doutait certes pas que, le jour même des accordailles, elle avait paru chez Prével. C'est un comble de reportage dont on n'a pas idée en Pologne. Et j'en éprouverais quelque dépit, si les relations cordiales que j'entretiens de longue date avec les fiancés et leurs familles ne me permettaient de prendre une éclatante revanche sur mon collaborateur.

Elle, tout Paris la connaît, car elle a charmé tout Paris par cette voix incomparable qui faisait dire aux dilettanti : « La Cruvelli nous est rendue ! » Et elle n'avait pas que la voix de la grande artiste qui renonça de gaîté de cœur aux triomphes de la scène pour devenir la baronne Vigier, comme elle y renonce elle-même pour devenir Mme de Kronenberg : elle en avait la beauté sculpturale, le port souverain, l'ardente flamme, en un mot, cet ensemble de dons rares qui faisaient de l'une et de l'autre des tragédiennes lyriques accomplies.

Il n'est pas rare que sur ces créatures d'élite la perspective des joies familiales exerce une fascination irrésistible. Et c'est presque toujours en pleine floraison de talent, en pleine gloire qu'elles sont prises de cette nostalgie du foyer. Il semble qu'en se séparant de ce public dont elles furent les idoles, elles mettent une certaine coquetterie à ne lui laisser que de radieux souvenirs et d'inconsolables regrets. Peu d'entre elles envient le douloureux exode de la Falcon agonisant sur la scène et conduisant elle-même le deuil « d'une voix qui tombe et d'une ardeur qui s'éteint » dans une convulsion suprême. Joséphine de Rezské, plus qu'aucune autre, était préparée à cette évolution. Elle peut dire, en effet, comme Emmanuel Arago le disait de la République : La famille, c'est ma carrière ! Elevée dans la pure atmosphère des vertus domestiques, après avoir été la plus tendre des filles et la plus aimante des sœurs, elle était prédestinée, par là même, à devenir une épouse d'élection. Et le nouveau lien qu'elle va contracter ne sera qu'un anneau de plus à cette chaîne d'affections et de devoirs dont elle n'a jamais eu la velléité de s'affranchir, si maîtresse qu'elle fût d'elle-même. Elle trouvait à cette servitude volontaire d'ineffables douceurs.

Elle est légendaire, l'union des trois Reszké. Ce sont les anabaptistes de l'art lyrique. Ils rendent sensible le mystère de la Trinité : tous pour un, un pour tous, voilà leur devise. Les hasards de la vie artistique ont pu quelquefois les séparer, les isoler jamais. Ils sont quelquefois éloignés, jamais absents les uns des autres. Grâce au courant fraternel qui relie incessamment ces trois cœurs, il n'y a pas plus de distance entre eux qu'il n'y en a, grâce au câble sous-marin, entre Paris et New-York. L'ainé, Jean, exerce un protectorat souverain sur cet indivisible trio. Il est le conseil, il est l'arbitre, il est l'oracle. Rien de ce qui touche à leur carrière commune n'est définitif que lorsque Jean a parlé, nul contrat n'est valable que lorsque Jean y a mis son paraphe; ni Joséphine ni Edouard ne se sont jamais risqués dans un rôle avant que Jean eût dit, comme Dieu le père après la création : Cela est bien! Je ne sache pas qu'en aucune occasion ils aient eu lieu de se plaindre, lui de son absolutisme, eux de leur déférence. Ni le public non plus.

Il y a deux ans, une violente affection de la gorge obligea Joséphine à quitter momentanément le théâtre. Toutes les ressources de l'art furent mises en œuvre pour rendre à cet admirable organe son éclat et sa pureté. L'autre hiver, après une dernière cure dans une station pyrénéenne, elle revint à Paris. Elle se croyait en état de remonter sur la scène ; Jean fit bonne justice de cette hâtive illusion. Une imperceptible nuance, que le public n'aurait pas saisie, il l'avait saisie, lui, avec sa finesse d'ouïe fraternelle. A quelque temps de là, j'eus le plaisir d'avoir la sœur et les deux frères à dîner. Après dîner, Edouard et Jean firent de la musique ; puis, cédant à la contagion, ou peut-être devinant mon secret désir, Joséphine se mit au piano.

Elle chanta l'air des Bijoux, de *Faust*, l'air de la Folie, d'*Hamlet*, les Stances de *Sapho*, que sais-je encore? Après chaque morceau, elle jetait sur Jean un regard d'angoisse ; mais Jean ne sourcillait pas. Quand elle eut fini, il s'approcha d'elle, la serra tendrement sur son cœur, et, d'une voix que l'émotion rendait tremblante :

— Ça y est ! dit-il. Maintenant tu peux marcher, petite sœur !

Cette nuit-là je fis un beau rêve. J'étais à l'Opéra, et, du fond d'une loge, je voyais jouer les *Huguenots*. Jean faisait Raoul, Edouard Marcel et la *petite sœur* Valentine. Il s'en est fallu de peu que ce rêve ne devînt réalité. Mais ce diable d'Amour n'en fait jamais d'autrés !

Au surplus, si jamais quelqu'un fut digne d'un pareil amour et mérita qu'on lui fît un pareil sacrifice, c'est bien le fiancé qu'a choisi Joséphine de Reszké. Gentleman accompli, musicien émérite, très passionné pour les arts, Léopold de Kronenberg y consacre la meilleure part de sa vie et de... sa fortune, une des plus considérables de la Pologne. C'est là, d'ailleurs, comme chez les Reszké, une sorte de tradition de famille ; car, comme les Reszké, les Kronenberg sont une tribu, une tribu qui campe à la fois sur les bords de la Vistule et sur les bords de la Seine, sans pouvoir dire quel est celui des deux fleuves qu'elle aime le plus.

Dans cette tribu, on élève l'amour de la France à la hauteur d'un culte. En 1870, l'aîné des Kronenberg prit du service dans un corps franc, celui du brave et malheureux Poulizac. Il ne fut ni un Français ni un soldat platoniques : c'est de son sang et aussi de sa bourse qu'il paya sa dette à sa patrie d'adoption. Et si notre petite troupe d'irréguliers put faire jusqu'au dernier jour belle figure devant l'ennemi, c'est à son infatigable et discrète générosité qu'on le doit, autant qu'à son intrépide courage. Je n'ai pas entendu dire que la République l'eût décoré.

Moralité de ce gentil mariage :

Une grande artiste de moins, une bonne mère de famille de plus...

Lequel vaut mieux, Seigneur?

TOUT EST ROMPU, BEAU-PERE!

20 septembre 1885.

Paris, comme Janus, a deux faces : la face « de lumière » et la face « d'ombre », aurait dit Victor Hugo. On ne peut mieux le comparer qu'à ce personnage double du *Courrier de Lyon,* en qui s'incarnent, d'une part tous les vices, de l'autre toutes les vertus.

Le devoir du chroniqueur est de peindre ces deux faces, alternativement, au hasard et suivant les caprices de la pose. Devoir assez consolant, en définitive, car la face « de lumière » s'offre plus fréquemment que la face « d'ombre » à son crayon. Les Lesurques, quoi qu'on dise, sont moins rares que les Dubosq, et, tout bien compté, la somme du Bien l'emporte toujours sur celle du Mal dans ce grand Paris, où ces deux principes — plus immortels que ceux de 89 — sont et seront en état de lutte continue jusqu'à la consommation des siècles.

Or, il ne sort pas que des tragédies de cette lutte, il en sort aussi des vaudevilles, et des plus gais. Dans ce spectacle aux cent actes divers que Paris offre quotidiennement à l'observateur, il y a matière à rire pour les Démocrites autant et plus qu'à pleurer pour les Héraclites. La preuve, c'est que je vous ai conté, l'autre jour, *Grand'maman,* une tragédie bourgeoise, et que je vais vous conter aujourd'hui, *Tout est rompu, beau-père !* vaudeville bourgeois.

J'étais entré hier, pour commander un cent de cartes, dans une imprimerie spéciale de la rue Drouot. Comme je causais avec le patron, un homme entre deux âges, de noir vêtu, de blanc cravaté, qui me rappela le Fadinard du *Chapeau de paille d'Italie,* fit irruption dans la boutique.

— Monsieur, dit-il sans préambule à mon interlocuteur, je viens d'où vous savez pour ce que vous savez !

(Du *Chapeau de paille d'Italie* nous tombions dans *Ruy Blas !*)

— Monsieur, répondit le patron, qui prit sur le comptoir un paquet préparé d'avance et le remit à ce singulier client, Monsieur, voici la chose ! Et, comme ça, c'est fait ?

— Depuis cinq minutes... Toute ma noce est là tout près, devant la mairie, qui m'attend dans huit fiacres !...

(De *Ruy Blas* nous retombions dans le *Chapeau de paille d'Italie !*)

— Ne la faites pas attendre, Monsieur !... Vous me voyez ravi de cet heureux dénouement !

— Pas plus que moi, je vous en donne ma parole !

Sur ce mot, l'homme régla sa facture, exécuta sur ses talons une pirouette joyeuse et sortit

En emportant son paquet sous son bras !

J'étais fort intrigué.

— Quel est ce personnage? demandai-je au patron.

— Çà, fit-il avec un sourire narquois, c'est un volontaire du divorce.

L'aventure se corsait. Je me posai devant l'imprimeur en point d'interrogation.

— Vous voudriez bien savoir le mot de l'énigme? me dit-il... A vos souhaits ! Au surplus, il y a peut-être pour vous là-dedans un joli sujet de chronique.

— Je vous écoute.

— Comme tous les vaudevilles, celui-ci — car c'en est un — se compose d'une exposition, d'un nœud et d'un dénouement.

Exposition. Il y a six semaines, ce monsieur entre ici, comme tout à l'heure, et me tient à peu près ce langage :

— Monsieur, je me marie dans huit jours. Il me faut pour cette date deux cents « faire-part » de mon mariage. Voici la formule. C'est aujourd'hui samedi. Samedi prochain, après la bénédiction nuptiale, je viendrai prendre livraison.

Exit le monsieur.

Nœud. *Introït* le monsieur, en habit noir et cravate blanche. Le dialogue suivant s'engage entre nous :

— Monsieur, voici votre commande.

— Désolé, monsieur, mais elle est superflue !

— Bah ! Votre mariage?

— A l'eau, mon mariage, ou du moins ajourné !

— Pourtant, cette toilette...

— Eh ! monsieur, l'habit ne fait pas le... marié !... Figurez-vous que papa beau-père avait promis de me verser cent mille francs le jour de la noce... Je dis cent mille francs !

— J'entends bien.

— Ce matin, j'arrive, inflexible comme une échéance. Papa beau-père me tire à part. — « Mon gendre, me dit-il... Permettez-moi de vous donner ce nom !... — Donnez !... donnez ! » Vous comprenez l'invite ?

— Parfaitement.

— « Je ne sais pas comment vous dire cela, continua le bonhomme, mais j'ai promis plus que je ne pouvais tenir !... En vidant tous mes tiroirs, je n'ai pu réunir que soixante mille...

— « Pas un mot de plus !... Il est dix heures... Le mariage civil est pour onze... A dix heures trois quarts, je serai là... Si vous avez les cent mille, en route pour la mairie !... Si non, rien de fait !... Tout est rompu, beau-père ! »

— Bigre !... c'est roide !

— Les affaires avant tout !... Ce n'est pas vous, un commerçant, qui me démentirez !

— Dame !

— Je m'éclipse et, les trois quarts sonnant, je reviens. Tout le monde est là, les témoins, ma future, toute rouge dans ses voiles, et les invités. — « Eh bien ? dis-je tout bas au beau père...

— Eh bien ? murmura-t-il d'une voix serrée par l'angoisse, je n'ai pu faire que dix mille ! — Alors, bonsoir ! » Là-dessus, j'ai tiré ma révérence... et me voilà !

— Alors, il faut détruire les lettres ?

— Gardez-vous en bien !... Le mariage n'est que différé.., Papa beau-père n'a vidé que ses tiroirs... Il faudra qu'il vide son vieux bas, par crainte du scandale !... Et puis, on ne sacrifie pas de gaîté de cœur un parti comme moi... Car j'ai dix mille livres de rentes... par le temps qui court, ça ne se trouve pas sous le pied d'un cheval!... Vous me reverrez, monsieur, dans quelques semaines... A revoir !

— A revoir !

Dénouement. Vous l'avez vu de vos yeux tout à l'heure... Avais-je tort de vous dire que, dès avant le mariage, mon homme était mûr pour le divorce ?

— Le fait est que si j'étais femme et que si je me savais l'objet d'un pareil marchandage...

— Et pensez-vous qu'il y ait une chronique là-dedans ?

— Je me le demande !

ÉCONOMIE !

28 septembre 1885.

Sa Majesté la Mode vient de lancer son manifeste.

J'ai lu dans ses organes — officiels et semi-officiels — le détail des merveilles que les couturiers, ses ministres, nous préparent pour cet hiver.

C'est superbe... sur le papier. Mais il y a loin de la coupe aux lèvres !

On ne saurait nier que l'Argent — cette autre Majesté dont la Mode est l'humble vassale — soit, depuis longtemps déjà, sous le coup d'une panique... inconsciente ou non. Se sentant visé par les furieux appétits auxquels la République a donné libre carrière, et qui, de législature en législature, montent comme une marée, il n'ose plus se hasarder hors des coffres où il se retranche prudemment. Je le soupçonne même de préparer, en *catimini*, sa fuite à Varennes !

Cette crise se reconnaît infailliblement à divers symptômes qui, très vagues d'abord, se sont accentués la saison dernière. Les indifférents ont pu ne pas y prendre garde, mais ils ne pouvaient échapper au chroniqueur, dont la fonction est de les saisir au vol. Or, le chroniqueur aurait été réduit à briser sa plume s'il n'avait eu, 'autre hiver, à lui mettre sous le bec que les menus mondains dont elle fait sa pâture habituelle.

Est-il possible d'imaginer un hiver plus triste, plus maussade, plus renfrogné, plus vide que celui-là? Commencé tard, il a fini tôt. Et, dans cette période éphémère, c'est à peine s'il s'est affirmé par deux ou trois de ces éclatantes manifestations d'un caractère si spécialement parisien, qui font de Paris, malgré le climat, la reine des stations hivernales. Seuls, ou presque seuls, les gros bonnets de la République — pour justifier le titre d'Athénienne dont ils ont affublé leur poule aux œufs d'or — ont essayé de reprendre pour leur compte les traditions de luxe, d'élégance, de bien vivre, léguées par la Monarchie. Parodie lamentable! Et, d'ailleurs, comme ici c'est avec l'argent des contribuables que se solde l'addition, cela ne peut être invoqué comme un argument à l'encontre de ma thèse.

Ce désintéressement de toute « représentation » a pris un caractère plus décisif encore avec les beaux jours. Rien ou presque rien à glaner dans la chronique des villes d'eaux et des plages. Où il n'y a rien, la chronique perd ses droits. On a laissé la mer aux marins et la montagne aux montagnards. On a fait de la villégiature, les uns sur place, derrière leurs persiennes closes pour faire croire à l'émigration annuelle, les autres sur leurs terres, où on ne les voyait jadis qu'en automne, et où ils ont vécu l'été, sans faste, dans un égoïsme liardeur. Trouville et Dieppe ont retrouvé, pendant les courses, un éclat météorique. Mais, au lendemain des courses, cet éclat s'est éteint. Les spéculations des intéressés — aubergistes ou directeurs de casinos — et les mensonges échafaudés pour donner le change ne feront pas qu'il n'en soit pas ainsi.

Et, comme tout se tient, le jeu, la plus vivace de toutes les passions, parce qu'elle en est l'exutoire et le palliatif, le jeu lui-même est dans le marasme. La « partie » agonise dans les cercles, qu'ils soient cotés ou suspects, qu'ils relèvent de la Préfecture ou du Ministère de l'intérieur. Et sans les rastaquouères qui mettent encore un peu d'huile dans cette lampe tarie,

> La cagnotte, s'il faut l'appeler par son nom,

elle serait déjà morte.

Les théâtres, enfin !... Jamais leur situation fut-elle plus précaire? Sauf deux ou trois que la Fortune semble avoir adoptés, ils ont fermé sur le déficit et ils rouvrent avec le déficit en perspective. Ah! j'admire l'utopiste généreux qui, dans ce Paris transvasé de la peau d'un prodigue dans la peau d'un avare, rêve de reconstituer le Théâtre-Italien! Celui-là, c'est l'homme à l'*œs triplex* dont parle Horace. Mon camarade Albert Millaud propose, comme remède souverain à ce krach dramatique, la diminution des tarifs. Hélas! ce n'est pas le prix des places qu'il faudrait diminuer, ce sont les angoisses vagues dont sont atteints tous ceux pour qui le théâtre est une distraction de choix et qui se désintéressent de toutes les distractions — de celle-là comme des autres — en face de ce troublant et dangereux inconnu. Est-ce que cela faisait question, trois ou quatre francs de plus pour un fauteuil d'orchestre, alors qu'Auguste avait tout pacifié, même l'éloquence, — surtout l'éloquence?

Car, il ne faut pas qu'on s'y trompe, c'est là le secret de cette stagnation universelle : l'incertitude du présent et la menace de l'avenir. On sait ce qu'a donné la précédente législature : l'anarchie. Que donnera la nouvelle! Que va-t-il sortir des urnes? Il s'en faut méfier comme de la boîte de Pandore. Si optimiste qu'on soit, il serait naïf d'admettre que les élus du futur scrutin seront d'une essence sensiblement supérieure à celle de leurs devanciers. Bonnet blanc, blanc bonnet, c'est-à-dire, comme devant, et plus encore que devant, le gâchis en permanence, la crise continue, la révolution à l'état chronique. En est-il un, parmi les dédaigneux de la politique, qui, dans quelques semaines, dans un mois, dans un an, soit sûr de coucher dans son lit? En est-il un qui se puisse croire à l'abri d'une réédition de 1871, revue, corrigée et considérablement augmentée? En est-il un assez aveugle pour ne pas entrevoir, par delà le mascaret radical, la sombre perspective d'un exil volontaire? Sait-on si le superflu d'aujourd'hui ne sera pas le nécessaire de demain? Aussi, pour n'avoir pas, le cas échéant, à se sevrer du nécessaire, se sèvre-t-on du superflu. Et c'est pour cela que, d'un bout de la France à l'autre, circule ce mot d'ordre des sociétés en péril : Economie !

J'ai lu quelque part que la jeunesse dorée, désertant les cabarets à la mode, avait transporté ses ronds de serviette au bouillon Duval. Manger au bouillon Duval serait le comble du chic, à ce qu'on affirme. On nous la baille belle, en vérité. Le chic n'est pour rien dans cette récente et très réelle fantaisie. La jeunesse dorée suit, en cela, la pente commune. Elle lésine sur son beefsteak, pour n'être pas contrainte, un jour où l'autre, à lésiner sur son pain dur. Comme Joseph, fils de Jacob, elle emmagasine son superflu, en prévision des jours mauvais où ce superflu sera le strict nécessaire.

Dans ces conditions que deviendra la Mode, qui ne vit que du superflu ?

Il y a tout lieu de craindre que le Manifeste auquel j'ai fait allusion ne demeure lettre morte. Les premières représentations nous ont déjà donné comme un avant-goût des toilettes qui vont fleurir cet hiver. La simplicité, j'allais dire l'austérité, telle est la note dominante. Ce n'est pas que Sainte-Mousseline, dont Sardou, jadis, invoquait l'assistance, ait fait, après dix-huit ans, de miraculeuses conversions. Non, certes. En ceci, comme en tout le reste, se trahit cette préoccupation poignante : mettre en réserve le superflu.

Elle apparaît jusque dans le choix des étoffes. La soie, le satin, le velours, les tissus de prix sont rayés, cet hiver, du programme féminin. On en est exclusivement aux « laines dures » qui, à l'avantage d'être économiques, joignent celui d'être fort seyantes. A ce propos, un négociant de Roubaix m'adresse des doléances bien faites pour donner à réfléchir à ceux qui tiennent dans leurs mains notre avenir commercial. Cette préférence accordée aux « laines dures », menace de ruiner la fabrication des « laines fines » pour laquelle nos industriels s'étaient puissamment outillés, afin de lutter contre la production à outrance de l'Autriche et de l'Amérique du Sud.

Il n'est que temps d'aviser, ajoute mon correspondant, et de trouver un remède.

Un remède ?.. La République, à qui le mal est

imputable, aurait le devoir de le guérir, ou de l'essayer, tout au moins.

Mais demandez au serpent de guérir la blessure qu'il a faite !

Pour supprimer l'effet, le plus simple serait de supprimer la cause.

Mais voilà !

UNE SYBILLE

3 octobre 1885.

L'instruction sur le double crime d'empoisonnement et de captation d'héritage, dont le vieux marquis et la vieille marquise de Madre ont été les victimes, se poursuit « avec activité ». C'est la formule. Les viscères ont été soumis hier à l'examen médical. Et, déjà, Mme Chapitet et son compère Thouars peuvent, par la lucarne de leurs cellules, entrevoir le sombre décor de la cour d'assises : vision fâcheuse, heureusement égayée par la vision un peu plus lointaine des joies édéniques que leur réserve — cette épreuve passée — la Nouvelle-Calédonie, dont nos législateurs ont fait la terre promise de la pègre.

Il est obscur entre les obscurs, ce nom de Chapitet. Pourtant celle qui le porte eut, il y a quelques années de cela, son heure de vogue. Disciple fanatique d'Allan Kardec, initiée aux mystères de l'évocation au noviciat du passage Sainte-Anne, elle « travaillait » dans les esprits. Il y a travail et travail. Celui de la voyante Chapitet était analogue à celui de son émule, la femme Quivogne — rien de Marc de Montifaud — qui promettait aux Arianes de Vesoul de leur ramener leurs amants volages dans un char aérien, traîné par des colombes, ô Vénus ! pour la bagatelle d'un louis !

C'est en 1874 que — sauf votre respect — je fis sa connaissance. La Chapitet, autant qu'il m'en souvienne, était alors une horrible petite vieille, à la mâchoire dévastée, au regard louche, dont l'aspect falot et macabre évoquait le souvenir des sorcières de *Macbeth* plutôt que celui des pythonisses d'Andor et de Cumes. Et je me demande avec épouvante ce qu'elle doit être aujourd'hui !

Son antre était situé 48, rue Monsieur-le-Prince, dans un petit appartement du rez-de-chaussée, à gauche, au fond de la cour. C'est là que, tous les soirs, derrière une table où s'entassaient toutes sortes d'accessoirs étranges : cordes, castagnettes, guitare, flageolet, triangle, marteau de bois, etc., etc., elle jouait les sybilles et son complice Thouars les augures.

Quelles affinités répugnantes avaient rapproché ces deux êtres si dissemblables, accouplé cette mégère hors d'âge et cacochyme avec ce gars, jeune encore et solidement planté ? Mystère et casquette de soie ! J'ignore le petit nom de ce Thouars, mais ce doit être Alphonse.

La Chapitet, en ce temps-là, ne montait pas de sa personne sur le trépied. Elle préludait à sa grandeur future par le rôle modeste de barnum et présentait au public Camille, le médium fameux qui fit courir tout Paris. Avant la séance, elle faisait l'invocation classique à l'Etre Suprême ; Thouars, lui, faisait le boniment.

Les deux... associés avaient une autre corde à leur arc : le jour, ils vendaient, rue Soufflot, des couronnes mortuaires, aidant à révérer la mémoire des morts dont, la nuit, rue Monsieur-le-Prince, ils évoquaient les esprits. Ces deux commerces —

ô comble de l'ingéniosité ! — se complétaient l'un par l'autre.

Deux ans après, en 1876, des prospectus annonçaient *urbi* et *orbi* que la Chapitet « opérait elle même », que le Dieu la visitait quotidiennement entre dix heures et minuit. *Deus, ecce Deus !* Curieux de contempler ce phénomène, j'embauchai quelques amis, et nous nous rendîmes gaîment, à la brune, rue Monsieur-le-Prince.

Je passe sur les mômeries du début : distribution à chaque assistant d'une feuille de lierre cueillie sur le tombeau d'Allan Kardec ; adjuration par la sybille aux esprits blagueurs de ne point faire de mauvaises farces aux esprits sérieux ; invocation à l'Etre Suprême et à saint Jean (?) — et j'arrive à l'épisode caractéristique de la séance.

Voici la scène : une table ronde assez lourde ; autour de cette table, six paires de mains en guirlande, y compris les deux battoirs de la Chapitet ; dans la pénombre des abat-jour rabattus sur les lampes, Thouars, debout, les bras croisés, les cheveux au vent, comme s'il y passait le souffle d'en haut.

Tout à coup, sous nos doigts crispés, un craquement sourd se fait entendre, puis quelque chose qui ressemble au vagissement plaintif d'un nouveau-né. Et, sans crier gare, la table oscille, se soulève, et finalement se met à tourner, tourner, en une pyrrhique vertigineuse, tandis que, marquant la mesure, ses pieds font toc, toc, toc, avec des intervalles et des temps réguliers ! L'émotion nous tenait à la gorge, et, dans ce morne silence, la voix de Thouars articula :

— Messieurs, ces trois coups vous annoncent,

comme les trois coups du régisseur, que les esprits sont à leur poste !

Comme par enchantement, la table avait repris son assise normale. Mais, de peur de rompre le charme, nos mains y restaient figées. Et nous dévisagions la matrone qui, le chapeau sur l'oreille, la tête renversée, les paupières closes, dans une pose alanguie, poussait des petits soupirs d'allégeance.

— Messieurs, fit le compère Thouars en soulevant les mains de la Chapitet qui retombèrent inertes sur la table, les esprits ont magnétisé le médium !... Il est, ce soir, extra-lucide... Profitez-en pour lui poser les questions qui vous intéressent.

Un néo-spirite se leva.

— Que vous plaît-il de connaître ? demanda Thouars.

— Le nom de l'être à qui je pense.

Sans hésiter, la sybille répondit :

L'Eternel est son nom, le monde est son ouvrage !

Elle avait des lettres, la Chapitet !

Thouars eut un sourire de triomphe.

— A qui le tour ? reprit-il.

Un de mes compagnons, dont le scepticisme était légèrement ébranlé, leva la main, et, sur un geste engageant de l'augure, exprima le désir d'interroger le médium par écrit.

— Parlez-lui plutôt, dit Thouars... La réponse sera plus prompte et plus directe.

— Puis-je lui demander qu'il évoque l'esprit de mon père ?

— Sans doute... Nommez-le distinctement.

— Pierre Duport ! scanda nettement mon compagnon.

Il n'avait pas achevé que la sybille entonnait d'une voix puissante :

> J'ai deux grands bœufs dans mon étable,
> Deux grands bœufs blancs marqués de roux !

L'oreille extra-lucide de la Chapitet avait entendu : Pierre Dupont !

Tableau !

Si l'infortuné marquis de Madre et sa femme avaient connu cette anecdote, ils auraient eu sans doute plus de méfiance...

Mais pouvais-je prévoir ?

LE SCRUTIN DEVANT MADEMOISELLE MAURI

7 octobre 1885.

Mlle Mauri, qui faisait ce soir, à la grande joie des lorgnettes, sa rentrée dans la *Korrigane,* entra hier, comme une bombe, chez le secrétaire général de l'Opéra.

— Ce sont des places que vous venez chercher? lui demanda ce fonctionnaire...

— Non. Je viens chercher des nouvelles des élections.

— Bah! ça vous intéresse?... Seriez-vous, par hasard, de la secte Hubertine Auclert?...

— Je ne suis d'aucune secte, mais j'ai mes raisons pour savoir...

— Alors, voyez vous-même.

Et le secrétaire général, tendit à la danseuse le *Figaro* du jour.

Il paraît que les résultats de Paris, d'ailleurs très incomplets, ne la touchaient guère, car elle tourna vivement la page, et ses jolis yeux se portèrent tout au bas, sur les confins extrêmes de l'ordre alphabétique.

Après un rapide examen:

— Ah! s'écria-t-elle joyeusement, la liste républicaine a passé dans les Deux-Sèvres!

— Oh! oh! fit le secrétaire général, je ne vous savais pas si opportuniste que cela !

— On peut ne pas être opportuniste et tout de même avoir ses préférences !

La brune Rosita n'a pas d'esprit que dans les jambes, et son léger accent, qui proteste contre la suppression des Pyrénées, ajoute je ne sais quelle saveur de plus à son aimable babil d'oiseau de Paradis.

Ce fut elle qui reprit le dialogue :

— Savez-vous, dit-elle, l'effet que me produit ce numéro de journal?... Il me semble que j'ai sous les yeux un tableau de troupe. Tenez, voici les ténors, les basses, les barytons... Quant aux étoiles, elles sont d'un rare !...

— Même dans les Deux-Sèvres ?

— Mauvais plaisant !... Ce qui pullule, par exemple, ce sont les utilités et la figuration...

— Et les danseurs ?

— Oh ! des sauteurs, tout au plus.

— Vous êtes sévère !

— Je ne plaisante pas avec mon art ! La danse, vous en parlez bien à votre aise !... Savez-vous ce qu'il nous en coûte pour arriver à nous produire sur un théâtre devant le public ?... Des bras disloqués, des jambes rompues, des chairs broyées !... Tandis que ces messieurs, pour arriver à se produire sur cet autre théâtre qui s'appelle le Palais-Bourbon, il leur a suffi de se glisser sur une liste et de mendier les suffrages de leurs contemporains, du haut d'une borne !

— Envisagée à ce point de vue, la politique perd beaucoup de sa grandeur !

— Ce point de vue est le vrai. C'est le plus facile

et le plus banal des métiers que la politique... Et celui qui donne les avantages les plus immédiats... Il nous faut, à nous autres, deux ou trois créations heureuses pour nous tirer de l'ombre. Eux, les politiqueurs, n'ont besoin, pour sortir en pleine lumière, que d'une interruption bien placée!... Ce qui fait notre crainte fait leur envie!... Un coup de sifflet nous précipite dans le troisième dessous... Une bordée de sifflets les pousse au pinacle... Nous payons quelquefois pour être applaudies... Ils paieraient, au besoin, pour organiser une petite cabale... Les plus forts sont les plus conspués... Le mépris les consolide... Voulez-vous des noms?

— Inutile. Mais vous, du moins, quand vous avez réussi, c'est la gloire.

— Pour eux, n'est-ce pas la popularité?

— Oh! la gloire en gros sous!... Vous, vous avez la gloire en lingots!

— En gros sous, peste! Neuf mille francs de gros sous!... Voilà qui se rapproche furieusement de nos lingots!... Et le casuel, dont vous ne tenez pas compte!

— Le casuel?

— Eh! oui... les émissions d'emprunt, les chemins de fer d'intérêt local, les conseils d'administration, les mandats extra-parlementaires, les sociétés plus ou moins anonymes, les entreprises de travaux publics et privés, les coups de Bourse... On n'est pas pour rien dans les secrets des Dieux... Je ne parle que pour mémoire de la circulation gratuite en chemins de fer!

— Vous oubliez une chose.

— Quoi donc?

— L'inviolabilité.

— Ça, c'est obligatoire, mais c'est gratuit.

— Au lieu que chez vous...

— Pas d'impertinence !... En résumé, la France, à l'heure actuelle, est dans la situation de MM. Ritt et Gailhard...

— C'est-à-dire ?

— C'est-à-dire qu'elle se trouve en présence d'acteurs... le mot ne vous choque point ?

— Il n'est que juste.

— En présence d'acteurs, dont l'engagement est expiré, et qui en sollicitent le renouvellement.

— Entre ces acteurs et vous, il y a pourtant une différence.

— Laquelle ?

Ici le secrétaire général jeta sur le buste de la jolie danseuse un regard connaisseur.

— C'est que, dit-il, avec vous, il n'y a pas de ballotage !

— Vous êtes un païen !... Je me sauve ! Bonsoir !

Telle est l'opinion de Mlle Mauri sur le steeple-chase électoral. Elle en vaut bien une autre.

LA NUIT DU QUATRE

8 octobre 1885.

Le scrutin du 4 octobre restera fameux dans les fastes de nos luttes électorales.

Il est de fait que, dans un grand nombre de sections, les votes ont été dépouillés comme au coin d'un bois.

On cite notamment une section des mieux et des plus richement habitées du XVII° arrondissement où, les opérations terminées, il n'y a pas eu trace de listes conservatrices. Pas çà ! Pas çà ! C'est un miracle de prestidigitation à faire crever de jalousie les émules de Robert-Houdin.

Mais, rassurez-vous, rien n'est perdu, comme on chante dans une opérette célèbre. Les bulletins conservateurs qu'on n'a pas retrouvés sur les tables, les sergents de ville les ont retrouvés dessous, froissés, souillés, lacérés, portant encore l'empreinte de doigts brouillés avec le savon... Et tous ces détritus s'en sont allés, avec les lambeaux d'affiches et de manifestes arrachés des murs, pourrir dans la boîte à Poubelle.

La voilà, la loyauté du vote sous la troisième République, la voilà bien ! C'est ainsi, — et j'ajoute qu'il n'en pouvait être autrement, étant donné les conditions déplorables dans lesquelles s'est accompli le dépouillement, et la façon ultra-démocratique dont les bureaux, investis de cette mission de confiance, ont été composés.

Il faut l'avoir vu pour le croire. Moi, je l'ai vu, et ce qu'on va lire est le simple procès-verbal de ce que j'ai vu, vu de mes yeux. C'est un « document humain » que j'apporte... Et quel document !

C'était le soir même du vote. Je m'étais promis de m'offrir le spectacle du peuple souverain dans l'exercice de ses fonctions ; et j'avais choisi naturellement le cadre le mieux approprié, le milieu le plus favorable, un de ceux où ledit peuple souverain « opère lui-même ». Je mis donc le cap vers une section d'un quartier excentrique, tout là-haut, sur les hauteurs.

Minuit. On est en plein coup de feu. Là, comme partout, les scrutateurs, groupés autour de petites tables, fonctionnent avec une gravité de pontifes. A leur attitude gourmée, on sent que ces gens-là remplissent leur devoir civique, et qu'ils en ont conscience, oui-dà ! Mais ici la scène, déjà fort comique en soi, prend, grâce aux acteurs, une allure burlesque et dépasse en bouffonnerie ce que peut enfanter l'imagination d'un vaudevilliste en délire.

Figurez-vous la plus étrange réunion de loqueteux et de claque-patins, bohèmes de tous les mondes et gueux de toutes les zones, sales, déguenillés, puants et répugnants ; un ramassis de voyous, jeunes et vieux, échappés d'une bouche d'égout ; des trognes empourprées d'alcooliques et des figures pâles, ravagées, suant le vice ; des têtes comme on en voit sur les bancs de la correctionnelle ou des assises, les jours où l'avocat général réclame le huis-clos ; des barbes broussailleuses ; des faces glabres de cabotins sinistres ; les échantillons variés qui hantent les vestibules des hôpitaux ou les parloirs de prison... Pas un bourgeois, sauf peut-être le président, un boutiquier égaré, qui serre d'instinct sa chaîne de montre... Pas un ouvrier *véritable*. Pas un !

Le premier assesseur est manifestement dans les brindezingues. C'est une victime du Deux-Décembre, qui n'a pas d'autre profession. Il raconte, d'une voix de rogomme, qu'il a fait partie du grrrrand comité central, et fulmine contre Clémenceau, « un autoritaire »! Si les *saucialistes* restent sur le carreau, c'est la faute à la Presse, qu'il prononce la *praisse*... C'est irrésistible.

A minuit et demi, entr'acte. Des garçons marchands de vin entrent dans le « sanctuaire » avec des mannes bondées de victuailles. La présence de tous ces faméliques m'est expliquée. Beaucoup n'ont pas dîné, mais pas pour acheter des gants, je vous assure. Quelle revanche ! Les yeux éteints s'allument et les dents longues s'aiguisent ! On passe à la ronde le plat où graillonne une charcuterie variée ; et les doigts avides, méprisant les fourchettes, cet accessoire aristocratique, happent le roasbeef ou le petit salé municipal ! On sable le bordeaux, une demi-bouteille par gu... par tête, ah ! malheur !... puis la rincette, puis la surrincette !... Une vraie noce ! Après quoi, chacun tire sa vieille pipe, et le dépouillement se poursuit dans un nuage... propice à l'évaporation des bulletins conservateurs !... On espère que tout sera fini demain vers cinq heures... Mais les scrutateurs repus procèdent avec une mollesse délicieusement alanguie... Ils sont bien, ils ont chaud, ils digèrent, ils ressentent un bien-être de tout leur être... la vie est belle... Ah ! s'il y avait tous les jours un scrutin à dépouiller !

Je m'éclipsai sur ces perspectives... orientales. J'en avais assez du peuple souverain ! Et, en cheminant, je me disais : — Non, ce n'est pas là le vrai peuple !... Ces gens-là sont-ils seulement électeurs ? Problème. Cependant, on les voit toujours à l'avant-garde, dans toutes les Courtilles politiques, entraînant les timides et les simples par leur bagoût féroce et leur blague d'estaminet, où se heurtent de grands mots ramassés au hasard sur les couvertures de livres qu'ils n'ont pas lus ou dans les colonnes d'un journal qu'ils n'ont pas compris. Ils président des réunions publiques et sont assesseurs ou scrutateurs pour le moins les jours de vote. Ils tiennent dans leurs horribles mains —ne fût-ce que quelques heures — les destinées d'un grand peuple. Cela suffit à leur gloire... mais franchement tous les Français n'ont pas le droit d'en être fiers !

LES SOUVENIRS DE LOUIS

9 octobre 1885.

M. Perrin vient de mourir.

Il y aurait la matière d'un gros volume dans tout ce qui s'est publié, depuis vingt-quatre heures, un peu partout, sur le regretté directeur de la Comédie-Française.

On nous l'a montré sous tous ses aspects, de profil, de trois-quarts et de face : devant son chevalet de peintre, à sa table d'écrivain, sous l'habit académique, dans son cabinet directorial et même avec sa cravate de commandeur. Celui-là, dans ses évolutions diverses, c'est le Perrin qu'ont connu tous les hommes de ma génération, mêlés, depuis un quart de siècle, au mouvement artistique et littéraire; c'est le Perrin familier à tous, accessible à tous. Ce n'est pas le Perrin intime.

Cette lacune dans les notices et les biographies, pour la plupart préparées de longue date — car l'issue de cette lutte contre la mort était certaine — s'explique par ce fait que l'éminent administrateur de la Comédie-Française était un « replié », un « boutonné ». En dehors d'un petit nombre de privilégiés, il ne se livrait guère; et il fallait être de son commerce habituel, cotoyer sa vie de très près, pour savoir ce qu'il y avait de bonté réelle sous ces apparences bourrues, de sensibilité délicate sous ces dehors rébarbatifs, de flamme généreuse sous cette enveloppe de glace.

Il n'y a pas, a-t-on dit avec raison, de grand homme pour son valet chambre. J'ajouterai : Il n'y a pas de critérium plus sûr, pour juger un mort, que le témoignage de ceux qui l'on bien servi de son vivant.

Le plus vieux serviteur de M. Perrin, c'est Louis, le factotum de l'Académie de musique. Depuis 1862 jusqu'à 1871, Louis a vécu dans son commerce quotidien ; et, grâce à ce contact incessant, il avait fini par devenir, auprès du Richelieu de la rue Le Peletier, une sorte d'Eminence grise.

C'est par moi que Louis a connu la mort de M. Perrin. Tout d'abord, il n'y voulait pas croire : pour lui, son ancien maître était de ces hommes, plus qu'humains, qui ne doivent pas mourir. Mais quand le doute ne fut plus possible, il se mit à fondre en larmes.

— Ah ! monsieur, me dit-il, combien je regrette de ne l'avoir pas suivi quand il voulait m'emmener à la Comédie-Française ! Au dernier moment j'aurais été là !... et je n'aurais pas reçu cette nouvelle comme un coup de poing dans l'estomac !... Mais que voulez-vous ? J'étais à l'Opéra depuis quatorze ans... J'y avais pris le poste de mon père... Je ne pouvais pas déserter !

— Vous l'aimiez bien, M. Perrin ? lui demandai-je.

— Qui ne l'aurait pas aimé ? Un homme si bon, de rapports si faciles, d'une si parfaite égalité d'humeur !... Ce n'est pas au moins qu'il se prodiguât en paroles !... C'était un silencieux... mais il avait des façons de vous regarder! On voyait bien à ce regard, sans qu'il eût besoin de le dire, s'il était content ou non... On, y lisait comme dans un livre.

— Il fallait pourtant bien qu'il se déliât la langue pour le service?

— Oh! le service, il se faisait à la muette!... Oui... non... bien... allez!... C'était tout!... Lorsqu'il avait un ordre à me donner, il déchirait une feuille de son block-notes, et ne me sonnait qu'après y avoir écrit ses instructions... De la sorte il n'y avait pas d'erreur possible... Le soir, il s'enfermait pour travailler seul, car c'était un piocheur infatigable... Et comme il ne voulait pas m'imposer de corvée nocturne — le pauvre homme ne se ménageait pas, mais il ménageait les autres, — j'étais sûr de trouver le lendemain, sur son bureau, des petites feuilles volantes, où il m'avait, avant de monter à sa chambre, tracé le programme de la journée!

— La vie ne devait pas être gaie avec ce taciturne!

— Un taciturne, c'est vrai, mais pas un triste. On se trompait à l'air de son visage. Sa gaieté n'allait jamais au delà du sourire. Quand il riait, c'était en dedans, tout au fond. Une fois, pourtant...

— Une fois!...

— Vous savez que M. Perrin était la politesse faite homme. Il aimait les gens polis, et il se montrait plein d'égards même pour ceux dont la politesse allait jusqu'à l'importunité. De ce nombre était M. C..., un de vos confrères. Deux ou trois fois par semaine, il cramponnait le directeur, qui n'osait pas lui refuser sa porte... Une après-midi, M. C... se présente et me prie de l'annoncer. J'entre chez M. Perrin, qui combinait les décors de l'*Africaine*. « Monsieur, lui dis-je, M. C... est là. — Que me veut-il ? — Je ne sais... Il veut vous voir. — Ah ! il tombe bien ! » Et il se replongea dans ses maquettes. Au bout de quelques minutes, je demandai timidement : « Que dois-je répondre à M. C...? — Au diable !... dites-lui...! »

— Les bras me tombèrent ! continua Louis. Je croyais avoir mal entendu !... Est-ce l'effet de ma pantomime ahurie, est-ce la conscience de l'énormité qu'il venait de proférer, — mais comme je restais devant lui bouche béante, M. Perrin éclata de rire, mais d'un rire convulsif, hoqueteux, presque spasmodique ! Oh ! ce rire, je vivrais cent ans qu'il ne me sortirait pas de l'oreille !... Encouragé par cette hilarité : « Monsieur, repris-je, jamais je ne pourrai dire... cela de votre part à M. C... ! un homme si poli ! — En effet, trop poli !... » soupira M. Perrin, dont le visage avait déjà repris son impassibilité de sphinx. « Faites entrer ! »... C'est la première et la dernière fois, monsieur, que je l'ai vu rire ! Et je suis un des rares qui l'ont vu pleurer !

— Quand cela ?

— Le jour où l'on apprit le désastre de Reischoffen !... Il m'envoyait tous les jours, à la mairie de la rue Drouot, prendre les dépêches... Ce jour-là, quand je revins avec la copie du fatal télégramme, il devint blême de pâle qu'il était toujours... je vis deux grosses larmes couler le long de ses joues, et je l'entendis qui disait : « Pauvre France !... » Puis, comme s'il avait eu honte de me montrer sa faiblesse : « C'est l'heure de l'exercice, me dit-il, allez me chercher mon chassepot ! »

— Comment, son chassepot !

— Mais oui... vous ne savez donc pas que M. Perrin a fait vaillamment, pendant le siège, son devoir de soldat !... Du reste, tout le monde l'ignore, car il ne s'en vantait pas, le pauvre homme !... Il aurait pu rester dans les *pantouflards*, comme le vieux marquis de Saint-Georges, qui lui disait : « A votre âge, et malade comme vous êtes, c'est folie que de faire un service actif ! » Ah ! bien, oui... il ne voulut rien entendre !... Ah ! monsieur, s'il y en avait eu beaucoup comme celui-là ! De tout le siège, il n'a pas quitté l'uniforme !... Toujours à cheval sur la discipline, le premier levé, le dernier couché, exact à l'exercice, prêt à toutes les corvées de jour et de nuit, allant en grand'garde, en reconnaissance, et s'astreignant avec une admirable abnégation aux besognes répugnantes où l'on ravalait la garde nationale — le cœur me lève à ce souvenir ! — comme les razzias de filles sur la voie publique et la chasse ridicule à des espions imaginaires !... Tenez, quand il partait au bastion, par un froid de vingt degrés, j'emportais pour lui des cache-nez et des couvertures... Mais il refusait de s'en vêtir... « Ce n'est pas d'ordonnance, me disait-il avec un sourire, et puis ce serait d'un mauvais exemple pour ces braves gens ! » Ah ! monsieur, ce qu'il m'a causé de transes et donné de chagrin pendant ces six mois, rien que d'y penser, j'en ai des sueurs froides !

Louis pleurait en me disant cela.

— Voyez-vous, monsieur, reprit-il, on lui rendra mardi les honneurs militaires !... Mais outre les soldats en uniforme qui suivront ses funérailles comme ils suivraient celles du premier légionnaire venu, il aura derrière son cercueil une escorte d'honneur... Car ils seront tous là, ses anciens compagnons d'armes du 6ᵉ bataillon, dont il fut le modèle, et qui doivent à son exemple d'avoir pu se dire au lendemain de nos revers et de pouvoir se dire encore aujourd'hui : « Quand la France agonisait, nous avons fait notre devoir envers elle ! »

DÉMÉNAGEMENT

12 octobre 1885.

La Société des Gens de Lettres déménage.

Elle émigre du n° 5 de la rue Geoffroy-Marie au n° 47 de la Chaussée-d'Antin.

Aujourd'hui, le Comité — *consule* Jules Claretie — a tenu, dans l'ancien local, sa dernière séance.

Celle de lundi prochain se tiendra dans le local nouveau.

Tous les sociétaires ont reçu, ces jours derniers, avis de ce déménagement; et j'ose dire qu'il a rallié tous les suffrages.

On étouffait rue Geoffroy-Marie, et on y étouffait à la façon des aéronautes qui s'élèvent trop haut dans les régions atmosphériques. Songez donc: cinq étages à gravir! Or, la majorité des membres a dépassé l'âge des vertigineuses ascensions?.. Quelques-uns même sont quasi-centenaires! D'autres sont ventripotents, asthmatiques, débiles, de courte haleine, minés par la goutte ou par l'anémie!... Ceux-là ne se risquaient qu'avec des transes horribles dans cet escalier à pic, lisse comme une glace, sans aucune de ces haltes réparatrices que les architectes modernes ménagent à chaque palier. A certains jours, le 15 par exemple, où les auteurs viennent toucher leurs droits à guichet ouvert, ceux qui passaient devant le n° 5 de la rue Geoffroy-Marie entendaient comme la respiration bruyante d'un soufflet de forge. C'était le râle des infirmes montant à l'assaut du susdit guichet.

Rien de pareil au 47 de la Chaussée-d'Antin. Les bureaux de la Société des Gens de Lettres sont au premier étage. Le logis est vaste, haut de plafond, supérieurement aéré. On y respire à l'aise. Des fenêtres, ouvrant sur la rue, on peut voir passer le flot parisien, qui déborde dans cette artère houleuse, sans cesse grossie par les courants rapides de la rue Saint-Lazare et du boulevard. Le tout pour 8,500 francs. Le loyer était jusqu'ici de 11,000; mais l'assistance publique, propriétaire de l'immeuble, en a bien voulu déduire les caves et les écuries. Qu'eût fait des caves et des écuries la Société des Gens de Lettres? Elle ne sacrifie guère à Bacchus que par artifice de style, et, en honnête femme qu'elle est, elle va modestement à pied.

J'ai visité ce matin notre nouvelle installation. On y marche, comme dans le premier acte du *Chapeau de paille d'Italie*, sur les tapissiers, sur les peintres, sur les raboteurs de parquet, sur les fumistes. Si bien que le 15 octobre, à midi sonnant, heure de l'Observatoire, Emmanuel Gonzalès compte prendre possession de son cabinet, tout doré sur tranches, ainsi que les autres pièces, d'ailleurs. Il n'y regrettera pas son pigeonnier de la rue Geoffroy-Marie, où, comme sous les plombs de Venise, il grelottait de novembre à juin et transpirait de juin à novembre. Sans préjudice de la montée, plus roide que celle du Campanile. Pour le modèle des délégués, c'est comme un nouveau bail et à très longue échéance, avec la vie.

Notre nouveau siège social est aménagé si grandiosement, qu'il sera facile d'y tenir non seulement les séances hebdomadaires du comité, mais encore les assemblées générales. Ce qui nous dispensera de fraterniser deux ou trois fois l'an, chez Lemardelay, avec les noces bourgeoises, et dégrèvera d'autant notre budget. On pourra, grâce à Dieu, faire enfin sa cuisine chez soi, sans respirer le parfum des cuisines matrimoniales.

Ces considérations hygiéniques ne se sont imposées qu'en seconde ligne à la sollicitude du comité de la Société des Gens de Lettres, lorsqu'il a mis à l'ordre du jour la question du déménagement. Il se préoccupait avant tout d'assurer le facile fonctionnement de ses divers services, que sa prospérité croissante compliquait de jour en jour, et que l'étroitesse du local aurait fini par rendre impraticable. Sans parler des archives qui, depuis quarante ans — la Société date de 1838 — ont pris des proportions encombrantes, ni de la bibliothèque enrichie d'année en année par les dons des sociétaires où les legs des bibliophiles, il n'y avait plus, rue Geoffroy-Marie, la place nécessaire pour le jeu de la comptabilité. Songez que les 300 journaux de France, tributaires de l'abonnement, envoient leurs textes tous les mois, et que le dépouillement nécessite une légion d'employés, des montagnes d'écritures, un énorme mouvement de paperasses. Songez que le total de la perception s'élève en moyenne, à 250,000 fr. qui sont répartis, au prorata de la production, entre tous les auteurs reproduits. Il n'est pas de maison de banque où, un jour de coupon, il règne une animation semblable à celle que présente le 15 de chaque mois le siège social de la Société des Gens de Lettres. Or, c'était un véritable trou de taupe — j'entends au point de vue de cette destination spéciale — que le local de la rue Geoffroy-Marie.

Pourquoi, dira-t-on, la Société des Gens de Lettres ne se met-elle pas dans ses meubles? Elle est riche, elle a de bonnes rentes sur l'Etat. La Loterie a doublé ses ressources. Le temps n'est plus où les premiers sociétaires, pour accroître le fonds social, avaient fait l'abandon de tous leurs droits et mis en magasin les gerbes dont s'engraissent leurs neveux. Dans son état actuel de prospérité, elle pourrait avoir aisément pignon sur rue, sans faire une brèche sensible à sa fortune. Cette idée d'un hôtel, dont nous serions tous co-propriétaires, est très séduisante, en effet. A noble dame, il faut un logis somptueux; et la Société des Gens de Lettres est noble entre toutes. Mais dans nos assemblées générales, où la question « hôtel » avait beaucoup d'adhérents et s'est maintes fois débattue, elle a toujours cédé le pas à cette considération supérieure : augmenter le chiffre des pensions et grossir la caisse de secours. Qu'il se lève celui qui nous blâmera d'avoir sacrifié nos visées ambitieuses à cette pensée philanthropique !

Donc voilà la Société des Gens de Lettres installée Chaussée-d'Antin, et pour longtemps, selon toute apparence. Eu terminant cet article, je ne formulerai qu'un petit desideratum, et, en cela, je crois être l'écho de tous les sociétaires myopes, oublieux ou distraits — ces variétés abondent dans les lettres. Je supplie nos chargés de pouvoir de se rendre au vœu de cette majorité très intéressante et de voter, pour son usage spécial, une plaque, une simple plaque de cuivre, qu'on vissera sur le mur près de la porte cochère, avec cette mention en caractères noirs :

SOCIÉTÉ DES GENS DE LETTRES

Au 1ᵉʳ étage

Toutes les maisons se ressemblent à Paris. Il y a des gens qui, sans le numéro révélateur, ne reconnaîtraient pas leur propre domicile. C'est pour ceux-là, myopes, oublieux ou distraits, que je réclame la plaque. Le comité la leur doit comme don de joyeux emménagement. Ils s'engagent, en revanche, à l'astiquer eux-mêmes, à tour de rôle.

AUTRE GUITARE

13 octobre 1885.

Il y a déménagement et déménagement. Tous ne ressemblent pas à celui de la Société des Gens de Lettres, qui, en sa qualité de grande dame, peut se payer, pour le transfert de ses dieux lares, ces *homes* roulants à l'arrière desquels on lit : « Je suis capitonné ! » Cela, c'est le lot des seuls heureux, des seuls privilégiés de la fortune... Mais avec les autres, les malchanceux, les déshérités, le tableau change... Regardez plutôt.

. . . .

C'est le matin, au petit jour, ou le soir, la tâche finie, aux heures vagues et crépusculaires. L'homme, attelé dans les brancards, tire courageusement, la tête basse, ployant l'échine, en bête de somme résignée. La femme suit la misérable charrette à bras, qui porte toutes les pauvres choses du ménage, honteuses de voir le jour, la literie délabrée, la table boiteuse, les trois chaises en acajou d'occasion, la commode de bois blanc peint en rouge, et, par là-dessus, pêle-mêle, du linge en paquets, des chiffons, des nippes, des ustensiles de cuisine, une cuvette dans un seau, un balai de crin, un abat-jour vert... Arcboutant ses petits bras amaigris, à l'arrière, le plus jeune des mioches pousse de tout son cœur la machine branlante qui cahote sur le pavé gras ; et, dans le brouillard qui les enveloppe d'une buée roussâtre, se profile, comme une ombre falote, la silhouette de l'aîné, un gamin de douze ans, vieilli par la misère, qui serre très fort contre sa poitrine « l'objet précieux » du logis, dernier vestige d'une époque moins cruelle, la pendule dorée, sauvée du naufrage et du *Clou,* avec son globe de verre et son support bordé d'un liseré rouge !

L'équipage loqueteux roule cahin-caha dans la nuit. Il évite les boulevards, les rues mouvementées, les coups de lumière, les clartés des carrefours et les devantures flamboyantes des magasins ou des cafés. Il s'enfonce, comme un coupable, dans le noir des ruelles obscures ou mal pavées, rase les maisons lépreuses, plonge dans les fondrières et ne s'arrête pour souffler qu'à l'entrée du faubourg où toutes les misères fraternisent. Là, les équipages du même genre se multiplient et se croisent sans fausse honte, comme logés à la même enseigne : le terme des petits loyers. Et même, dans les pas difficiles, aux montées, quand on reste en détresse, et que toutes les forces réunies demeurent impuissantes, on se donne un coup de main spontanément, sans qu'il soit nécessaire de crier à l'aide ; on échange des réflexions, des encouragements, des lazzis, car la gaité revient avec le milieu populaire où l'on se sent moins pauvre, moins dénué de tout que tantôt, dans l'étincellement luxueux des quartiers riches... Hue donc ! Un dernier coup de collier, et l'on arrive !.. En un clin d'œil, on a vidé le véhicule... C'est fait... Il ne s'agit plus que d'emménager, — opération délicate où préside l'horrible concierge, la terreur des locataires, l'Argus moderne, qui, le nez barbouillé de tabac, fait à travers ses lunettes rondes, de ce mobilier piteux et minable, comme un inventaire de saisie !

. . . .

Ce tableau dont je viens de tracer un crayon rapide, ils l'ont eu cent fois sous les yeux, depuis quatre jours, ceux qui s'intéressent, non seulement aux dessus, mais encore aux dessous de la vie parisienne. Le petit terme d'octobre, au seuil d'un hiver qui s'annonce très rude, est un cap terrible à doubler, une passe difficultueuse à franchir. Combien y parviennent, par ces temps si durs aux misérables ? Et, pour ceux-là mêmes, le cap doublé, la passe franchie, quelle perspective y a-t-il au delà ?... La faim, le froid, le chômage, une lente agonie de six longs mois, près du foyer sans flamme et de la huche sans pain, loin des ateliers silencieux et vides ! La vraie question sociale, la voilà. Est-ce la nouvelle législature qui se flattera de la résoudre ? Cela se met et se promet sur les affiches. Mais il n'est naïf qui ne sache où s'en vont, après la piperie électorale, ces belles promesses collées aux murs — comme des otages — sur double colombier... A la hotte !.. A la hotte !.. Je ne vois pas trop à qui cela profite, sauf aux chiffonniers et aux candidats heureux. Quant aux autres, à ceux pour qui le bulletin de vote est un instrument de protestation contre l'éternelle misère — les martyrs du « petit terme » — ils seront, comme devant, les éternelles dupes de ce miroir aux... étourneaux qu'on appelle le suffrage universel. Cette fois encore, les affiches leur ont promis, outre le pain, beaucoup de beurre dessus. Il est à craindre que, les affiches arrachées, il n'y ait ni pain ni beurre !

Par bonheur, dans cette perspective sombre, apparaît un point lumineux. Sur ce fond tout embrumé de ténèbres, se dessine un radieux profil, celui de la Charité, cette fée parisienne que rien ne lasse, que rien ne décourage, et qui, pitoyablement, ouvre aux vaincus de la vie ses mains pleines de consolations et son cœur plein de tendresses. Elle est aujourd'hui ce que fut autrefois la douce Geneviève, la patronne et la Providence de Paris ; et elle a devant elle des ennemis plus implacables que les Huns — le froid et la faim — un fléau plus terrible qu'Attila — la misère ! Celles-là, les briseurs d'idoles ne la chasseront pas, comme l'autre, de son temple. Pas si bêtes ! Ils perdraient leur appui le plus solide et leur auxiliaire le plus désintéressé. Et si jamais ce bon ange, las de faire le jeu de ces rénégats, repliait ses ailes, ce jour-là, les fusils partiraient d'eux-mêmes et les barricades sortiraient toutes seules des pavés !

VARIATIONS SUR LE TERME

15 octobre 1885.

A l'heure qu'il est, Paris est encombré par ces voitures de déménagement, sillonné par ces vénérables tapissières dont la bâche vernie recouvre, comme la coupole d'un temple, les dieux lares de vingt mille Parisiens en rupture de... domicile.

Il semble qu'il n'y ait plus un accent à tirer de cette vieille guitare : le terme, — plus une variation à broder sur ce thème fourbu. Mais il n'y pas de mauvais instrument pour le virtuose qui, d'une boîte mangée au vers, sait faire jaillir l'âme ; et j'ai de mes oreilles entendu Sivori, dans une de ses tournées, exécuter magistralement le *Carnaval de Venise* sur l'unique corde d'un stradivarius pris à la devanture d'un marchand de joujoux.

Certes, rien n'est banal comme le spectacle de ces attelages poussifs qui, tous les trois mois, s'en vont zigzaguant à travers la ville ; mais ce spectacle prend un caractère philosophique, si l'on réfléchit qu'ils ne traînent pas seulement nos meubles, de rue en rue, mais encore ce que nous avons tous de plus précieux et de plus cher, nos habitudes, nos traditions, notre vie intime, le foyer domestique, en un mot.

Qui que vous soyez, riches ou pauvres, oisifs ou travailleurs, réguliers ou déclassés, quand votre acajou, votre palissandre, votre vieux chêne, votre bois de rose et votre bois blanc, tous ces témoins de votre existence quotidienne, auront passé de ces guimbardes roulantes, capitonnées ou non, dans la nouvelle demeure que votre goût a choisie, que le hasard vous offre ou que la nécessité vous impose, n'éprouverez-vous pas une certaine mélancolie à supputer ce qu'il faudra de jours, de semaines, de mois peut-être pour renouer les anneaux de cette chaîne brisée par le déménagement?

Souvent toute la valeur d'un meuble est dans la place qu'il occupe. La retrouvera-t-il, cette place, aussi favorable, aussi commode, sous le toit nouveau qui doit vous abriter?

Ce spectacle trimestriel, Paris en possède presque le monopole. En province, sauf dans les grands centres, on ne déménage guère. La religion du foyer y a des racines plus vivaces : où l'on est né, l'on vit ; où l'on a vécu, l'on meurt.

Cette religion y est poussée si loin qu'on se ferait un scrupule de rien toucher à la disposition et à l'agencement des meubles. C'était ainsi du temps de mon père, dit le fils — et la tradition se transmet.

Je sais, au fond d'une commune départementale, quelques maisons amies dont l'aspect intérieur n'a pas varié depuis vingt ans. Quand on y pénètre, on se sent comme rajeuni ; les souvenirs effacés se réveillent et prennent un corps ; une hallucination délicieuse supprime en un clin d'œil le temps écoulé ; vous entrez homme, et vous sortez enfant. Quand la réalité reprend ses droits, comme on regrette le rêve !

Je l'ai revue, il y a quelques mois, la maison paternelle. J'ai voulu m'y rendre seul par des chemins autrefois familiers, — ce sont là des nostalgies qui vous prennent aux entrailles, passé la quarantaine ! Ces chemins, je les ai reconnus ; il m'a semblé qu'ils me reconnaissaient aussi, et que, sous mon pas joyeux, le sol natal tressaillait d'allégresse. Entre ses murailles sombres, mes souvenirs faisaient la haie : ils stationnaient à toutes les bornes, gazouillaient à tous les angles, souriaient à toutes les fenêtres, saluaient mon retour et me souhaitaient la bienvenue. Sous le vieux portail, j'ai plié le genou. Au dedans, la maison est vide, — un corps sans âme. L'aïeul est mort, morte aussi l'aïeule ! La mère est allée rejoindre sous les cyprès mélancoliques le père parti le premier ! L'enfant a vieilli et se promène comme une ombre dans la demeure inhabitée ! Mais il se retrouve au milieu des reliques héréditaires qui font revivre, par une enivrante magie, ce doux passé disparu.

Ils sont là, ces braves vieux meubles. Pas un ne manque à l'appel, tous à la place consacrée, si bien que je les trouverais dans les ténèbres, avec un bandeau sur les yeux. Tout est là comme au jour où respiraient ces chères âmes dont je porte le deuil éternel. La même vigne folle court le long des mêmes volets verts; les mêmes arbres frissonnent au vent. Un rossignol gazouille dans les branches... N'est-ce pas celui qui m'enseigna les premières notions de la musique?... Le ténor est devenu baryton. Hélas! les rossignols vieillissent, eux aussi; mais ils sont fidèles à l'arbre qui leur fut hospitalier !...

Tiens, une larme !... O tristesse pleine de douceur !

LE RUBAN CORRUPTEUR

19 octobre 1885.

Cette fastidieuse journée d'un ballottage, je l'ai passée aux champs, comme tous les Parisiens — et ils sont légion — dont la ferveur politique ne tient pas devant un joli rayon de soleil.

Il y a du lézard chez le Parisien... Et il faisait si chaud, dimanche, sur les pelouses ensoleillées, et si froid autour des urnes !

Le hasard de la promenade m'a poussé vers une petite commune suburbaine, coquettement assise entre la rivière et la forêt, et qui, de loin, avec ses toits d'ardoise, semble une perle noire enchâssée dans des émeraudes et des saphirs.

Le maire de cette commune est un de mes vieux camarades « de bahut », héritier d'un beau nom et maître d'une jolie fortune, qu'une ambition tard venue — après un essai loyal et prolongé du proverbe : « Il faut que jeunesse se passe ! » — a fait verser, comme Daniel Wilson, dans l'ornière républicaine. Sur son chemin de Damas, il a ramassé l'écharpe municipale... en attendant mieux.

J'ai trouvé mon homme sur le seuil de sa mairie, distribuant des bulletins de vote, prodiguant les poignées de mains et chauffant le zèle de ses administrés, attiédi quelque peu par ces chauds effluves d'automne. Il m'a paru tout penaud de se voir surpris, par un mécréant gangrené de scepticisme, dans l'exercice de son... apostolat.

Il me fit pourtant bon visage — car la sous-ventrière ne l'a pas encore abêti — et, me serrant les phalanges :

— Bonjour, me dit-il, affreux réac !

— Bonjour, rispostai-je, affreux démoc !

La glace était rompue... Bras dessus bras dessous, nous descendîmes vers la rivière, et, tout en regardant couler l'eau, nous causâmes.

— Peste ! lui dis-je, tu prends ta magistrature au sérieux !

— Que veux-tu, mon cher ?... On est maire...

— Ou on ne l'est pas... C'est juste. Mais on ne l'est pas à ce point... Ce n'est pas une besogne de maire que tu faisais là, c'est une besogne de garde-champêtre.

— Eh ! qui veut la fin veut les moyens !

— Ah ! ah ! il y a donc quelque anguille sous roche ?

— Parbleu !... Tu vas hausser les épaules, mais ma boutonnière s'ennuie !... Elle a, comme la nature, horreur du vide !

— En sorte que ?...

— En sorte que, si, grâce à mes efforts, les élections sont bonnes...

— C'est-à-dire républicaines ?

— Naturellement... On m'a promis...

— Le ruban rouge ?

— Oh ! pas encore... le violet seulement.

— Officier d'Académie !... Et c'est pour cette satisfaction puérile...

— Bast! Un ruban mène à l'autre... L'Académie est l'antichambre de la Légion d'honneur!

— Et que dira ton maître d'école, ce vieux tâcheron blanchi sous le harnois universitaire, lui qui, peut-être, entrevoyait les palmes comme couronnement légitime d'une carrière ingrate, obscure et dédaignée?

— Il dira ce qu'il voudra! Charité bien ordonnée... Et puis il y a le Mérite agricole!

Je n'avais pas perdu ma journée, puisque, au dossier déjà si volumineux de la corruption administrative, je pouvais joindre un document nouveau.

Il faut donc s'attendre, un jour ou l'autre, à voir le *Bulletin de l'Instruction publique* publier une longue liste d'officiers d'Académie, recrutés au choix dans la grande armée municipale.

Pourtant, que lesdites recrues ne se frottent pas les mains à l'avance. Car il pourrait se faire qu'il y ait plus d'appelés que d'élus.

Autrefois, — et cet autrefois n'est pas très lointain, — l'obtention des palmes allait toute seule. Il suffisait qu'on ne fût pas officier d'Académie, et qu'on désirât l'être, pour que, paf! on le fût. Ça se manipulait dans les sous-sols des ministères... le ministre signait, avec un bandeau sur les yeux, comme l'Amour — pardonne, ô Eros! — et... passez muscade!... Enlevez le ruban, c'est auné!... Mais une telle prodigalité devait nécessairement engendrer des abus et provoquer des mesures coercitives.

Tant qu'on ne décorait que des dentistes, des pédicures, des escamoteurs ou des courtiers-marrons, ça ne tirait pas à conséquence... Il n'y a pas de sot métier, il n'y a que de sottes gens... et pas que de sottes, de malhonnêtes!... Un jour, le ministre commis au badigeonnage en violet des boutonnières, fut officieusement prévenu qu'il avait, de ses propres mains, attaché les palmes sur la poitrine d'un échappé de Mazas... L'enquête démontra l'authenticité de la fâcheuse... méprise. Et, pour en prévenir le retour, on décida que, désormais, les candidatures, centralisées au secrétariat, ne seraient plus — excepté celles dont la légitimité ne pouvait faire question — soumises directement à la signature du ministre. On les enverrait en bloc à la Sorbonne, où, préalablement, un inspecteur d'académie aurait charge de vérifier, non pas les titres des candidats — tous les titres sont bons par le temps qui court, surtout les titres au porteur — mais leur virginité inattaquable au point de vue judiciaire.

La mesure, excellente en soi, avait l'inconvénient de mettre un pouvoir quasi-discrétionnaire aux mains de sous-ordres hargneux ou vindicatifs. Et ceux qui connaissent le cœur humain en général, et, en particulier, le cœur humain de la gent administrative, ne s'étonneront pas qu'en plus d'une circonstance ils en aient abusé.

Pour ne citer qu'un nom, Mme Marchesi, l'éminente maîtresse de chant, en devait faire la désagréable expérience.

Gounod dit un jour à ses collègues de l'Académie des Beaux-Arts:

« On vient de donner les palmes à Mme..., de l'Opéra. Plusieurs de ses camarades les avaient reçues avant elle. Il est juste d'honorer le maître à l'égal des élèves. Je vous propose donc d'adresser au ministre une pétition que nous signerons tous, à l'effet d'obtenir les palmes pour Mme Marchesi. »

On signa. La pétition, si brillamment apostillée, fut transmise rue de Grenelle. Mais le *rond de cuir* chargé du dépouillement ne prit pas garde à l'apostille... Peut-être ignorait-il jusqu'aux noms de Gounod, d'Ambroise Thomas, de Reyer, de Massenet, de Delibes, de Saint-Saëns !... Le nom de Mme Marchesi ne disait rien non plus à cet homme, à qui celui de l'illustre Paul Bert était sans doute plus familier !... Bref, il mit la pétition dans le tas, qui s'en fut à la Sorbonne.

A quelques jours de là, Mme Marchesi reçut le billet suivant :

« Madame, vous êtes priée de vous rendre, tel jour, à telle heure, au cabinet de M. X..., inspecteur d'Académie, pour affaire qui vous concerne. »

Très intriguée, Mme Marchesi, que Gounod n'avait point prévenue pour lui laisser la joie de la surprise, fut, au jour dit, à l'heure précise, au rendez-vous.

Après une assez longue attente, un huissier, aux allures de bedeau, la mit en présence d'un monsieur très haut en cravate, qui, sans préambule, sans même l'inviter à prendre un siége, lui dit d'un ton sardonique :

— Ah ! ah ! vous demandez les palmes d'officier d'Académie !

Il disait cela comme Bilboquet disait à Ducantal jeune : « Tu veux être saltimbanque, jeune présomptueux ! »

— Monsieur, fit la pauvre femme estomaquée de cet accueil, je ne sais ce que vous voulez dire !...

17.

— Ne faites pas l'ignorante!... Connu la guitare du candidat malgré lui !

Le sang de Mme Marchesi ne fit qu'un tour dans ses veines.

— Monsieur, répliqua-t-elle avec hauteur, partout où je vais j'ai l'habitude qu'on me prie de m'asseoir !

— Oh ! du sentiment ! ricana l'homme... Je n'ai pas de temps à perdre à ces bagatelles... Asseyez-vous donc, si cela vous plaît, et répondez-moi !

Et, sans plus, il entama la litanie d'usage : Votre profession... Vos références... Etes-vous mariée ? Avez-vous des enfants ?... — Pour un rien, il se fut enquis s'ils étaient légitimes !

Mme Marchesi, suffoquée, avait déjà gagné la porte :

— Encore une fois, dit-elle, je vous répète que je n'ai rien demandé !... Mais eussé-je demandé quelque chose, vos façons de malappris me forceraient à retirer ma demande !... Je vous salue, monsieur !

L'affaire fit grand bruit. L'Institut protesta comme un seul homme ; et le ministre, pour racheter la bourde de son sous-ordre, envoya directement les palmes à Mme Marchesi, dans un écrin ouaté d'excuses. Elle eut le bon goût de ne pas les refuser.

Les candidats au ruban violet sont prévenus. Quand ils seront mandés à la Sorbonne, qu'ils fassent provision de patience et qu'ils apportent un pliant sous leur bras !

JULES CLARETIE

20 octobre 1885.

M. Jules Claretie est nommé définitivement administrateur du Théâtre-Français. Le nouveau gouvernement, retrempé d'hier dans le baptême des urnes, débute par un acte littéraire. Ce n'est pas nous, gens de lettres, qui l'en blâmerons.

Nous l'en blâmerons d'autant moins qu'en dehors des controverses, des chicanes, des discussions plus ou moins byzantines dont on nous a rebattu les oreilles depuis que la succession de M. Perrin est ouverte, et même avant qu'elle le fût, le choix de M. Jules Claretie est tout à fait selon notre cœur.

Il n'y a pas à revenir sur les candidatures qu'a fait éclore la vacance de ce poste enviable autant que dangereux : administrateur de la Comédie-Française. Tous les candidats étaient de nos amis, et chacun d'eux, à des titres divers, était digne de recueillir l'héritage d'Alexandre. Nous aurions applaudi cordialement à leur succès ; mais la joie que nous cause le succès de M. Jules Claretie a quelque chose de plus intime et de plus personnel. Il semble que quelque chose de l'honneur qu'il reçoit rejaillisse sur notre maison, où, presque imberbe, à peine échappé des bancs, il fit, comme échotier, ses premières armes. Et si, depuis, les sursauts de la politique l'ont quelquefois isolé — sans le détacher — de nous, il n'a jamais renié ses origines, et, dans le néophyte fervent d'une religion qui n'était pas la nôtre, nous avons toujours retrouvé l'aimable, le tolérant, le fidèle et le solide camarade d'autrefois.

Voilà pourquoi sa nomination comme administrateur de la Comédie-Française nous est si sympathique, et pourquoi notre surprise serait grande si cette sympathie n'éveillait pas d'universels échos, sauf peut-être chez ceux dont le choix ministériel ruine les espérances, — et encore !

Si vous avez assisté parfois à la première représentation d'une œuvre de M. Jules Claretie, vous avez vu se produire un phénomène bien significatif — et bien rare. Dans ce public des premières, si ondoyant et si divers, composé des éléments les plus disparates, où se rencontrent, sur le terrain neutre d'une salle de spectacle, les opinions les plus adverses, les théories les plus irréconciliables et, disons-le, les haines les plus vigoureuses — Molière a purifié le mot — eh bien ! dans ce public, vous n'eussiez pu trouver une individualité, une seule, qui du fond de son cœur ne souhaitât un grand succès à M. Jules Claretie.

Ces attractions ne s'expliquent pas, elles s'imposent. Elles honorent celui qui les exerce autant que ceux qui les subissent.

M. Claretie est un heureux, mais un de ces heureux qui savent aider et, au besoin même, violenter la Fortune, et qui ne l'attendent pas indolemment dans leur lit. Du jour où il mit le pied dans le monde littéraire — c'était, si je ne me trompe, en 1858, il y a vingt-sept ans, et il en a quarante-cinq à peine — il prit position à l'avant-garde de la jeune armée littéraire, et, dès sa première « nouvelle à la main » — c'est toujours par là qu'on débute — il n'eut plus qu'à laisser aller sa plume pour atteindre, je ne dis pas pour conquérir, la renommée. Aussi travailleur que si, grâce à ses ressources, modestes mais suffisantes, il n'avait pu se permettre *l'otium cum dignitate*, il n'a cessé de produire et de toujours produire. Et si, du sommet où il est parvenu, il jette un coup d'œil rétrospectif sur ces longues années de production incessante et féconde, il peut se dire avec orgueil, en s'appropriant le mot de Térence, que rien de ce qui touche aux lettres ne lui fut étranger. — Journalisme, roman, histoire, chronique, théâtre, philosophie, voyages, critique d'art, critique littéraire, il a tout abordé, tout entrepris, cachant, sous les grâces d'une forme légère et très française, une érudition abondante et prodigieusement variée. Indiscuté comme journaliste, quasi-populaire comme romancier — plusieurs de ses romans ont dépassé la centième édition — apprécié comme historien, très lu comme chroniqueur, classé comme dramaturge, on l'a, comme critique, accusé de bienveillance excessive. Je ne partage pas, sur ce point, les idées de quelques esprits chagrins. Bienveillance n'est pas toujours synonyme de faiblesse ; et s'il fallait un exemple, j'invoquerais celui de Théophile Gautier. Chez ce maître des maîtres, la bienveillance provenait d'un scepticisme aimable et souriant ; chez M. Jules Claretie, elle provient le plus souvent d'une cruelle expérience personnelle, d'une conscience attendrie des veilles et des angoisses qu'un pauvre petit acte ou qu'une simple nouvelle a coûtées à ses lamentables auteurs. Si c'est un défaut, il est de ceux qui portent en eux-mêmes leur excuse.

Où M. Claretie trouve-t-il le temps d'écrire ce nombre invraisemblable de lignes qui composent son bagage annuel ? Je l'ignore et il l'ignore lui-même. C'est affaire entre sa plume et l'extraordinaire souplesse de son talent. En dépit de cette improvisation à jet continu, le nouvel administrateur du Théâtre-Français est un écrivain de race; et, pour les écrivains de race, il existe un *entraînement*, comme on dit en langue sportive. M. Claretie est un entraîné.

Homme de lettres, — il me plaît de ne voir que cela dans M. Jules Claretie. Il absorbe — et c'est heureux — l'homme politique. Car M. Claretie est républicain, mais un républicain dilettante, un républicain de conviction plutôt que d'action. Il croit à la Liberté, il croit à l'Egalité, il croit à la Fraternité, trois grands mots que ses amis politiques se hâtent de faire peindre, dès qu'ils arrivent aux affaires, sur tous les monuments publics, afin qu'on trouve du moins ces mots-là quelque part. M. Claretie croit. La sincérité, c'est la vertu maîtresse de son talent, comme elle est la justification de sa foi politique et de ses rêves. Mais il n'écraserait pas une mouche pour faire triompher l'une pas plus que pour voir les autres réalisés.

Homme de lettres, ai-je dit, et rien que cela. Il a de cette profession une idée très haute qu'il a formulée dans une lettre de grande envergure :

« Le journalisme, disait-il, nous attache au rivage ; mais nous ne nous plaignons pas de sa grandeur ; nous voudrions, au contraire, l'augmenter encore. Et c'est en se réchauffant à ceux qui aiment et défendent le droit, la justice, la vérité, qu'on apprend à mieux aimer son devoir et à le mieux remplir. »

La présidence de la Société des Gens de Lettres fut la première récompense de ces doctrines professées sans défaillance pendant vingt-sept ans. La direction de la Comédie-Française est la seconde.

On a demandé quels étaient ses titres à cette distinction nouvelle. Je renvoie les ignorants ou les sceptiques à la dernière édition de Vapereau. Ils trouveront dans cette édifiante nomenclature le titre d'un petit volume : *Molière et ses œuvres*, que Paul de Saint-Victor appelait le *Manuel des Moliéristes,* et qui n'est peut-être pas étranger à l'aventure. Cette plaquette date de 1873, ce qui exclut, de la part de son auteur, toute idée de préméditation.

Quant au programme de M. Claretie, si vous avez lu la *Vie moderne au théâtre*, si vous avez suivi les campagnes dramatiques de l'*Opinion nationale*, du *Soir* et de la *Presse*, vous en savez, à cet égard, aussi long que lui.

Claretie est Limousin. Et sa grande joie est d'inaugurer sa direction par *le Parisien*, la comédie d'Edmond Gondinet, un naturel de Limoges.

Son orgueil est que le décret lui conférant la succession de M. Perrin porte cette unique mention : Homme de lettres.

Nul, en effet, mieux que lui, ne peut s'approprier cette devise :

Vir bonus scribendi peritus.

MADAME O'CONNEL

23 octobre 1885.

Une femme qui, sous l'Empire, eut, comme peintre, son heure de célébrité, presque de gloire, Mme O'Connel, s'est éteinte, hier matin, à la maison de santé de Ville-Evrard.

Cette femme, dont la première et même la seconde jeunesse s'étaient écoulées dans le mouvement, dans le bruit, dans l'excitation de la fièvre artistique, et qui, très entourée, très choyée en ces jours heureux, avait vu passer à travers ses salons le flot tumultueux et changeant de la vie parisienne, — cette femme s'en est allée seule, sans un ami de la dernière heure pour assister son agonie et pour lui fermer les yeux.

Cet abandon a son excuse. Il y a si longtemps qu'on n'avait entendu parler de Mme O'Connel qu'on pouvait la croire morte. La folie, en s'abattant sur elle, l'avait plus profondément isolée du monde que la pierre d'un tombeau.

Le *Figaro*, de tous ceux qui s'intéressent à la pauvre folle, est peut-être le seul dont l'intérêt n'ait pas subi d'intermittences. En payant chaque année la pension grâce à laquelle Mme O'Connel ne connut pas les horreurs d'une promiscuité cruelle, il apportait à la morte-vivante comme un écho des anciennes sympathies. C'est à ce lien jamais rompu que nous devons d'avoir appris sa mort assez à temps pour qu'elle eût de modestes mais dignes funérailles.

Quoique elle appartienne à l'histoire de l'art français, Mme O'Connel était d'origine allemande. Elle naquit aux environs de 1817, à Postdam, où vit encore un de ses frères qui, depuis longtemps, semble s'en être remis du soin de veiller sur sa sœur à celui « qui donne la pâture aux petits des oiseaux ». C'est à Bruxelles qu'elle se perfectionna dans l'art de peindre, — d'où sa prédilection pour les maîtres de l'école flamande. C'est également à Bruxelles qu'elle fit la rencontre de M. O'Connel, un gentilhomme belge dont les ancêtres avaient eu la verte Erin pour berceau. Il y eut entre eux le coup de foudre, comme entre le docteur Faust et Marguerite. Faust avait un peu de bien au soleil; Marguerite avait des ambitions qui crevaient le cadre étroit du pays flamand. Ils s'épousèrent, et le soir même ils partaient pour Paris, la terre promise des amoureux et des artistes. Ils n'en devaient plus sortir, elle du moins.

O'Connel tenait encore plus de Mephisto que de Faust. Long et sec comme don Quichotte, la moustache en croc, le chapeau sur l'oreille, le thorax en dehors, le jarret tendu, le cœur sur la main et la main toujours à la poche, il ne lui manquait que la flamberge au flanc pour réaliser ce type de fier-à-bras terrible et bonnasse, dont Alexandre Dumas nous a tracé l'immortelle silhouette dans la *Reine Margot*. Tel, en effet, devait être M. de Coconnas, et, pour compléter la ressemblance, il avait pour sa femme, avec la nuance du sexe en plus, l'admiration passionnée que le gentilhomme gascon avait pour son ami La Mole.

Dès qu'ils furent installés à Paris, Mme O'Connel se mit à faire de la peinture, et M. O'Connel, se mit en demeure d'imposer aux contemporains la peinture que sa femme faisait. De première force à l'escrime, il devint un pillier de salle d'armes, et, dans peu de temps, il acquit la réputation d'un bretteur dangereux. Aussi n'eut-il pas souvent l'occasion de dégaîner pour son compte, mais, en revanche, il s'entremit incessamment dans les affaires des autres, qu'au besoin il préparait et faisait naître. L'illustre Chocquart avait trouvé son successeur. Et, de 1845 à 1860, il n'y eut pas un duel célèbre où, faute de mieux, O'Connel ne figurât comme témoin.

Mme O'Connel était alors une petite femme rondelette, bien en chair, d'extérieur un peu masculin, très libre d'allures, parlant haut, avec une crânerie de langage qui, plus tard, devint de l'autorité. Elle se flattait, et de la meilleure foi du monde, de représenter parmi les artistes contemporains l'école de Rubens dans sa plus parfaite expression au point de vue coloriste. Et, de fait, sous le rapport de la couleur et de la pâte, elle apportait dans ses œuvres des qualités qui, chez une femme, pouvaient excuser cette prétention. On les retrouve dans ses beaux portraits du duc de Morny, de Rachel, de Mgr Sibour, du docteur Cabanis, de Mme de la Fizelière, de M. O'Connel, en costume Louis XIII, feutre à plumes et col en guipure. On les retrouve aussi dans ses eaux-fortes. Car elle fut une aquafortiste distinguée. J'ai souvent admiré chez le comte Lepic la collection complète —

rarissime aujourd'hui — de son œuvre gravée par elle-même.

En ces temps primitifs, Mme O'Connel passait pour une révoltée, une iconoclaste. Elle rompit carrément en visière avec l'Institut. Mais ce devait être la lutte du pot de terre contre le pot de fer. Jamais, aux Expositions, elle n'obtint aucune récompense. Trop heureuse encore quand ses envois n'étaient pas refusés, comme il advint, en 1858 ou 59, pour sa *Cléopâtre*. Devant cette femme odieusement nue, cyniquement vautrée parmi les fleurs, le vieil aréopage du quai Voltaire se voila la face. Celui-là n'aurait pas acquitté Phryné; il consigna la reine d'Egypte à la porte du Salon. Mme O'Connel en appela de cette sentence au jugement du public. Elle exposa la toile black-boulée rue Laffitte. Tout Paris, la province et l'étranger y passèrent. Le tapage que fit le *Rolla* de M. Gervex n'est rien auprès de celui que fit la *Cléopâtre* de Mme O'Connel.

Pendant ce temps, M. O'Connel courait les ateliers et les parlottes artistiques, criant bien haut qu'il ferait une brochette de M. de Nieuwerkerque, alors surintendant des Beaux-Arts, et de ses âmes damnées de l'Institut, — il prononçait ânes bâtés.

Car il n'entendait pas raillerie, le cher homme, sur la peinture de sa femme. Quand elle exposait au Salon, il allait chaque jour se camper devant la toile, le poing sur la hanche, retroussant sa moustache, et murmurant :

— Le premier qui se permettra sur ce chef-d'œuvre une réflexion désobligeante, je l'assomme !

Ah ! il ne faisait pas bon de ne pas aimer les Rubens !

C'était quelqu'un, au demeurant, que Mme O'Connel, et qui ne faisait point mauvaise figure parmi les maîtres de l'époque. Elle fréquentait assidûment chez Isabey, chez Rousseau, chez Alfred de Dreux, chez Verlat, chez toute la colonie de l'avenue Frochot et de la maison Becq (de Fouquières), place Pigalle. Elle traitait de pair à pair avec eux.

Entre temps, elle s'occupait de spiritisme. Il y avait chez elle des séances très curieuses où le sceptique Roqueplan se montrait fort assidu. Un jour, peu de temps après le 2 décembre, Romieu, le préfet macaronique, y vint avec un aide de camp de l'Empereur. Romieu, qui se flattait d'avoir été l'ami de Bugeaud, voulut qu'on évoquât l'esprit du maréchal.

Quand l'illustre guerrier eut fait savoir, par les voies habituelles, qu'il était dans les pieds de la table :

— Que serait-il advenu, lui demanda Romieu, si Louis-Napoléon n'avait pas fait le coup d'Etat ?

— C'est moi qui l'aurais fait ! répondit-il sans ambage.

Je vous conte l'histoire telle qu'on me l'a contée.

Il fallait une toquade à Mme O'Connel. Après le spiritisme, ce furent les mathématiques. Elle se jeta résolument, à corps perdu, dans l'étude des X et des Y... M. O'Connel prit un médiocre plaisir à ce passe-temps. La brouille se mit dans le ménage ; et, un beau matin, le mari, délaissé pour le carré de l'hypoténuse, ramassa ses hardes, et s'en fut de l'Athénée conjugal.

Ce ne fut pas sans un horrible serrement de cœur. Car il adorait sa femme. Toute la journée, il erra par les rues comme une âme en peine, disant son chagrin à tous ceux qu'il rencontrait :

— Figurez-vous, soupirait-il, que, pendant que je faisais ma malle, de grosses larmes coulaient le long de mes joues... Elle me regardait d'un œil sec!... Décidément, c'est une femme de marbre!

Quelques jours après, il était à Bruxelles; et là, pour tuer le temps, en attendant que le temps le tuât, il se mit à suivre avec rage les enterrements civils et se fit l'apôtre zélé de cette religion nouvelle : la mort sans Dieu! Un jour, la maladie foudroya ce colosse. Son incrédulité fondit comme glace devant le redoutable inconnu. Il fit venir un prêtre et, sur son conseil, se fit transporter chez les Pères Jésuites, entre les bras desquels il mourut:

— Ah! dit-il en expirant, c'est le plus beau jour de ma vie!

Dès lors que Mme O'Connel eut versé dans les mathématiques, le silence se fit autour d'elle. Il en est des peintres comme des écrivains, lorsqu'ils n'ont pas au front l'empreinte géniale : aussitôt qu'ils cessent d'écrire, ils n'existent plus. De 1860 à 1871, on ne trouve plus trace d'elle dans les gazettes. Après la Commune, une amie des anciens jours s'inquiéta de ce qu'elle était devenue. Ayant fini par découvrir qu'elle avait émigré de la place Vintimille au boulevard Saint-Michel, elle escalada ses cinq étages. Un spectacle étrange s'offrit à sa vue: assise devant son secrétaire, Mme O'Connel écrivait. Elle écrivait depuis quinze jours, car la concierge déclara que depuis quinze jours elle n'était point sortie. Comment avait-elle vécu tout ce temps-là? Problème! Sur la première page du manuscrit, on lisait ces mots flamboyants: *De la phylosophie de la terre !* Les mathématiques l'avaient mise là. La malheureuse était folle!

On sait le reste. Enfermée à Sainte-Anne, Mme O'Connel fut ultérieurement transférée à Ville-Evrard. C'était plutôt une hallucinée qu'une folle dans le sens absolu du mot, sauf les heures où elle était prise du délire de la persécution. A l'état calme, elle reprenait son ouvrage interrompu *De la phylosophie de la terre*, et, quand on l'interrogeait à cet égard :

— J'y traite, répondait-elle, de la construction et de la destruction des villes. Je ferme les yeux et je vois les cités mortes telles quelles étaient à l'époque de leur prospérité, et les cités à naître telles qu'elles seront à leur genèse.

Puis tout à coup, hantée par de sinistres visions:

— Regardez, ils sont là ceux qui me poursuivent!... Ils veulent me faire du mal... mais je ne les crains pas... Que peuvent-ils me faire de plus que ce qu'ils m'ont déjà fait? Ne suis-je pas morte deux fois et ne suis-je pas ressuscitée?... Et si je mourais une troisième, ne ressusciterais-je pas encore? Eh bien! alors!...

Elle croyait à la métempsychose. Il y a quelques jours, cette croyance devint une idée fixe. La fin approchait. Elle dit à M. de Lamaestre, l'éminent directeur de Ville-Evrard :

— Je sens que je vais changer de corps... Pour ne pas retarder cette bienheureuse transformation, je ne prendrai plus aucune nourriture!...

Elle fit comme elle disait. Il fallut l'alimenter avec la sonde. Mais ses forces épuisées s'usèrent dans cette lutte contre ceux qui voulaient lui conserver cette triste vie... Et, hier matin, elle est morte!

MONSIEUR LOYAL

29 octobre 1885.

— Vous savez, Monsieur Loyal...
— L'exempt de *Tartufe!*
— Non, celui du Cirque.
— Eh bien?
— Il quitte la maison Franconi.
— Pas possible !
— Parole d'honneur !
— Et quand cela ?
— Ce soir même. Ce soir, Léopold Loyal — populaire dans les cinq parties du monde sous le nom de « Monsieur Loyal » — passe l'illustre chambrière qu'il tenait avec tant de maestria depuis 17 ans, et qu'il avait héritée de son aîné Théodore, aux mains de son cadet Arsène...
— Ces Loyal sont donc une dynastie ?
— Comme vous dites, M. Loyal s'en va...
— Vive M. Loyal !

Léopold Loyal est un personnage trop Parisien pour que nous le laissions partir sans lui donner une larme.

On n'attend pas de moi le portrait de cet homme superbe, au thorax majestueux, à la chevelure d'ébène savamment bouclée, à la moustache triomphante.

Ce fut un bourreau des cœurs, un type de Don Juan en habit à la française. Que de femmes il a conquises d'un seul regard de cet œil voilé, particulier aux dompteurs ! Que de malheureuses il a faites à tous les étages des deux Cirques ! Il savait la puissance de cet œil et n'en abusait pas. C'était un éclectique en amour, et il avait la victoire discrète.

Exact, avec cela, consciencieux, homme du devoir avant tout, employé modèle. Pendant les dix-sept années qu'il a tenu le sceptre à la mèche sifflante, il n'a pas manqué son service un seul jour. Malade, il ne se croyait pas le droit de l'être. Qu'eût été le Cirque sans M. Loyal? Et il avait le culte de sa maison.

Le Vendredi-Saint, que les artistes attendent comme le Messie, il le voyait venir avec d'inexprimables angoisses. Songez donc, tout un jour sans rien faire, lui, M. Loyal, l'homme du labeur quotidien ! Ce jour-là, de huit heures à minuit, il arpentait fiévreusement le boulevard des Filles-du-Calvaire — le bien nommé — jetant, lorsqu'il arrivait en vue de son théâtre, un regard mélancolique sur les grilles fermées et les portes closes ! Et avec quelle allégresse il saluait l'aurore du samedi qui le rendait à ses chères études !

M. Loyal émigre, il n'abdique pas. D'ici quatre mois nous le reverrons dans une autre arène. Mais que va-t-il faire de ses soirées pendant ces quatre mois, lui, l'infatigable, à qui pesait le loisir d'un jour? Et les chevaux qu'il présentait avec tant de grâce en liberté, que deviendront-ils ? Comme ils vont hennir tristement après le maître ? S'ils vivaient encore, tous ceux qu'il dressa, on en formerait plusieurs régiments de cavalerie légère. Les chevaux passaient, M. Loyal restait. Aujourd'hui, les chevaux restent, M. Loyal passe... Pauvre monsieur Loyal?

Mais pour un moine l'abbaye ne chôme pas. L'illustre chambrière ne tombera pas en quenouille. Après Léopold, Arsène, comme, après Théodore, Léopold. Il y a quelque part toute une réserve de « Monsieur Loyal ». Quand il n'y en a plus, il y en a encore. Arsène est d'une moins belle prestance que Léopold, mais il est peut-être plus élégant. Le dressage n'a pas de secret pour lui; il en connaît à fond toutes les ficelles. Il a parcouru les deux mondes, gravissant un à un tous les échelons de la hiérarchie : artiste, régisseur et même directeur. En voyageant, il a pris une teinture de tous les idiomes — ce qui lui rendra le dialogue facile avec les bêtes de nationalités diverses. — On l'a vu tour à tour en Chine, aux Etats-Unis, au Mexique, où les soldats de Juarez incendièrent son Cirque pour le punir d'être resté fidèle au malheur; en Espagne, pendant l'échauffourée carliste, où il faifaisait la chasse aux chevaux qui chargeaient tour à tour, sans souci de la cocarde et sans engagement, pour la Régence ou pour Don Carlos; enfin, au Caire, où il fut le héros d'une aventure dont on parle encore.

Chargé par le Khédive d'organiser une représentation pour ces dames du harem — honneur rare mais périlleux — il fit sur l'une d'elles une si vive impression qu'elle lui fit passer une épingle à travers les découpures du moucharabieh. Ce manège n'échappa pas à l'œil de lynx des eunuques, et il ne fallut rien moins que l'intervention de la diplomatie pour empêcher Arsène d'être enrôlé dans le corps sopranisant des hommes sans barbe !

Voilà, certes, de beaux états de service. Et je ne puis, en les présentant au public, que formuler un vœu : c'est que le successeur de M. Loyal continue comme il a commencé.

Continuez, bel Arsène !

L'ENVERS DU BONHEUR

30 octobre 1885.

On célèbre ce matin, à l'église russe de la rue Daru, le bout de l'an de cette pauvre et toute charmante Marie B***, disparue en pleine jeunesse, en pleine floraison d'un talent où montait, chaque année, une sève nouvelle,

Ce n'est pas le bal qui l'a tuée : elle n'allait guère au bal. C'est une vulgaire bronchite, contractée dans la pratique fiévreuse et follement imprudente de son art. Mais la légende raconte que, si la bronchite fut la cause « physique » de sa mort, une blessure reçue au cœur, et dont elle ne voulait pas guérir, en fut la cause « morale ».

Il y a donc encore, en ce siècle de bronze, des jeunes filles qui meurent d'une blessure au cœur !

Comme elles vont sourire, en lisant ceci, nos délicieuses demoiselles, qu'on dresse, toutes petites, à se blinder le cœur, et à s'armer contre ses surprises !

Et j'entends d'ici leurs commentaires :

— Comment ! elle était jeune, elle était belle, elle avait conquis une place honorable dans les arts ; la réputation était venue ; elle pouvait espérer la gloire ; elle avait, par surcroît, deux cent mille livres de rentes, ce qui rend l'espérance facile aux plus impatients !... Ses millions lui donnaient droit aux plus nobles alliances... il y a, par le temps qui court, tant de blasons illustres à redorer !... Et, parce que celui qu'elle a choisi se dérobe, elle se laisse mourir ! Jeunesse, beauté, talent, fortune, de tous ces dons si rares elle fait un holocauste à son cœur meurtri !... Mais c'est de la démence, cela ! Un fiancé, la belle affaire !... Un de perdu, dix de retrouvés... Pas du tout dans le mouvement, et pas moderne du tout, la pauvre innocente !

Elle n'était pas dans le mouvement, en effet, Mlle B*** ! Elle n'était pas moderne ! Elle avait comme un parfum d'ingénuité sauvage, qui faisait un contraste choquant avec nos malsaines précocités. Elle avait tout appris, dans son ardeur de tout savoir, sauf à se pénétrer de cet axiome qui gouverne la société contemporaine et qu'épellent, dès le berceau, les jeunes filles en mal de mariage : Il faut être de son temps !

Elle n'était pas de son temps, la pauvre innocente ! Elle ne savait rien des compromissions dont se compose la vie, telle que les mœurs l'ont façonnée. Elle ignorait tout de ce monde où le cœur n'est qu'une unité, la plus négligeable de toutes, dans l'ensemble des autres organes. Elle n'était pas de son temps : elle y a passé, comme Dieu l'avait faite, sans que l'éducation eût corrigé l'œuvre divine, c'est-à-dire aussi mal préparée que possible à le comprendre... Et, un beau matin, s'y trouvant dépaysée, doutant de son intelligence, doucement, dans un souffle, elle s'en est allée !

On la croyait heureuse, et, dans sa fierté native, elle encourageait cette illusion ! Elle se forçait à sourire, mais, derrière ce sourire, il y avait des larmes. L'amertume était tombée goutte à goutte au fond de cette âme toute de tendresse et de douceur. Sous le fard on devinait la joue blême et sous la sérénité de sourdes révoltes. Il y avait à ce bonheur un lamentable envers !

Cet envers, c'était l'isolement ! Dans cette existence, où les bonnes fées avaient répandu toutes leurs largesses, Mlle B*** se sentait seule. Il y avait comme un mur de glace entre elle et ce monde où, par sa naissance, son talent, ses qualités exquises, elle avait sa place marquée. Autour d'elle planait une légende imbécile, une légende à dormir debout. D'où venait-elle, cette légende, faite de calomnies, de convoitises déçues et de rancunes? Bazile seul vous le dirait. Mlle B***, qui n'en pouvait mais, en fut atteinte en plein cœur, par cette loi fatale qui veut que l'enfant expie les fautes des siens, même les fautes imaginaires.

Le mariage seul pouvait mettre fin à cette intolérable situation. Seul, un homme ardemment épris, à l'honneur sans tache, pouvait briser l'inique barrière, ouvrir à cette exilée du monde le paradis toujours entrevu, toujours fuyant. Cet homme s'était rencontré ; elle avait mis en lui tous ses espoirs de rédemption et de revanche. Mais la calomnie, qui s'était lassée, reprit sournoisement son œuvre basse et lâche ; elle rebâtit pièce à pièce la légende, et le sauveur, hanté par des visions chimériques, disparut. Le fossé se creusa plus profond et plus large autour de l'abandonnée...

Alors elle eut un instant de vertige. Mais c'était une âme vaillante, à la hauteur de la devise qu'elle s'était choisie : Jusqu'au bout ! Ces joies qu'on lui refusait, elle se dit qu'elle les trouverait en elle-même ; la place qu'on lui contestait au soleil, elle entreprit de la conquérir de haute lutte. L'art n'avait été jusque-là pour elle qu'un passe-temps, elle en ferait sa vie. Il serait à la fois son consolateur et son rédempteur. Elle se mit donc à peindre avec passion, avec rage, levée, dès sept heures, en hiver, dès cinq heures, en été, et, quand le jour était trop gris dans l'atelier, s'en allant, par le froid, par le vent, par la pluie, chercher en plein air une lumière plus propice. C'est dans une de ces sorties imprudentes qu'elle a contracté le mal dont elle est morte... moins que de ses illusions évanouies et de sa candeur outragée.

Pauvre fille ! Vous rappelez-vous le rêve titanique de ce cher et glorieux artiste, Gustave Doré? Il rêvait un atelier grandiose, vaste comme une cathédrale, où pourraient tenir à l'aise ses conceptions michelangesques. Le rêve de Mlle B*** était moins ambitieux : elle voulait, pour son talent plus délicat, un cadre plus modeste, mais où, dans les émerveillements du luxe et dans l'étincellement des chefs-d'œuvre acquis à prix d'or, son enthousiasme artistique trouverait un perpétuel aliment et son cœur peut-être l'oubli. Le jour même où la mort l'a prise, une de ses tantes revenait du pays natal avec deux millions destinés à satisfaire cette fantaisie coûteuse. Ils serviront à payer le marbre de son tombeau !

Pauvre fille !

MORT A VENDRE !...

2 novembre 1885.

C'est une nouvelle d'outre-tombe qui m'arrive au seuil de cette journée commémorative, vouée tout entière aux manifestations de tristesse et de deuil. C'est le « Mort qui parle », comme dans le *Bossu*.

Dans quelques jours, l'œuvre de Paul Lacroix, plus connu sous le nom de Bibliophile Jacob, sera mis aux enchères.

Il m'a semblé qu'à cette occasion les hommes de lettres, dont l'orgueil est de ne pas être autre chose, devaient un souvenir à celui qui fut, de son vivant, le type de l'homme de lettres, et le plus accompli.

Cette qualité, devenue si rare aujourd'hui, par ce temps d'écrivasserie, était, chez les Lacroix, comme un apanage de famille. Car le frère cadet du Bibliophile, Jules Lacroix, aveugle comme cet Œdipe qu'il a si merveilleusement chanté, continue, lui mort, comme il les maintenait, lui vivant, ces nobles traditions.

Et puisque le nom de Jules Lacroix est venu sous ma plume, je veux donner une heureuse nouvelle aux nombreux amis de l'illustre vieillard. Dans quelques jours, par les soins d'un habile praticien, il va revoir la lumière. Ce miracle, il l'attend — avec quelle impatience, on le devine —

chez les Frères de Saint-Jean de Dieu. La Providence, en sa miséricorde, n'a voulu l'accomplir qu'après la mort de Mme Lacroix, pour que le déchirement de la voir mourir lui fût épargné, pour qu'il pût garder de cette femme d'élite, de cette compagne tant aimée, la douce vision intérieure.

Mais revenons au Bibliophile Jacob.

Il y a dans son œuvre, qui va voir le feu des enchères, un lot considérable de romans. Ceux de notre génération en ignorent même les titres. Et pourtant nos romanciers à la mode, les plus achetés, les plus lus, envieraient le tapage qui se fit autour d'eux à leur apparition. La *Danse macabre,* la *Sœur du Maugrabin,* les *Francs-Taupins,* les *Deux Fous,* la *Folle d'Orléans,* les *Soirées de Walter Scott* mirent en émoi toute la France « lisante ». Je cite ceux-là parce qu'ils me reviennent à la mémoire, — menus échantillons de ce bagage colossal où figurent tous les genres, romans historiques, romans de cape et d'épée, romans d'aventures et mêmes romans de mœurs.

Le roman fut la première manière du Bibliophile. Plus tard il se fit connaître comme vulgarisateur, et c'est, à mon sens, son titre le plus précieux. Ses études sur le Moyen-Age et la Renaissance, ses recherches bibliographiques, historiques et artistiques mirent les choses de la curiosité, l'art et le livre, à la portée de tout le monde.

Son esprit toutefois avait gardé sa tendance originelle ; il était, si je puis ainsi dire, demeuré « romancier ». Chez lui, l'imagination dominait le savoir. S'il avait le scrupule du fait exact, il l'ornait, il l'agrémentait de broderies exquises.

Ces broderies étaient l'objet de constantes querelles entre Paul Lacroix et Paul de Saint-Victor, un autre enragé bibliophile, ennemi de fioritures, mais sûr ce point spécial seulement. Les deux Paul se rencontraient tous les mercredis à la même table, et ces repas, dont les convives étaient triés sur le volet, se terminaient invariablement par un duel féroce entre la fantaisie folle de l'un et le positivisme intolérant de l'autre. Dans ces corps à corps pour les beaux yeux d'une édition rare, le Bibliophile Jacob gardait tout son sang-froid ; Saint-Victor, plus nerveux, écumait ; et, tout à coup, bondissant sur son fauteuil : « Allons, Bibliophile, vociférait-il, avouez que vous voulez me faire monter à l'arbre ! » L'autre avouait, avec son bon sourire, un peu malin peut-être, et la paix était conclue — jusqu'au prochain mercredi.

Paul Lacroix avait de l'esprit à revendre. Et quel *humour!* Un jour, en m'envoyant un de ses volumes, il m'écrivit une lettre qui se terminait par ces lignes :

« J'ose espérer que vous ferez bon accueil à ma lettre, qui eût été une visite, si je n'étais à moitié rompu et disloqué par suite d'une chute terrible faite du haut d'une échelle. J'ai failli mourir au champ d'honneur des bibliothécaires. »

Et comme je l'étais allé voir pour prendre des nouvelles de sa santé :

— Voyez-vous, me dit-il, c'est la dernière fois qu'on me prend à faire des recherches bibliographiques sur une aussi grande échelle, tout Jacob que je sois !

Avec cela, brillant cavalier, homme du monde, bien né, d'excellente compagnie. Tous les salons « où l'on cause » se disputaient sa présence, et on assure que les plus grandes dames du temps recherchaient sa conversation... intime.

Tandis qu'il mangeait à Paris le pain amer de l'exil, le roi de Hanovre, l'héroïque aveugle de Langelzalza, raffolait du Bibliophile Jacob. Il le conviait fréquemment à sa table. Après le dîner, le roi tirait son hôte à part dans un coin du salon et s'y délectait à ses récits humoristiques. Les menus faits de la semaine en étaient le texte habituel ; puis, lorsqu'il était à bout d'actualités, Paul Lacroix enfourchait son dada favori, la fantaisie à outrance. Sa Majesté, n'ayant pas les mêmes préventions que Paul de Saint-Victor, y allait d'un franc rire ; et plus Elle riait, plus l'amuseur forçait la note, poussant sa verve jusqu'à la limite de l'abracadabrant !... Alors le roi, secoué par des spasmes, levait les bras au ciel, et comme s'il eût été confus de s'esbaudir tout seul, en égoïste, il appelait les dames qui composaient le cercle de sa fille, l'adorable princesse Frédérique, leur disant : « Venez donc, mesdames, venez entendre les admirables contes du Bibliophile Jacob ! »

Maintenant le bon roi repose, en terre amie, loin de son royaume prussianisé ; le Bibliophile Jacob est, depuis un an, au cimetière Montmartre ; mais la princesse Frédérique n'a pas oublié le vieux conteur qui charma l'exil paternel.

Il me semble avoir vu la petite fleur bleue de Hanovre briller parmi les fleurs que des mains pieuses ont, aujourd'hui, semées à profusion sur sa tombe.

DES ENFANTS!

4 novembre 1885.

Le cri du jour est : Ayez des enfants !

Demain ont lieu, dans tous les départements, des examens pour l'obtention de bourses dans les lycées et collèges. Ces bourses, en exécution de la circulaire ministérielle du 28 septembre dernier, sont « exclusivement réservées aux aspirants et aspirantes appartenant à des familles de sept enfants vivants ».

Voilà donc, en attendant l'impôt sur les célibataires — qui ne tardera pas à venir pour peu que les nouveaux élus soient mariés — le premier encouragement officiel aux chefs de communauté héroïques qui donnent de nombreux enfants à la patrie.

Cet encouragement, qui peut avoir sa valeur et sa raison d'être en province, devient à peu près illusoire à Paris.

Où sont les familles de sept enfants vivants ? L'enfant est un objet d'importation illicite à Paris. Le propriétaire ne l'admet pas. Le concierge ne reconnaît point cette « espèce locative ».

Le piano est autorisé, encouragé même par certains portiers mélomanes qui aiment somnoler et tirer le cordon en mesure sur l'air de « Mademoiselle, écoutez-moi donc ! » Les chiens et les perroquets sont déjà suspects et il faut user de diplomatie pour les faire domicilier dans des immeubles convenables. Les machines à coudre, très réprouvées, trouvent difficilement à se caser dans des maisons bourgeoises ; néanmoins, on cite des concierges qui ferment les yeux.

Mais pour ce qui est des enfants...

On connaît cette aventure d'un naturaliste célèbre. De retour d'un voyage au pôle Nord, il se présente dans un immeuble voisin de l'Institut.

— Combien votre appartement ? demande-t-il au concierge.

— Trois mille francs.

— Montrez-le moi. On peut emménager tout de suite ?

— Oui, monsieur.

— Il faut vous dire que j'ai... deux ours apprivoisés, avec leurs petits.

— Oh ! il y a de la place ! fait le concierge en prenant ses clés.

— Et puis, hasarde le savant, à hauteur du deuxième étage, j'ai un enfant.

— Monsieur, je n'aime pas les plaisanteries ! répond le concierge en rebroussant chemin. Vous pouviez vous expliquer tout de suite.

Cet état de choses, joint à quelques autres, fait que les familles de sept enfants vivants, — malgré l'exemple de M. de Lesseps, — sont rares dans l'enceinte des fortifications.

A Paris, d'après les statistiques, chaque homme adulte est à peine représenté par un enfant, chaque ménage par un enfant et trois quarts.

Toujours d'après les statistiques, si Paris isolé

du reste du monde, était livré à lui-même, dans quatre siècles, l'état de choses actuel continuant, les Parisiens tiendraient tous sur la place de la Concorde !

Un siècle plus tard, tout Paris pourrait circuler librement dans le square des Batignolles !

Et enfin, vers l'an 2650, les Parisiens, au nombre de 75 environ, pourraient être exhibés avantageusement sur la pelouse du Jardin d'Acclimatation, pour servir de spectacle aux Fuégiens, aux Galibis, ou à quelque autre peuple plus fécond que nous.

Voilà qui est rassurant — pour l'Allemagne. Heureusement la province et surtout l'étranger — est-ce heureusement qu'il faut dire ? — sont là. La province produit des enfants encore. Chaque homme adulte en met deux dans la circulation. A l'étranger, chaque homme adulte en met quatre ou cinq. Voilons-nous la face !

Un docteur original a publié, l'autre jour, un livre, dans lequel il déclare — ce qui est peut-être vrai, après tout — que la fécondité, chez un peuple, est un signe manifeste d'infériorité. Très flatteur pour nous... Paris est toujours la Ville-Lumière !

Ce docteur dit sérieusement qu'il faut laisser le soin de procréer des enfants aux nations barbares. Et pour prouver ses allégations, il nous montre le tableau déjà connu de la création, dans lequel les êtres les plus inférieurs sont toujours ceux qui se reproduisent le plus.

« Voyez certains poissons avec leur million d'œufs par an ; tandis que les mastodontes, ces anciens rois des êtres créés, se reproduisaient si difficilement que l'espèce a disparu. »

Cela est on ne peut plus probant, en effet.

Je peux joindre mes observations personnelles à celles de ce savant :

Voyez les levrettes en paletot, êtres supérieurs. Cela se reproduit bien plus difficilement que les chiens d'aveugle !

Voyez les chats de concierge, félins raffinés. Cela se reproduit plus difficilement que les chats de gouttières et que les lapins !

Et ce qui est vrai pour les chiens l'est pour les hommes. Dans le Béarn, on voit encore des familles de dix-huit enfants. De même dans la Lozère, dans les Basses et Hautes-Alpes, dans les Landes et généralement dans tous les pays pauvres ou primitifs.

Dans les départements riches, au contraire, dans la Seine, la Seine-Inférieure, le Rhône, la Gironde, les nounous et les marchands de biberons sont dans le marasme.

Et ce qui est vrai pour les Français l'est surtout pour les Parisiens.

De mémoire d'homme, on n'a jamais vu d'enfants dans le IIe arrondissement (Bourse). On en soupçonne une douzaine et demie dans le VIIIe (Champs-Elysées), et l'on suppose qu'il y en a une centaine environ dans le IXe (Opéra).

Mais parcourez les quartiers excentriques, quelle revanche !

A Clignancourt, à Ménilmontant, à Vaugirard, le bataillon scolaire fleurit dans tout son épanouissement. Certains coins de Charonne et quelques cités de chiffonniers près de la gare d'Orléans sont peuplés de marchands de tire-lait, et on cite une rue, à Montrouge, dans laquelle les enseignes de sages-femmes sont une exposition permanente des beaux-arts, pour les amateurs du quartier.

De tout cela, que conclure ?

Rien.... sinon que la loi nouvelle semble aller contre son but en donnant des primes d'encouragement pour la procréation à ceux qui n'ont pas besoin d'être encouragés.

UN PARISIEN DE SERBIE

15 novembre 1885.

C'était en 1866, — vingt ans déjà, comme le temps passe ! L'émigration artistique ne s'était pas encore mise en mouvement vers la plaine Monceau. Nos Phidias et nos Apelles n'entrevoyaient pas, même en rêve, cette Terre Promise, dont l'avenue de Villiers est aujourd'hui la voie Sacrée, en attendant que le krach en ait fait la voie Appienne. Athènes était tout entière sur la rive gauche, et les jardins d'Académus fleurissaient entre l'Odéon et l'Observatoire sous le pseudonyme de Jardins du Luxembourg.

En ce temps-là, tout ce qui manie l'ébauchoir et la palette tenait ses grandes assises au café de Fleurus. Les gens de lettres y fraternisaient, chopes en main, avec les sculpteurs et les peintres. On y parlait beaucoup d'art et un peu de politique, mais sur le mode discret. C'est là que j'entendis, pour la première fois, Vallès traiter Homère de « polisson » et Courbet proclamer la déchéance de Raphaël, — il ne songeait pas alors à proclamer celle de Bonaparte.

— De quoi, Raphaël ! disait-il avec un souverain mépris. Un imbécile qui peint des anges ! Des êtres poitrinaires ornés d'ailes dans le dos ! En avez-vous jamais rencontré sur le boulevard ?

De la déchéance de Raphaël et des anges, il passait sans transition à celle de l'Être Suprême :

— Est-ce que tu crois au nommé Dieu ? demandait-il un soir à l'une des plus célèbres cabrioleuses du quartier Latin.

— Certainement ! répondit la fille

— Es-tu bête ! L'as-tu jamais vu faire son bésigue au café ?

Et, là dessus, Courbet, s'abandonnant à sa verve antireligieuse, daubait sur Jésus-Christ, « ce menuisier sans ouvrage », et prophétisait les temps — trop tôt venus, hélas ! — où « la République renverrait le Fils de l'homme au rabot de monsieur son père ! »

Or, dans un coin de la salle, étrangers à ce qui se passait autour d'eux, deux quinquagénaires s'asseyaient tous les soirs à la même table et, de neuf heures à minuit, en vidant chope sur chope et fumant pipe sur pipe, entamaient, à voix basse, des dissertations sans fin.

Tandis qu'en face d'eux, les coudes sur le marbre, un jeune garçon de seize à dix-sept ans, grand et gros, aux épaules carrées, au masque césarien, buvait silencieusement leurs paroles. Ce personnage muet avait dans ses allures toute la gaucherie d'un potache provincial ; mais son œil, d'une douceur voilée, s'éclairait parfois d'une fugitive lueur, et l'on sentait que déjà, sous cette écorce de collégien, il y avait un homme.

Ce trio bizarre m'intriguait au dernier point ; et, curieux d'être renseigné sur son état civil, j'interrogeai l'artiste qui m'avait introduit dans le cénacle du café de Fleurus.

— Comment ! vous ne les connaissez pas ? me

dit-il. Au quartier, ils sont connus comme le loup blanc !... L'un, celui de droite, aux moustaches de Brenn, à la face de pleine lune, c'est le père Huet, un savant en *us,* qui prépare les cancres aux examens universitaires... L'autre, celui de gauche, c'est le père Isambert, le plus populaire des répétiteurs de droit...

— Et le petit jeune homme ?

— Le petit jeune homme ?... C'est un prince, tout simplement.

— Bah !

— Oui, le prince Milan Obrenowitch, le propre neveu du prince Michel de Serbie, dont il est l'héritier légitime.

— Et c'est dans un café qu'il fait son apprentissage du pouvoir souverain ?

— Vaudrait-il pas mieux qu'il le fît dans les bastringues ?... Le petit prince suit comme externe le cours du collège Louis-le-Grand, et c'est au père Huet que sa famille a confié sa tutelle. Le bonhomme est à la fois son précepteur et son chaperon. Il a fait à son pupille le sacrifice de sa clientèle, mais il n'a pas pu lui faire le sacrifice de ses habitudes. Or, il faut au père Huet, sous peine de tomber malade, sa bavette quotidienne au café de Fleurus avec le père Isambert... Et plutôt que de laisser l'enfant tout seul au logis, il le tire après ses chausses... Quel mal y voyez vous ?... Cette jeune intelligence ne peut que s'élargir à la conversation de ces deux savants... Voyez comme il les écoute !... Ou je me trompe fort, ou ce gaillard-là sera quelqu'un !

Il est devenu quelqu'un, en effet. Tout le monde, depuis les derniers événements, connaît l'homme politique. Mais il est un autre Milan qu'on ne soupçonne pas et qu'il est peut-être original de mettre en lumière au moment où « la parole est au canon ». C'est le Milan lettré, le Milan bibliomane.

Le roi de Serbie possède la plus belle et la plus complète collection d'auteurs français qui soit au monde. Mais je vous donne en mille à deviner quels sont ses deux auteurs favoris...

Napoléon III et Théophile Gautier !... Les antipodes !

Il possède une *Histoire de César* magnifiquement reliée. C'est son livre de chevet ; il dort avec, comme Alexandre, qui, sous sa tente ne pouvait se passer de l'*Iliade*. Il a traduit en allemand le *Voyage à Constantinople* de Théophile Gautier, et il a vêtu son manuscrit, qu'il livrera quelque jour à la publicité, en maroquin de luxe.

Ce composé de bibliophile et de soldat, assez fréquent dans les grands siècles, est très rare de nos jours. Il y en a chez nous un illustre exemple, le duc d'Aumale.

Aujourd'hui, le roi Milan a quitté ses chers livres pour prendre l'épée ; le soldat prime le bibliophile, *cedant armis litterœ !*

M. de Bismarck a dit :

« La Serbie est une allumette au milieu d'une charrette de foin ! »

Cette allumette, le roi Milan vient d'y mettre le feu. Qui sait si la charrette de foin — lisez la vieille Europe — n'en sera pas incendiée tout entière ?

L'ODYSSÉE D'UN MODELE

20 novembre 1885.

Ceci n'est pas un conte. La chose s'est passée, telle que je vais vous la dire, à l'Ecole des Beaux-Arts, atelier Cabanel.

Le lundi, c'est le jour des modèles. Ce jour-là, les spécialistes des deux sexes qui posent pour l'ensemble ou pour le détail viennent se faire inscrire. Les modèles connus sont admis ou blackboulés sur l'heure, sans autre examen. Les autres — les nouveaux — on les introduit dans une pièce contiguë au grand atelier commun, sorte de « petit local » familièrement appelé *rapinière*. Là, ils se mettent dans la tenue règlementaire — celle d'Adam *for gentlemen*, et celle d'Eve *for ladies* — et se livrent à l'expertise du massier et des principaux élèves, qui les détaillent et les palpent, des pieds à la tête, d'un œil et d'un doigt connaisseurs. Après quoi, selon que leur plastique est correcte ou défectueuse, on les « engage » pour huit jours ou bien on les blackboule. Et, comme en cour d'assises, le verdict est sans appel.

Or, l'autre jour, une jeune femme, — dix-huit ou dix-neuf ans — fort jolie, ma foi, se présente à l'atelier et, toute rouge, comme confuse :

— Je viens pour la pose, dit-elle au massier.

— Ah! une nouvelle! fait celui-ci... C'est bien, entre là!

Et du doigt il indiquait la rapinière.

La solliciteuse était une novice évidemment, étrangère aux us et coutumes d'ateliers où le tutoiement est de règle de rapins à modèles. Car cet « entre là » la fit devenir toute pâle, de rouge qu'elle était. Mais elle se remit vite, et, avec un geste de résignation qui pouvait se traduire ainsi : « Il faut boire le calice jusqu'au fond! » elle entra dans la rapinière. Le massier l'y suivit et, d'un ton bref :

— Maintenant, débarrasse-toi de tes nippes!

— Comment! murmura la jeune femme éperdue, il faut!...

— Parbleu! Tu te figures peut-être qu'on va t'embaucher sur ta mine?... Pas de ça, Lisette!... Le patron de la case, c'est saint Thomas... Faut voir pour croire!

Et, là-dessus, il se mit à fredonner :

Vide Thoma, vide manus,
Vide pedes, vide latus!

Puis, il pirouetta sur ses talons, en disant :

— Surtout, que ça ne traîne pas!... Il fait faim, et voici l'heure de la côtelette!

Demeurée seule, la jeune femme se laissa tomber sur un siège, la tête dans ses mains. Peut-être se demandait-elle si elle pousserait plus loin l'aventure. Mais le cri de sa pudeur froissée fut couvert par le cri de son ventre creux. Et, en un tour de main, avec une hâte fiévreuse, au mépris des agrafes et des lacets, elle eût dépouillé tous ses voiles, jusqu'au plus intime, qui vint « s'enrouler autour de ses pieds roses, comme un grand lévrier blanc... » O Théo, mon maître, pardonne !

A ce moment, le massier rentrait, suivi des camarades, et la cérémonie commença.

Pour enlever à la scène ce qu'elle pourrait avoir de *shoking*, il convient de dire qu'à la rapinière c'est comme à l'amphithéâtre : pour les rapins, il n'y a ni hommes ni femmes, tous... modèles, comme, pour les carabins, tous... sujets. C'est ce qui explique la façon désinvolte, indifférente, dont ils en usent avec ces gagistes, mâles ou femelles, qui sont à leurs yeux chair à peinture, comme les soldats sont chair à canon. Une chair sous laquelle il n'y aurait pas d'âme.

Lors, le massier et sa bande se mirent à tourner autour de la pauvre créature comme on fait, des esclaves, sur un marché turc. Et, au fur et à mesure des constatations, chacun donnait tout haut sa note personnelle :

— Le bras ?... Un peu grêle !... — La gorge ?... Mal en place ! — La hanche ?... Trop veule ! — Le bas des reins ?... Pas de galbe !... — La peau ?... Ni nacrée, ni ambrée !...

La malheureuse assistait à cette expertise dans un état d'hébétude inconsciente. Ses yeux ne voyaient plus, ses oreilles n'entendirent que lorsque le massier, après avoir recueilli les notes, articula froidement :

— Les cadres sont complets... Il y a du modèle pour plusieurs semaines... Tu repasseras plus tard... Remets ta pelure !

A ces mots, humiliée d'avoir fait pour si peu le sacrifice de sa pudeur, elle s'affaissa sur ses hardes traînantes, s'en enveloppa chastement, et fondit en larmes.

Les rapins ont la tête folle, mais le cœur bon, avec cette délicatesse que donne le contact permanent avec les chefs-d'œuvre. Ils roulèrent un paravent autour de la jeune femme qui seulement alors commençait à souffrir de sa nudité. Et quand elle reparut, dans sa petite toilette de bourgeoise endimanchée, la tête basse, comme honteuse d'avoir été « vue », ils comprirent qu'il n'y avait rien de commun entre elle et les Galathées à tant la séance. Et, sans s'être donné le mot, ils cessèrent de la tutoyer.

— Pour sûr, dit l'un d'eux, vous n'avez pas fait encore le métier de modèle !

— Oh ! Dieu, non ! répondit-elle avec un petit frisson de dégoût... Mais si vous saviez !... la faim !...

Et, tirant de sa poche une pièce de cinquante centimes, elle ajouta :

— Voilà tout ce qui me reste !... Et, depuis quarante-huit heures, je vis d'autant !

Elle n'avait pas terminé qu'un béret, au bout d'une main tachée de couleur, faisait le tour du petit groupe. Quand le dernier rapin y eût jeté son obole, il y avait 4 fr. 50 dans le fond.

Dame ! aux Beaux-Arts, on n'est pas riche ! Et puis novembre, c'est le mois du charbon et de la lumière, des fortes chaussures et des gros vêtements !... Bah ! la façon de donner ne double-t-elle pas le prix de ce qu'on donne ?

Peu à peu la rapinière s'était vidée. Un des rapins, plus sceptique que ses camarades, restait seul avec le prétendu modèle. Dupé plusieurs fois, et flairant une nouvelle carotte, il voulut en avoir le cœur net, et lui dit à brûle-pourpoint :

— Est-ce bien vrai ce que vous venez de nous conter là?

— Vous douteriez de ma franchise?...

— Pas de phrases!... Regardez-moi.

— Dieu me confonde si j'ai menti! Mais vous avez été si bons pour moi, que je peux bien vous dire ma triste histoire.

Et elle débita, tout d'une haleine, un de ces petits romans comme Paris en tire chaque jour plusieurs centaines d'éditions.

Sa famille habitait là-bas, là-bas, vers le Jardin des Plantes. Elle s'était prise d'amour pour un jeune étudiant qu'elle rencontrait d'abord par hasard, puis par une sorte d'attraction sympathique, devant la cage des bêtes à l'heure des repas. Elle avait quitté sa famille pour le suivre: L'étudiant était de nationalité serbe. Au premier bruit de guerre, il était parti pour rejoindre son régiment, l'abandonnant seule, sans ressources, dans une pauvre chambre garnie du quartier. Depuis elle errait par les rues, ayant froid, ayant faim, et n'osant rentrer à la maison paternelle... Elle connaissait son père... Il la tuerait!

— Ah! ouiche! fit le rapin, pas modernes, les Brutus!... Les pères susceptibles qui songent à tuer leurs enfants, ça ne se voit plus que dans les drames de M. Dennery!... Et encore on finit toujours par s'embrasser au dernier acte!..... C'est ainsi que se dénouera votre escapade.

— Ah! si vous disiez vrai!

— J'en réponds!... Laissez-nous faire!

Cinq minutes après, un groupe, composé de cinq personnes, le faux modèle et quatre rapins, se dirigeait vers le Jardin des Plantes, par les quais. Deux des rapins formaient l'avant-garde. Le faux modèle, flanqué des deux autres, emboîtait le pas, à distance respectueuse. On arriva devant une petite boutique de mercerie. Les deux éclaireurs entrèrent. Il y avait au comptoir un petit homme au teint pâle, aux yeux rougis et qui tournait ses pouces d'un air navré.

— Monsieur X...? demanda l'un des visiteurs.

— C'est moi, monsieur... Qu'y a-t-il pour votre service?

— Monsieur, nous venons de la part de votre fille...

— Ma fille! fit le bonhomme transfiguré... Elle vit!... Et vous venez de sa part!... Ah! messieurs, soyez les bienvenus!

Et, courant à l'arrière-boutique :

— Femme, cria-t-il, voilà des bons messieurs qui nous apportent des nouvelles de fillette!

Une femme apparut qui bondit vers les deux rapins, et, d'une voix entrecoupée de rires et de sanglots :

— Ce n'est pas une fausse joie, au moins! criait-elle. On ne joue pas avec le cœur d'une mère!

— Tranquillisez-vous, madame... Votre fille vit... Mais soyez indulgente... Si elle a commis une faute, elle l'a cruellement expiée!

— Que me parlez-vous d'indulgence! Ma fille vit et je la croyais morte! Elle a commis une faute!... Elle aurait commis un crime, que ma tendresse l'absoudrait!... Où est-elle, ma fille?... Qu'elle vienne, que je la voie, que je l'embrasse, que je lui pardonne!

Le faux modèle était déjà dans les bras du couple extasié.

Les deux rapins se dérobèrent à ces expansions de famille. Deux heures sonnaient à l'horloge de la halle aux vins. Et ils étaient à jeun. Ils gagnèrent la rue de Seine au pas de course. Et je vous laisse à penser si l'on fit honneur à la côtelette, ce matin-là.

Au dessert, on but à l'extermination de l'armée serbe.

Le lendemain, les Bulgares brossaient les Serbes à Slivnitza.

DEUX SOLDATS

3 décembre 1885.

Les funérailles solennelles d'Alphonse XII sont définitivement fixées au jeudi 10 décembre.

La France y sera représentée par le général Pittié, chef de la maison militaire du Président de la République, et par le colonel Lichtenstein.

On ne peut exiger de la République qu'elle délègue des princes à cette cérémonie où va s'épanouir, autour du catafalque royal, la fine fleur de l'Almanach de Gotha. Mais on doit lui savoir gré d'avoir choisi, pour affronter ce contact, deux hommes très imbus des traditions de la vieille courtoisie française et sympathiques aux honnêtes gens de toutes les opinions par le charme de leur esprit et les grâces de leurs manières.

Il faut encore lui savoir gré d'avoir choisi deux soldats, car la noblesse de l'épée est aujourd'hui la seule dont les parchemins ne soient pas discutables, et qui puisse aller de pair avec la noblesse du sang.

Il n'est pas de physionomies plus familières que celles du colonel et du général, car il n'est pas de personnalités plus répandues dans les diverses couches de la société parisienne. On les rencontre partout, parce qu'ils ne sont indifférents à rien.

Tous les mondes leur sont ouverts, high-life, finance, arts, lettres, théâtre, politique, et ils y ont leurs grandes et leurs petites entrées, très en faveur auprès des femmes, auxquelles ils savent parler — don chaque jour plus rare — et très recherchés des hommes qu'ils conquièrent par la rondeur de leur abord et la sûreté de leur commerce.

Physiquement, les deux antipodes.

Petit, pimpant, très coquet de sa personne, la moustache irréprochablement cirée, la lèvre toujours fleurie d'un fin sourire, la main ouverte et le cœur dessus, le général a les allures sémillantes d'un marquis de l'ancien régime, voire d'un petit abbé.

Grand, mince, avec je ne sais quoi de recueilli dans la mine et de voilé dans le regard, grand air, correction impeccable, élégance parfaite, le colonel, au premier aspect, donne moins l'impression d'un soldat que d'un diplomate. Mais quand sa mine se colore et que son regard s'éclaire, on voit sous cet épiderme de diplomate saillir la rude écorce du soldat.

Officiers de salon! disent dédaigneusement les stratégistes en chambre, les pékins qui s'érigent en juges de nos généraux, et qui donnent, en ce moment, à l'Europe un si piteux spectacle. Est-il donc nécessaire, pour aimer son pays, pour le servir et, au besoin, pour le bien défendre, d'être une vieille culotte de peau? Faut-il, pour être un cœur vaillant, s'isoler, comme l'homme à la chemise rouge, de tout contact humain, et vivre, en tête à tête avec une chèvre, dans une île déserte?... Est-ce que tous les hommes de guerre des grandes époques de notre histoire n'étaient pas en même temps des hommes de cour ? Et cela les empêchait-il de ne pas avoir froid aux yeux et de gagner des batailles ?

Je n'ai pas besoin de dire qu'hier, à la Comédie-Française, parmi les plus fanatiques applaudisseurs de Banville, se trouvait le général Pittié. Cet hommage doit être particulièrement sensible à l'auteur de *Socrate et sa femme,* car c'est à la fois celui d'un amateur délicat et d'un aimable poète. Poète, ce guerrier ! Oui, mesdames ! Chez les Athéniens, ce cumul était assez fréquent, et ne sommes-nous pas les modernes Athéniens ? Il y aurait quelque exagération à placer sur un trop haut piédestal cette Muse légère, souriante, bonne fille, toute de grâce et de sentiment, plus propre à traduire en vers la *Symphonie pastorale* que la *Symphonie héroïque.* Mais, depuis le jour où elle a bégayé ses premières strophes, tout embaumées de senteurs méditerranéennes, il a passé sur son front comme des lueurs d'acier. Les heures d'épreuve sont venues où s'est attendrie et trempée son âme. Et dans les strophes dernières, qui datent d'hier, vibre l'amer ressouvenir des déchéances subies et transparaît la consolante vision des représailles futures. Quelques-unes ont le mâle accent d'un *sursum corda !* La main qui les écrivit, sous la dictée de la Muse, s'est souvenue visiblement qu'elle a tenu jadis et qu'elle aura sans doute encore à tenir une épée.

Le colonel Lichtenstein était, comme son chef de file, à la Comédie-Française. Non en poète, mais en fin gourmet, très friand de tous les régals artistiques. Je ne l'avais plus rencontré depuis ce féerique voyage de Hongrie, où nous avions eu la bonne fortune de l'avoir pour compagnon. Aussi l'ai-je chambré pendant tout un entr'acte. Les caprices de la conversation nous ont conduits à parler du Tonkin et de ce malheureux Herbinger qui, là-bas, entre ciel et mer, ne se doute pas qu'on est en train de le flétrir en effigie. Sur ce point, le colonel s'est retranché dans une discrétion hermétique que lui commandaient, du reste, sa qualité de soldat et ses attaches officielles.

— Ce qu'il y a de plus regrettable, m'a-t-il dit, c'est la publicité tapageuse donnée à ces tristes débats?... Comment! on ordonne le huis-clos, quand il s'agit de ne pas effaroucher la pudeur publique... Et l'on délibère toutes portes ouvertes quand l'honneur national est en jeu!

— Dame! nous allons petit à petit vers le régime des commissaires aux armées...

— Hélas! oui... Malheureux, donc coupable! La victoire ou la mort!... Et l'on ne s'aperçoit pas qu'en mettant à nu, devant tous, en plein soleil, les... — comment dirai-je? permettez-moi de recourir au latin qui, dans les mots, brave l'honnêteté — les *turpia* des chefs, on ruine le moral, déjà fort ébranlé, des troupes.

— Mais enfin le colonel Herbinger était-il, comme l'affirme le général Brière de l'Isle, un alcoolique invétéré?

— Il y a longtemps que les hasards de la vie militaire nous ont séparés, et je ne puis rien vous dire... A l'époque, déjà lointaine, où je l'ai connu, le colonel était un soldat d'avenir, très bien noté, très laborieux, très ardent à la solution des problèmes stratégiques, et l'un des collaborateurs émérites du *Bulletin de la Réunion des Officiers*...

— Ce n'est point là le fait d'un ivrogne.

— Non, certes... Mais il y a cet horrible climat des colonies qui désorganise les cervelles les mieux équilibrées ! Les plus sobres ne résistent pas à ses brûlantes invites, et les mieux trempés y succombent !

— Il est certain que le colonel Herbinger a subi, pour une cause ou pour une autre, un coup de vertige, le jour de Lang-Son...

— Malheureusement, le vertige est contagieux... Des chefs il se communique aux troupes... Tant vaut la tête, tant valent les bras... Le soldat n'est que le reflet du capitaine, comme le geste n'est que le reflet de la volonté... L'un puise son ardeur ou son découragement dans l'attitude confiante ou désespérée de l'autre... Ce fut là tout le secret des héros du premier Empire, les Napoléon, les Ney, les Lannes, les Murat... Ils avaient le diable au corps, et, dans les extrémités les plus critiques, ils savaient le mettre au corps de leurs hommes... C'étaient des allumeurs !... Et non seulement en action, mais encore en paroles !... Ils trouvaient même, aux instants psychologiques, des mots de génie pour galvaniser les plus hésitants... Vous rappelez-vous le général Lepic à Leipsick ?... Voyant ses grenadiers saluer un peu trop bas la canonnade ennemie : « Haut la tête, mes enfants ! leur cria-t-il, la mitraille n'est pas de la..... » Est-ce que ce mot-là ne vaut pas celui de Cambronne ?

Mais où sont les Cambronne et les Lepic d'antan !

ÉTOILE EN VOYAGE

7 décembre 1885.

« Les absents ont tort », dit le proverbe.

Ce proverbe cruel n'est pas applicable à Mme Judic ; car, si jamais elle « eut raison », c'est depuis qu'elle est absente.

Demandez plutôt à M. Bertrand ; demandez à M. Chavanne ; demandez surtout à ce public idolâtre qui, pour applaudir son artiste favorite, emplissait chaque soir la jolie salle des Panoramas, et que son départ a désorienté. Ce public-là, dans ses couches diverses, embrasse le Tout-Paris. Il me saura gré de lui donner des nouvelles fraîches de l'étoile voyageuse.

Ouvrez n'importe quel journal américain, de New-York, de Boston, de Philadelphie, de Chicago, de San Francisco même où Judic arrive ce soir, vous y trouverez cette rubrique spéciale : *Judic Season*. Et, sous cette rubrique, tous les menus faits de son existence au jour le jour. Car, auprès du reportage yankee, le reportage parisien est proprement dans l'enfance. Judic traîne après ses jupes une armée d'interviewers qui, en dehors des représentations et des répétitions, lui laissent à peine le temps de respirer. Ce qu'ils semblent le plus curieux de savoir et de faire savoir à leurs lecteurs, c'est ce que les Français pensent des Américains, et surtout ce que les Françaises pensent des Américaines. Vous voyez ce que, pour répondre sans rien compromettre, il faut d'astuce féminine et de diplomatie.

Ces interviews ont lieu généralement entre deux malles qu'on ferme et deux valises qu'on boucle, parfois sur le marchepied d'un wagon ou dans le vertige d'un train en marche. Car c'est une véritable vie de Juif-Errant que nos artistes mènent là-bas. Ce soir, ici ; demain, à trois cents lieues de distance. Entre le plancher du sleeping et le plancher de la scène, pas de transition, pas de repos. Il arrive souvent que, d'une représentation à l'autre, on n'a pas le loisir de changer de costume ni d'enlever son rouge. C'est surtout en Amérique que *time is money*.

Ce que les Yankees — si j'en crois leurs gazettes — ont le plus apprécié dans Judic, c'est de n'avoir pas demandé ses effets à la « charge ». Lesdites gazettes s'émerveillent qu'elle ne donne pas de coups de pied (*she does not kick*) ni de coups de canne, qu'elle ne gesticule et ne gambade pas. Les artistes du cru, même les meilleurs, agrémentent de clowneries et de pasquinades le répertoire d'Auber et d'Offenbach. *Fra Diavolo*, par exemple, se termine par un combat entre les brigands et les carabiniers, comme on en voyait chez nous, aux grands jours du Cirque. Et, au deuxième acte, Zerline, avant de chanter :

Voilà pour une servante, etc.

jongle avec ses oreillers.

Aussi le jeu discret de Judic, sa réserve, sa *placidity*, comme ils disent, ont-ils d'abord surpris, puis vivement intéressé les Américains, dont l'éducation, au point de vue du goût, est fort en retard, et qui sont jaloux de la faire. Après cela, ce sont les toilettes qu'ils ont le plus prisées. Un peu plus peut-être qu'il ne faudrait. Car il semble que le succès d'une pièce ait été presque partout en raison des robes qu'elle comporte. *Niniche*, où la modiste ne joue qu'un rôle sans importance, n'a plu que médiocrement. Dans la *Femme à papa*, le costume à traîne et les diamants faisaient salle comble. Le dicton « L'habit ne fait pas le moine » n'a pas cours aux Etats-Unis.

C'est pour cela sans doute que Judic a fait florès dans la *Grande-Duchesse*, et aussi pour la façon nouvelle dont elle a conçu le rôle créé par Schneider. Pour l'établir, elle s'est affranchie de la tradition, et l'a joué moins en excentrique qu'en comédienne. Les critiques de Chicago ne tarissent pas en éloges sur l'art consommé qu'elle déploie dans la grande scène du 4° acte, sans recourir à des turlupinades de tréteaux. M. Bertrand ne peut moins faire, au retour de la diva, que de donner aux Parisiens le régal d'une reprise dont les Chicagoans auront eu la primeur.

Judic n'est pas seulement en proie au supplice de l'interview, mais encore au supplice de l'autographe. Et celui-ci n'est pas moins obligatoire que celui-là. Pour éviter tout prétexte à refus, les amateurs joignent à leurs requêtes une enveloppe avec adresse et timbre. Il en arrive par centaines tous les matins. Avec la patience qui la caractérise, Judic s'est mis en tête une vingtaine de formules, anglaises qu'elle répand à l'aveuglette sur ses enragés quémandeurs.

On se demande comment, au milieu de ces occupations multiples, elle a trouvé le temps d'apprendre à jouer du *banjo*. Et elle joue de cette guimbarde, à long manche, l'instrument national des nègres, aussi bien que les minstrels, qui l'ont mise à la mode. L'hiver prochain, aux Variétés, Judic jouera du *banjo*, comme elle y a joué de la harpe et de la trompette. Mais, pour Dieu, qu'elle ne se noircisse pas la figure ! Faut de la couleur... locale, pas trop n'en faut.

Il y a longtemps que le câble transatlantique n'avait pas eu pareille cliente. Tous les deux jours, il lui transmet des nouvelles de Paris, en ce qui concerne le mouvement théâtral. C'est là le plus grand souci de la diva. Aussi le câble fait-il des affaires d'or, quand il y a quatre ou cinq premières dans une semaine.

Pour Judic et pour tous nos artistes errants, en Amérique, les jours fastes sont ceux où la malle apporte les lettres et les journaux du pays. Ces jours-là, c'est fête au théâtre. La répétition est interrompue, et l'on échange les bavardages du boulevard et les potins de coulisses... Prével et le Masque de Fer ne se doutent pas de leurs succès !...

Ce qui console Judic de son exil et le lui fait prendre en patience, ce sont ses deux chiens minuscules. Mais que d'angoisses à leur sujet ! L'Amérique est inhospitalière à ces quadrupèdes. On les proscrit des hôtels et des wagons de chemins de fer. Pour les soustraire à cet ostracisme, leur maîtresse les a claquemurés dans une boîte, qu'elle

porte avec elle comme un colis à la main. Sur la
ligne de Boston, on a découvert la fraude, et les
deux pauvres toutous, attachés avec une grosse
corde, comme des bêtes féroces, ont été fourrés
dans le fourgon aux bagages. Judic, affolée, est
allée leur tenir compagnie. Elle a fait cet énorme
trajet assise sur une malle !

Ah ! qu'elles s'écoulent lentes les heures loin de
Paris ! Toute la vie de Judic tient entre la date de
son départ et celle de son retour. L'année pour
elle ne compte que ces huit mois d'exil, huit mois
longs comme huit siècles. Elle a dans son portefeuille un calendrier où il n'y a que deux saisons,
l'hiver et le printemps. Chaque soir, elle met une
croix devant le jour disparu, et elle soupire en songeant à ce qu'il lui reste à mettre de croix jusqu'au
1er mai, la date libératrice !.. C'est beau, les dol-
lars !.. Mais cela ne vaut pas le frémissement sympathique qu'un mot, un regard, un sourire éveillent
dans un parterre parisien !

MADEMOISELLE FRANÇOISE

16 décembre 1885.

Alexandre Dumas fut un des plus beaux mangeurs de ce temps, aussi beau mangeur qu'il était beau conteur, et ce n'est pas peu dire.

Ses *Mémoires* et ses *Impressions de voyage* prouvent qu'il devina de bonne heure ce qu'on a très excellemment défini « le système d'alimentation nécessaire aux natures d'élite ».

Et ce n'était pas seulement un fin gourmet, très expert en la *science de la gueule*, comme disait Montaigne, c'était encore un praticien de premier ordre, à la fois Lucullus et Carême, Apicius et Gouffé. Témoin son *Dictionnaire de cuisine*, un des plus beaux monuments élevés à la gloire de l'art culinaire.

« L'estomac, me disait-il un jour, est le *criterium* de la santé publique et privée. Ce qui fait qu'en dépit des révolutions et de tant d'éléments constitutionnels de ruine, la France est toujours la France, c'est qu'elle a bon estomac. N'allons pas jusqu'à le défier, mais ayons pour lui les égards qui sont dus à ce roi des organes. Car c'est de lui qu'on peut dire avec autant de justesse que du bâtiment : Quand il va, tout va ! »

Aussi tout ce qui tend à tenir en bonne performance ce « roi des organes » mérite-t-il de fixer l'attention du chroniqueur. Voilà pourquoi je vous signale un petit livre qui devrait être, à mon avis, le *vade-mecum* de toutes les ménagères. Titre : *Les Cent Recettes de mademoiselle Françoise*[1]. Cent en tout, mais du vrai nanan !

Ce n'est pas la première venue que Mlle Françoise. Dans la hiérarchie des cordons-bleus, elle occupe un rang analogue à celui de Sophie, la fricoteuse insigne à qui le docteur Véron doit la plus solide part de sa célébrité.

Il y avait, dans le temps, à Étretat, deux maisons hospitalières, fermées, hélas ! aujourd'hui : celle de Jacques Offenbach et celle de Mme M... Elles étaient, durant la belle saison, le rendez-vous des hommes de lettres et des artistes. Combien d'entre eux n'auraient jamais connu les douceurs de la villégiature sans ces deux foyers, largement ouverts, où ils trouvaient pendant quelques semaines, à quatre heures de Paris, l'illusion de la famille, de ses intimités et de ses joies.

Chez Mme M..., à cet ensemble de séduction s'en joignait une autre, très apprécié de ces fantaisistes de la vie, condamnés au régime affadissant du cabaret et voués, tôt ou tard, à la fâcheuse gastrite : une table délicatement servie, où les plus exquises recherches de cet art si français, le bien vivre, s'alliaient à la préoccupation de l'hygiène la mieux comprise, une table, en un mot, comme devait être celle de Lucullus... lorsqu'il dînait chez Lucullus.

C'est là que triomphait mademoiselle Françoise,

---

[1] 1 vol. in-4°. Paris, P. Ollendorff, éditeur.

le Vatel en jupon de cette villa clémente aux estomacs en détresse.

Brillat-Savarin, qui fut le La Bruyère de la table, a dit :

« L'animal se repaît, l'homme mange, l'homme d'esprit seul sait manger. »

Or, si les gens de lettres et les artistes sont généralement *hommes d'esprit* — et c'était vrai pour tous les hôtes de Mme M... — il y en a très peu qui *sachent manger*.

Cela tient à ce que la pensée a des exigences qui s'accordent mal avec celles de l'estomac. Ce sont deux tyrans qui n'admettent pas le partage.

Il faut avoir une constitution exceptionnelle pour pouvoir servir ces deux tyrans à la fois, unir le tempérament de Porthos à la finesse d'Aramis. Un seul homme en ce siècle — Alexandre Dumas, déjà nommé — a réalisé ce double type.

Le grand mérite de Mlle Françoise, par où elle acquit des droits éternels à la reconnaissance des gens de lettres et des artistes qui fréquentaient chez Mme M..., c'est qu'elle leur apprenait à *savoir manger*.

Elle leur apprenait, en outre, à vaincre les petites superstitions qui, sous leur enveloppe d'esprit fort, hantent ces deux variétés de l'espèce humaine.

Comme, chez Mme M..., le nombre des convives n'était pas limité, le hasard faisait quelquefois qu'on se trouvait treize à table. Et si l'un des treize, croyant à la vertu néfaste de ce chiffre, faisait mine de déguerpir :

— Capon ! grommelait Mlle Françoise, voulez-vous bien vous rasseoir !... Il n'est fâcheux d'être treize à table que lorsqu'il n'y a à manger que pour douze !... Et vous verrez que ce n'est point le cas.

De même pour la salière renversée :

— Bah ! disait-elle, elle n'est redoutable que lorsqu'elle tombe dans un plat dont on veut encore !

Ces réminiscences de Grimod de la Reynière n'empêchaient pas que Mlle Françoise eût, en matière d'alimentation, des idées très neuves, un talent très personnel.

Aussi comme on l'aimait, Mlle Françoise !

Voilà qu'un beau matin un bruit sinistre se répandit dans Etretat.

Ce cordon-bleu modèle venait de faire un colossal héritage. Un sien oncle était mort aux Indes, lui léguant la bagatelle de vingt-cinq millions ! Cinq de moins que Gladiator.

Grand émoi parmi les commensaux habituels de Mme M... ! Nul doute que, mise en possession d'une pareille fortune, mademoiselle Françoise ne se hâtât de jeter son tablier par dessus les falaises ! Et alors, adieu les chères succulentes et les franches lippées !

Quand elle apprit la foudroyante nouvelle, mademoiselle Françoise était en train de confectionner une carpe à la juive, son triomphe. Elle eut un tel saisissement qu'elle oublia d'ajouter à la sauce l'indispensable jaune d'œuf.

Hélas ! ces vingt-cinq millions devaient rester à l'état d'héritage fantôme !... Et l'oncle des Indes devait aller rejoindre l'oncle d'Amérique au pays des contes bleus !

Impossible de mettre la main sur l'acte de décès du bonhomme ! Tous les limiers de la maison Tricoche et Cacolet, lancés sur la piste, durent rentrer bredouilles et renoncer, de guerre lasse, aux vingt-cinq pour cent promis. Quant à mademoiselle Françoise, retombée, un peu meurtrie, de ce rêve de Golconde dans la réalité banale du pot-au-feu, elle retourna, résignée, à ses chères études. L'art est le suprême consolateur.

Aujourd'hui, la maison M... a fermé ses portes. Mademoiselle Françoise, passant de la pratique à la théorie, a quitté les casseroles pour la plume. Ses trente ans d'expérience, elle les a résumés et condensés en un petit livre, bréviaire obligé de tous ceux qui gouvernent leur estomac selon la saine maxime : « Il faut manger pour vivre et non vivre pour manger ! »

Je n'y vois rien à redire à ce petit livre, que son épigraphe empruntée à Brillat-Savarin : « La découverte d'un mets nouveau fait plus pour le bonheur du genre humain que la découverte d'une étoile ».

Mademoiselle Françoise n'a rien inventé. Elle s'est bornée à codifier, pour ainsi dire, en formules simples, lumineuses, d'une exécution facile, la cuisine de nos pères. Et ce n'est pas un mince mérite, par ce temps de cuisine quintessenciée, où il entre trop de sauces espagnoles, de gélatine et de plats déguisés *en belle-vue*.

Puisse cet hommage rendu par un ancien client à sa virtuosité gastronomique la consoler, dans sa retraite, des millions envolés !

ALPHONSE DAUDET

20 décembre 1885.

Il m'avait écrit l'autre semaine avant que *Sapho* ne vît le feu de la rampe :

« Viens me prendre demain à midi. Nous déjeunerons en bavardant. »

A midi moins un quart, j'arrivais 31, rue de Bellechasse. On m'introduit dans le cabinet de travail. Une pièce carrée, très simple. Au centre, une vaste table couverte de brochures et de papiers, un vrai fouillis. Partout des livres. Aux murs, quelques lithographies, parmi lesquelles un superbe portrait à l'eau-forte de Gustave Flaubert.

Daudet, assis sur la table, les jambes pendantes, la pipe aux dents, emmitouflé de fourrures, cause avec une demi-douzaine de reporters, qui recueillent son Verbe sur leur carnet, tandis qu'un dessinateur esquisse sa silhouette.

Par la fenêtre, le regard plonge sur une immense cour plantée d'arbres que la neige a poudrés à frimas. On se croirait au bout du monde, dans quelque coin provincial, bien reposé, bien calme, un tantinet mélancolique.

Midi sonne à l'horloge d'un hospice voisin. Douze coups lents, espacés, avec la sonorité lourde d'un tambour voilé de crêpe. Comme un écho lointain des Camaldules. Cela complète l'illusion. Me voilà transporté, d'un coup d'aile, à cinq cents lieues de Paris.

— Je te devine, me dit Daudet, jouissant de mon extase. Tu t'imagines entendre les cloches de Saint-Agricol, en Avignon !

Et, ce disant, il me fit un petit signe d'intelligence. Je compris.

— Tu sais, insinuai-je, que j'ai moins d'une heure à te donner... A peine le temps d'expédier une côtelette.

— Et moi, j'ai la répétition de *Sapho*... Messieurs, mes excuses !

Les reporters serrèrent leur carnet... Le dessinateur roula sa silhouette... Un bout de conduite, et nous étions seuls.

— En route ! s'écria Daudet en me poussant vers la porte.

— Comment !... nous sortons ?

— Oui. Ma femme déjeune dans sa famille. Nous, nous allons déjeuner chez Foyot... Avons-nous assez fricoté dans cette taverne, quand nous étions jeunes !... Avec un doigt de vieux bordeaux, il nous semblera que nous le sommes encore !

— Va pour Foyot !... Allons !

Comme nous traversions la cour, une voix fraîche et jeune cria de là-haut :

— Bonjour, père !

Daudet leva la tête, envoya vers la fenêtre un petit geste amical et me dit :

— C'est mon fils le carabin... Il pioche sa médecine... Mais il a des lettres... Je rêve pour son doctorat une thèse qui n'est point banale : la maladie de Pascal.

— La maladie de Pascal ?

— Hé ! parbleu ! celle dont il a souffert toute sa vie !... Tu te rappelles ces trous dont il parle, qu'il voyait béants devant lui quand il cherchait le sommeil sans le pouvoir trouver ?... Ces trous-là, je les ai vus souvent dans mes insomnies, que le chloral seul peut m'aider à vaincre... Et j'ai pu diagnostiquer sur moi-même le mal inconnu dont est mort lentement l'illustre penseur... Va, nous, les modernes, nous n'avons rien inventé, pas même la névrose !

Vingt minutes plus tard, nous étions attablés, en face l'un de l'autre, dans un petit cabinet ayant vue sur la rue de Tournon. Le maître d'hôtel était là debout, brandissant la carte.

— Monsieur, fit Daudet avec une politesse froide, vous avez l'honneur de traiter aujourd'hui l'illustre Roumestan et son non moins illustre ami Bompard !... Deux fines gueules !...

— Si ces messieurs veulent s'en rapporter à moi...

— Depuis A jusqu'à Z... Soignez la salade, surtout !

Et m'interrogeant de son œil de myope :

— Vas-tu dans le monde, ce soir ?

— Non. Pourquoi ?

— C'est que je te proposerais, avec la salade, une petite pointe d'ail...

— Tu veux dire une grosse !

— A la bonne heure !... Un chapon pour deux, et soigné !

Le maître d'hôtel sortit. Nous éclatâmes d'un bon rire :

— Té ! Roumestan !

— Té ! Bompard !

— Ah ! mon vieux, poursuivit Daudet, que de souvenirs réveille en moi ce quartier où tant de créatures vivent et meurent, indifférentes ! Tiens, tout à l'heure, en passant devant le n° 7 de la rue de Tournon, le cœur m'a battu !... C'est là que j'ai dormi ma première nuit parisienne, en 1857, chambre à chambre avec Gambetta qui venait, lui aussi, de sa province à la conquête de Paris !... Oh ! la table d'hôte du n° 7 !... En a-t-elle vu passer de ces futurs grands hommes ! Henri Rochefort, alors expéditionnaire à l'Hôtel de Ville, y venait quelquefois. Mais le futur lanternier et le futur tribun ne sympathisaient guère. La faconde exhubérante de l'un était gênée par l'ironie froide et pince-sans-rire de l'autre. Ils s'observaient, défiants. Mais rien ne faisait prévoir que cette défiance dût un jour se changer en haine... Il y a quelques années, dînant avec Rochefort chez un ami commun, je lui rappelai ces premières impressions. « J'ai toujours eu les bavards en horreur, me répondit-il... Ils ont perdu la France ! Par bonheur, leur règne est fini !... Ce n'est plus avec des paroles sonores qu'on entraîne les masses... Il est passé le temps où votre Gambetta, d'un coup de gueule, eût fait sortir de terre des légions !... Lui, pas plus que les autres, ses disciples ou ses caudataires !... A l'heure qu'il est, il n'y a qu'un homme dans Paris capable d'en rallier à lui soixante mille, de les jeter dans la rue, et de les conduire où il lui plaira !... — Et cet homme !.. — Ce n'est pas lui, c'est moi ! » On jouait alors *Jack* au Second Théâtre-Français. L'hiver était rude ; et la neige, en obstruant la circulation, faisait le vide dans les salles de spectacle...

« Sapristi ! m'écriai-je, puisque vous disposez de soixante mille hommes, dirigez-les le soir sur l'Odéon, ça me ferait plaisir ! »

Je dépasserais les bornes de cette chronique à vouloir reproduire en son entier cette conversation à bâtons rompus, *inter pocula*, où j'ai trouvé, moi le compagnon des premières heures, un charme intime que d'autres, peut-être, n'y trouveraient pas, du moins au même degré. Il suffira d'en détacher au hasard, comme elles m'ont été contées, une ou deux anecdotes.

En écrivant *Tartarin sur les Alpes,* Daudet vient de se mettre en état de récidive vis-à-vis des Tarasconnais. Il devrait savoir, cependant, qu'il y a quelques risques à blaguer les riverains du Rhône, et l'attentat dont il faillit être victime, il y a deux ans, aurait dû le tenir en garde contre ces démangeaisons gouailleuses.

Cette année-là, Daudet était en villégiature au château de P..., près de Cavaillon. Il y avait entraîné son maître Edmond de Goncourt, qui, pour la première fois de sa vie, entreprenait un aussi long voyage. Le premier soir, à table, ils eurent entre eux le commandant de la gendarmerie départementale, Messin d'origine, qui, en sa qualité d'homme du Nord, ne pouvait souffrir les Provençaux. Tarascon, notamment, était sa bête noire. Il raffolait de *Tartarin* parce qu'on y tournait en ridicule les Tarasconnais.

— En venant à P..., avez-vous passé par Tarascon? demanda-t-il à l'auteur de cette amusante satire.

— Je n'ai pas eu besoin de descendre jusque-là.

— Ah ! tant mieux. On n'aurait eu qu'à vous reconnaître !...

— Et si l'on m'avait reconnu?...
— Oh! votre affaire était bonne!
— Vraiment!
— Mais, sacrebleu! vous ne connaissez donc pas l'histoire?
— Quelle histoire?
— Celle du commis-voyageur.
— ???
— Il y a quelques mois, un de ces industriels errants débarque à l'hôtel de... on lui présente le registre... il signe : *Alphonse Daudet*... L'aubergiste roule des yeux furibonds..... Il n'y prend garde... Le soir, après son repas, il s'installe à la terrasse d'un café pour déguster sa demi-tasse... Absorbé dans la lecture d'un journal, il ne voit pas une cinquantaine de mauvais drôles faire le cercle autour de lui... Il n'entend pas ces mots : « Le voilà! le voilà! » courir, avec un accent de menace, de bouche en bouche... Soudain, il se sent pris au collet, enlevé brutalement de sa chaise, rudoyé, bousculé, roulé comme une épave dans un flot humain!... « Au Rhône, la canaille! au Rhône, le brigand! » hurlent mille voix furieuses. Et le pauvre diable eût fait le plongeon dans le Rhône, si ma brigade ne s'était trouvée là bien à point pour le dégager!... Parce que les Tarasconnais ont failli faire au Daudet apocryphe, imaginez ce dont ils seraient capables à l'endroit du Daudet authentique!... Vous voilà prévenu!

Et Goncourt, en écoutant cette narration pittoresque, se disait à part soi :

— C'est donc ça, le Midi!... Si jamais on m'y repince!

Voilà donc l'auteur de *Tartarin* proscrit, sous

peine de mort, de sa terre natale. Les Tarasconnais ne désarmeront de leur colère que lorsqu'il sera de l'Académie française. Le Félibrige, cette académie provençale, ne leur suffit déjà plus. Mais il est peu probable que, de longtemps, Daudet cherche à rentrer en grâce, au prix de cette concession faite à la vanité tarasconnaise.

Sur ce point, Daudet, qui s'en est déjà très nettement expliqué dans une lettre rendue publique, s'en est expliqué plus nettement encore avec moi :

— Mon éloignement, je n'ose dire mon dédain pour cette vénérable institution, m'a-t-il dit, provient de ce que j'ai vu de trop près la cuisine des scrutins académiques. Lors de l'élection de François Coppée, j'avais été choisi pour faire ce qu'on appelle « le jeu des ducs ». Les ducs de Broglie et Pasquier m'honorèrent de leurs recherches. Il me fêtèrent comme des joueurs fêtent un atout décisif. Mais, au cours de l'entrevue, je fis une singulière découverte... Ces messieurs qui m'offraient, avec la candidature, l'appui de leur groupe, ne connaissaient rien de ce que j'avais écrit. Il eût été par trop cruel d'abuser de leur innocence... Et je dus leur apprendre que j'avais commis quelques livres peu conformes à l'orthodoxie monarchique, entre autres les *Rois en exil*. Cette révélation brouillait les cartes ducales... Dès ce moment, on me battit froid... Et voilà comme, selon toutes les probabilités, je resterai toujours en vue de la Coupole, comme Moïse en vue de la Terre Promise...

— En es-tu bien sûr, mon cher Alphonse, et n'y aurait-il pas dans ce renoncement un peu de coquetterie ? Il me plaît, à moi, de n'y voir qu'une variation de dilettante sur ce mot que Labiche te dit un soir, entre deux portes, chez la princesse Mathilde :

— Faites-vous désirer !

Mot profond, qui n'était qu'une variante de cet autre mot d'Alexandre Dumas :

— Si Daudet ne faisait pas tant sa renchérie, il serait des nôtres !

Les heures passaient.

— Et *Sapho* ? m'écriai-je en rompant les chiens... Car enfin, c'est pour parler de *Sapho* que nous avons organisé ce tête-à-tête !

— *Sapho*?.. que t'en dirais-je que tu ne saches aussi bien que moi-même, que tu n'aies *vécu* comme moi ! Quel sera le sort de la pièce ? Nul ne peut le prévoir. Mais, qu'elle triomphe ou qu'elle succombe, il y aura toujours deux hommes dans Paris qui ne resteront indifférents ni à son succès ni à sa chute. C'est moi, Roumestan, et c'est toi, Bompard ! Car pour nous deux, vois-tu, Sapho, c'est notre jeunesse !

CHAIR DE MA CHAIR !

22 décembre 1885.

Je viens ajouter un chapitre au livre d'or des héroïsmes inconnus. Il y en a plus qu'on ne le suppose, de ces héroïsmes-là, dans la vie parisienne.

La scène représente une lune de miel. Deux personnages : la femme et le mari.

Lui, — un jeune ingénieur des Arts et Manufactures, tout frais sorti de l'Ecole Centrale.

Elle, — une miniature de Greuze, modernisée par Chaplin : la grâce alanguie de Rosette, d'*On ne badine pas avec l'amour* — elle tient cela de sa mère, si experte jadis à soupirer la prose rythmique de Musset — et je ne sais quoi de vaporeux dans les lignes et de fuyant dans les contours — elle tient cela de son père, le maître modeleur des élégances féminines.

Elle et Lui se connurent entre les deux paravents classiques qui servent de décor aux comédies de société. Pendant tout un hiver, ils s'aimèrent... littérairement de dix heures à minuit et s'unirent — ne sais combien de fois — en légitime mariage. Mais on ne badine pas avec l'amour, même avec l'amour à la Meilhac. Le théâtre, qui passe pour être l'image de la vie, se plaît quelquefois malicieusement à renverser les rôles. On se figure que l'esprit seul est en jeu dans ces fictions sentimentales, et finalement on s'aperçoit que le cœur y est pris. Et l'on rêve de continuer « pour de bon » ce duo troublant où *je t'aime* rime tant bien que mal avec *bonheur suprême*, et de se donner la tendre réplique ailleurs que devant des belles dames aux épaules nues et des beaux messieurs en habit noir.

De combien de jolis romans d'amour n'est-ce point-là le prologue? Souvent, il est vrai, ce prologue n'a pas d'épilogue, et les Juliettes et les Roméos parisiens ne vont pas toujours jusqu'au Père Laurent. Elle et Lui devaient vivre leur joli roman jusqu'au bout. A force de se dire sous toutes les formes qu'ils s'aimaient, ils en vinrent à s'aimer sans se le dire : le mot leur donna la divination de la chose. Et, après s'être épousés tant de fois pour les besoins de l'intrigue, ils songèrent à s'épouser pour la plus grande joie de leurs cœurs.

Les parents s'aperçurent un peu tard de leur imprudence. Elle et Lui formaient, à vrai dire, un couple adorablement assorti. Mais on ne vit pas que d'amour ! Et elle était sans dot ! Et il était sans fortune ! Par bonheur, sa mère, à Elle, se souvint de Rosette, et son père se souvint de Pygmalion. Et puis, le proverbe : « Une chaumière et son cœur ! » a toujours ses fervents parmi les artistes. Eux seuls sont encore assez ingénus pour considérer l'amour comme un capital, et assez riches d'illusions pour s'embarquer à deux sur le radeau de la Méduse. Quelques mois plus tard, l'heureux couple y voguait, la main dans la main, en plein gulf-stream conjugal. Il y a près d'un an que nous avons salué leur départ, et je n'ai pas ouï dire qu'ils aient encore vu poindre à l'horizon le moindre cap des tempêtes.

Mais la terre ferme devait leur être moins clémente que les espaces infinis. Voilà que, l'autre jour, la jeune femme prend un fiacre pour aller faire quelques visites. Au tournant d'une rue, un abordage se produit. Le cheval plie sur ses jarrets et s'étale, entraînant dans sa chute la prison roulante. Les vitres volent en éclats qui lardent les chairs de la prisonnière. Elle perd connaissance sous ces morsures de ruche déchaînée. Les passants s'ameutent ; par la portière faussée, ils procèdent au sauvetage, et, l'extraction de la malheureuse accomplie non sans peine, ils la transportent, sanglante, inanimée, chez le pharmacien du coin.

Ah ! l'horrible spectacle ! Il semblait que tous les pores de ce charmant visage se fussent ouverts pour laisser jaillir une gouttelette de sang. Et de la lèvre à l'oreille allait une large plaie béante, d'où pendait, sous le maxillaire mis à vif, une lanière de chair.

Le pharmacien, la tête perdue, prit des ciseaux et coupa la lanière. Et comme l'atrocité de la douleur n'arrachait pas à la patiente même un tressaillement, il vide ses poches, en tire un portefeuille, du portefeuille une carte, et la fait voiturer à son domicile, comme un colis. Il s'en lavait les mains, cet homme.

Je vous laisse à penser l'affolement du mari. Une heure plus tôt, il quitte sa femme, bien vivante, dans tout l'éclat de son exquise beauté. On la lui rend mutilée, défigurée, morte peut-être ! N'est-ce pas à se briser la tête contre les murs ? On mande en toute hâte le chirurgien de la famille. Il accourt. On le met au fait.

— C'est un travail de boucher! s'écrie-t-il. S'il se fût contenté d'un pansement et qu'il eût laissé le lambeau de chair, on aurait pu le recoudre, et, dans quelques semaines, le mal eût été réparé. Ni vu ni connu. Tandis que maintenant...

— Maintenant? demande le mari d'une voix haletante.

— Il va falloir recourir aux moyens héroïques.

— C'est-à-dire ?

— C'est-à-dire que je vais prendre quelque part, sur le corps de la pauvre enfant, le bras, par exemple, de quoi remplacer la joue disparue.

— Vous n'y pensez pas !

— Je n'y pense pas ?... Regardez-donc.

Et, tirant sa trousse, l'opérateur se mit en devoir d'accomplir sa sanglante besogne.

Mais Lui, pendant ces préparatifs, avait mis habit bas, retroussé ses manches et, tendant son bras nu :

— Moi... pas Elle ! supplia-t-il, prenez, mais prenez donc, docteur!

— Mais malheureux, il y a bien assez d'un mutilé dans le ménage !

— Je le veux !

— C'est que... vous allez horriblement souffrir !

— Qu'importe ! Tout doit être commun entre nous, joies et souffrances... Et puis, ne sera-t-elle pas plus encore la chair de ma chair !

Cet argument, tout sentimental, était irrésistible. Le docteur s'inclina.

Shylock lui-même, s'il eût été présent, eût senti tressaillir son cœur de bronze. Tous les témoins de cette scène poignante avaient les yeux mouillés. Lui seul, le martyr, avait le sourire aux lèvres.

La double opération réussit à merveille. Et bientôt il ne restera qu'une trace à peine visible du fatal accident.

O jeune héros, tu peux partir en voyage. Quoique absent, il restera toujours quelque chose de toi sur l'oreiller conjugal. Ta femme n'aura qu'à se coucher sur la joue droite pour avoir cette illusion consolante qu'elle dort sur ton bras. C'est un bonheur que tu n'auras pas trop payé, n'est-ce pas ? d'un peu de ta chair vive.

SOUPER DE CENTIÈME

31 décembre 1885.

La reprise d'une pièce ancienne, en donnant un regain de jeunesse aux témoins de la création, a le don de faire vibrer en eux la corde muette des aimables souvenirs.

Il en est un entr'autres, qui reste attaché comme une date initiale à la triomphante reprise des *Brigands*.

C'est en leur honneur que fut donné le premier souper de centième. Une date, je disais bien, et qui marque dans l'histoire de l'art théâtral.

En l'année 1869, Jacques Offenbach eut cette chance rare de cueillir un double laurier, aux Variétés d'abord, avec les *Brigands*, aux Bouffes ensuite, avec la *Princesse de Trébizonde*.

Le maëstro, pour arroser sa cueillette, eut l'idée de réunir en un grand meeting, à la fois gastronomique et dansant, tous ses amis des deux sexes, c'est-à-dire la fine fleur des auteurs dramatiques, des gens de lettres, des artistes, et du high-life et les plus charmantes comédiennes des théâtres parisiens.

C'est dans les vastes salons du Grand-Hôtel qu'eut lieu cette inoubliable nuit de Valpurgis... moderne.

Je m'y vois encore. Je vois encore Hortense Schneider gravir l'escalier monumental au milieu d'une double haie de fanatiques agitant leurs claques et criant : *Vive la Grande-Duchesse!* et Thérésa, en Alsacienne blonde, escortée de vingt ou trente joueurs de flûte *couincouinant* à l'unisson la ritournelle des *Canards tyroliens*.

Rien de pittoresque comme ce fouillis d'habits noirs circulant à travers ce nuage de gaze multicolore qui voilait, ni trop ni trop peu, les riches trésors, et les plus exquis, de la statuaire. Nommerai-je les habits noirs? A quoi bon? Il faudrait refaire la liste du Tout-Paris d'alors, et ce serait une besogne fort mélancolique, car beaucoup, et des plus illustres, manquent à l'appel. Les morts vont vite! Quant au nuage de gaze, il enveloppait toutes les déesses et demi-déesses de la mythologie impériale, tout le personnel galant d'un Olympe aujourd'hui disparu.

Je ferme les yeux et j'entrevois, comme dans un rêve : Antonine, en mariée rustique, satin blanc, mousseline et couronne d'oranger; Aimée, en gardeuse de dindons; Zulma Bouffar, en paysanne fantaisiste; Vanghell, en fille des champs ; Devéria, en robe légère, d'une entière blancheur; Thèse, en toilette de noces, avec des diamants superbes en guise de fleurs virginales ; Blanche d'Antigny, dans ses atours du *Petit Faust;* Moisset, en cruche cassée, un Greuze échappé de son cadre; Chaumont, en Normande, le bonnet de coton sur l'oreille, la gaîté de la fête; Alice Regnault, en perce-neige; Silly, en laitière; Gouvion, en soubrette de Marivaux; Van Dyck, en Suissesse; Drouard, en bergère des Alpes; Valtesse, dans son costume de la *Romance de la rose*; Fonti la brune, en vivandière; Berthe Legrand, en Espagnole; Perier en *Napolitaine*; Hélène Loyé, Bernard, Gravier, Julia H..., Carlin, Raymonde, etc. J'en passe, et des plus exquises. Mais où sont les gazes d'antan !

> Autour de la table splendide,
> Nous étions trois fois cent soupeurs !

Au dessert, Offenbach porte un toast à ses artistes. Mais, pour ne pas effaroucher leur modestie, il leur parle en sa langue maternelle — une langue incompréhensible pour tous, le père Strauss excepté — l'allemand.

Xavier Aubryet — qui ne craint personne comme polyglotte — lui répond en anglais... des Batignolles.

— C'est particulier ! me souffle à l'oreille le correspondant du *Morning Post*, ce monsieur britannise avec l'accent le plus pur, et je comprends à peine quelques mots de ce qu'il dit !... Ce doit être un dialecte !

Alors, Désiré se lève et... se rassied aussitôt.

— Désiré ! Désiré ! hurlent en chœur tous les convives, sur l'air des *Lampions*, avec accompagnement de couteaux et de fourchettes.

— Mesdames et messieurs, dit narquoisement le joyeux compère, je voulais porter un toast en français, mais je m'en dispense de peur de n'être pas compris !

Si l'on rit, je vous le demande.

La dernière coupe de champagne vidée, on dansa jusqu'à l'aurore. Rien de la Goulue ni de Grille-d'Egout ! On n'en était alors qu'aux Clodoches.

Par une étrange coïncidence, il y avait cette nuit-là bal aux Tuileries. Le dernier, hélas! Quelques mois après, c'étaient d'autres danses!

Sur le coup de quatre heures, trois Anglais, échappés, en habit rouge, de la fête impériale, rentraient au Grand-Hôtel. Les violons d'Offenbach leur firent dresser l'oreille.

— On s'amuse ici, dirent-ils... entrons!

Un commissaire leur barra le passage.

— Ah! bon, fit un des insulaires en tirant son portefeuille, combien?

— Mais, messieurs, répondit le commissaire, c'est un bal privé...

— N'importe!... On paiera ce qu'il faudra!

Les habits rouges n'en voulaient pas démordre... le commissaire non plus... lorsque Offenbach, attiré par le bruit et mis au fait de la querelle, y mit fin en disant:

— Messieurs les Anglais, vous êtes chez vous!... Tirez les derniers!

Messieurs les Anglais eurent les honneurs de la fête. A sept heures du matin, ils esquissaient encore un cancan échevelé, agrémenté d'un peu de gigue et de tous les pas cascadeurs qui forment le répertoire chorégraphique de leur pays.

Telle fut l'origine des soupers de centième... qui depuis...

Mais alors Paris était Athènes!

TABLE DES MATIÈRES

Chez le prince Victor	1
Maman Gailhard	6
Un Bal shocking	11
Eva Gonzalès	14
Madame de Kaulla	19
Charles Lecour	23
Ceci n'est pas un Conte	28
Le Grenier de Goncourt	32
La Douleur de Jacquet	38
Le Mariage Mackay-Colonna	41
Bal d'Enfants	48
Le Cirque Alberti	52
Les Gaietés du Divorce	56
Pipe-en-Bois	60
Le Spectre de Pierson	65
Dans les Églises	71
L'Impôt printanier	75
Jules de Goncourt	79
Les Sphénophogones	84
Victor Massé	88
Un beau Mariage	94
En Faction	99
Prix de Rome	103
Prélat et Comédien	109
Apothéose	113
Le Bal Sagan	116
La Fièvre au « Quartier »	124
Le Sosie de M. Clémenceau	129
Fleurs de Péché	133
Comment on divorce	136

TABLE DES MATIÈRES

In extremis	140
Chasse au Brevet	146
Madame Jules Lacroix	150
Brelan de Ténors	157
Villon contre Ronsard	162
Merly	167
Les Etudiantes	172
Les Iles de la Manche	177
A travers la Hongrie	190
Bonbonnel et Joséphine	230
Grand'Maman	236
L'Oiseau s'envole	244
Tribu d'Artistes	246
Tout est rompu, Beau-Père !	251
Economie !	256
Une Sybille	262
Le Scrutin devant Mademoiselle Mauri	267
La Nuit du Quatre	271
Les Souvenirs de Louis	275
Déménagement	281
Autre guitare	286
Variations sur le Terme	290
Le Ruban corrupteur	293
Jules Claretie	299
Madame O'Connel	304
Monsieur Loyal	311
L'Envers du Bonheur	315
Mort à vendre	319
Des Enfants !	323
Un Parisien de Serbie	328
L'Odyssée d'un Modèle	332
Deux Soldats	339
Etoile en voyage	344
Mademoiselle Françoise	349
Alphonse Daudet	354
Chair de ma chair !	362
Souper de centième	367

ÉVREUX, IMPRIMERIE DE CHARLES HÉRISSEY

www.ingramcontent.com/pod-product-compliance
Lightning Source LLC
Chambersburg PA
CBHW070452170426
43201CB00010B/1309